中国式现代化理论与实践研究丛书

上海市哲学社会科学规划办公室
上海市习近平新时代中国特色社会主义思想研究中心
———————— 编 ————————

# 新时代 实现共同富裕的 实践路径

闵辉 赵庆寺 戴莹 阮博 等
—— 著 ——

上海人民出版社

# 出版前言

　　中国式现代化是中国共产党领导全国各族人民在长期探索和实践中历经千辛万苦、付出巨大代价取得的重大成果。习近平总书记在党的二十大报告中指出，中国式现代化，是中国共产党领导的社会主义现代化，既有各国现代化的共同特征，更有基于自己国情的中国特色。中国式现代化是人口规模巨大的现代化，是全体人民共同富裕的现代化，是物质文明和精神文明相协调的现代化，是人与自然和谐共生的现代化，是走和平发展道路的现代化。这一崭新的现代化道路，深深植根于中华优秀传统文化，体现科学社会主义的先进本质，借鉴吸收一切人类优秀文明成果，代表人类文明进步的发展方向，展现了不同于西方现代化模式的新图景，是一种全新的人类文明形态。实践证明，中国式现代化走得通、行得稳，是强国建设、民族复兴的唯一正确道路。

　　为深入学习贯彻习近平总书记关于中国式现代化的重要论述，深入研究阐释中国式现代化的历史逻辑、理论逻辑、实践逻辑，在中共上海市委宣传部指导下，上海市哲学社会科学规划办公室以委托课题方式，与上海市习近平新时代中国特色社会主义思想研究中心、上海市中国特色社会主义理论体系研究中心联合组织了"中国式现代化理论与实践研究丛书"（12 种）（以下简称"丛书"）的研究和撰写。参加丛书研究撰写的是本市哲学社会科学相关领域的著名专家学者。丛书由上海人民出版社编辑出版。

丛书围绕新时代推进中国式现代化的重大理论和实践问题开展研究阐释，分领域涉及当代中国马克思主义新贡献，新时代坚持党的全面领导，中国式现代化的文明贡献，高质量发展，社会主义民主政治，中国式法治现代化，社会主义文化繁荣发展，当代中国治理创新，新时代实现共同富裕，新时代中国生态文明建设，新时代党史观理论创新，浦东打造社会主义现代化建设引领区等内容，涵盖马克思主义理论创新、党的领导和党的建设、经济建设、政治建设、文化建设、社会建设、生态文明建设等方面，阐释论述系统而具有说服力。

丛书的问世，离不开中共上海市委常委、宣传部部长、上海市习近平新时代中国特色社会主义思想研究中心主任、上海市中国特色社会主义理论体系研究中心主任赵嘉鸣的关心和支持，离不开市委宣传部副部长、上海市习近平新时代中国特色社会主义思想研究中心常务副主任、上海市中国特色社会主义理论体系研究中心常务副主任潘敏的具体指导。上海市哲学社会科学规划领导小组办公室李安方、吴净和徐逸伦，市委宣传部理论处和讲团办陈殷华、薛建华、俞厚未、姚东，上海市习近平新时代中国特色社会主义思想研究中心叶柏荣等具体策划、组织；上海人民出版社的同志为丛书出版付出了辛苦的劳动。

"从现在起，中国共产党的中心任务就是团结带领全国各族人民全面建成社会主义现代化强国、实现第二个百年奋斗目标，以中国式现代化全面推进中华民族伟大复兴。"新征程是充满光荣和梦想的远征。希望丛书问世，能够使广大读者对中国式现代化的中国特色、本质要求和重大原则，对在各个领域的重点要求与战略任务，对为人类现代化理论与实践创新作出的重大原创性贡献的认识更加深入、领悟更加准确，为以更加自信自强、奋发有为的精神状态朝着全面建设社会主义现代化国家的目标勇毅前行，起到激励和鼓舞作用。

# 目　录

目　录

# 前　言

　　共同富裕，是社会主义的本质要求，是中国式现代化的重要特征，是中国共产党人始终如一的根本价值取向，也是新时代中国发展的实践追求。新时代要扎实推进共同富裕，就要明确共同富裕的战略目标和实践路径。通过新时代共同富裕的战略目标和实践路径的研究，有利于深入对共同富裕科学内涵、理论基础、价值定位和战略目标的把握，明确新时代共同富裕的发展方向和实现路径，从而更好地推进共同富裕在新发展阶段取得实质性进展。本书对新时代共同富裕的战略目标和实践路径进行了深入研究，其创新点有二：一是科学解析了新时代实现共同富裕的战略目标，二是从经济基础、政治保障、法治条件、精神维度、社会政策、教育指向、科技支撑、国际环境等方面深入探讨了新时代共同富裕的实践路径。

　　从内容结构来看，本书共包含十一章。其中，第一章主要分析了共同富裕的科学内涵、理论基础和价值定位，第二章分析了中国共产党共同富裕思想的历史演进，第三章分析了新时代实现共同富裕的战略目标。第四章至第十一章则从经济基础、政治保障、法治条件、精神维度、社会政策、教育指向、科技支撑、国际环境等方面分析了新时代共同富裕的实践路径。具体来看：

　　第一章探讨了共同富裕的科学内涵、理论基础和价值定位。共同富裕不是单一的物质充裕，不是平均主义，也不是同步富裕，更不是劫富济贫。从主体维度来看，共同富裕是全民共富；从内容维度来看，共同富裕是全面共富；从途径维度来看，共同富裕是共建共富；从过程维度来看，共同富裕是渐进共富。马克思主义揭示了共同富裕的一般物质前提、共同富裕的发展规律、共同富裕的历史必然性、共同富裕的历史性与阶段性、共同富裕的发展趋势等，为科学理解和实现共同富裕提供了理论基础。从价值定位来看，共同富裕是社会主义的本质要求，是中国式现代化的重要特征，是人民群众的共同期盼，是人类解放的逻辑必然。

第二章探讨了中国共产党共同富裕思想的历史演进。中国共产党带领人民奋力实现共同富裕的历史是中国式现代化进程的一个重要侧面。自1921年中国共产党成立以来，党在追求共同富裕的道路上展开了理论和实践探索，先后经历了革命时期对共同富裕的理论思考和实践探索、新中国成立初期赶超式发展战略下的共同富裕探索、改革开放政策下的先富带后富发展以及新时代以人民为中心的发展几个不同阶段。在此过程之中，党对共同富裕概念内涵的认识日益深化，实现共同富裕的方法不断丰富。深刻总结中国共产党对共同富裕的百年探索经验，不难发现社会主义制度有利于财富的公平分配。党坚持以人民为中心，带领人民坚持社会主义道路是实现共同富裕的正确抉择。

第三章探讨了新时代实现共同富裕的战略目标。新时代实现共同富裕的战略目标集中体现在四个方面：一是主体上体现在实现全民参与建设基础上的共享，即民众的内生动力得到充分释放、构建起兼顾效率公平的收入分配格局、基本公共服务实现均等化；二是内容上实现物质富裕基础上的全面发展，即经济发展的质量和效益进一步提升、人民群众的精神生活丰富多彩、社会生活环境舒心安心放心、实现人与自然的和谐共生；三是程度上实现普遍富裕基础上的差别富裕，即居民收入差距和消费差距缩小到合理空间、保障社会流动的制度环境不断完善、形成新型工农城乡关系、形成合理的国土空间布局并互相支撑；在世界意义上体现为世界共同繁荣作出更大贡献，即为世界贫富差距问题的解决提供中国智慧、为发展中国家的现代化建设提供中国样本、为人类命运共同体的构建贡献中国力量。

第四章探讨了新时代实现共同富裕的经济基础。随着时代的发展与科技的进步，尤其是产业化时代变革推动了经济的快速发展，使得我国经济形态呈现快速腾飞的一面，由此也带来了一些负面影响，区域之间的发展失衡、城乡之间的分离以及收入分配差距的加大在一定程度上阻碍了共同富裕的实现路径。为此，要坚持在贯彻新发展理念、构建新发展格局、实现高质量发展的基础上，推动共同富裕取得更为明显的实质性进展。同时，还要按照"数量增长——质量增长——共享增长"的路径实现全体人民共同富裕，走出一条符合中国实际、具有中国特色的共同富裕道路，促进人民在物质与精神上的双重富足，推动人的全面发展与社会的全面进步。

第五章探讨了新时代实现共同富裕的政治保障。实现共同富裕不仅是经济问题，而且是关系党的执政基础的重大政治问题，因此必须在政治上对共同富裕加以思考和推进。首先是加强理念指引。党的初心使命、以人民为中心的发展思想、新发展理念等为实现共同富裕提供基本遵循。其次是发挥制度优势。加强党的全面领导、完善国家制度和治理体系、探索共同富裕制度化路径，为实现共同富裕提供有力支撑。再次是优化政策措施。坚持长期战略、中期规划与短期策略相统一，宏观指导、示范引领与因地施策相结合，政策制定、政策执行与政策评估相衔接，为实现共同富裕提供科学路径。最后是强化自我革命。全面从严治党，落实共同富裕政治责任，全面深化改革，破除共同富裕道路上的障碍，坚持守正创新，以自我革命引领共同富裕，从而为实现共同富裕提供政治保障。

第六章探讨了新时代实现共同富裕的法治条件。实现共同富裕，需要大力发展社会主义市场经济，解放和发展生产力，先把"蛋糕"做大，再通过合理的制度安排把"蛋糕"分好，切实保障人民权益，让发展成果更多更公平惠及全体人民，让人民群众过上美好生活。全面推进依法治国，能为实现共同富裕保驾护航。加强社会主义法治建设，能为发展社会主义市场经济、优化收入分配体系、依法保障人民权益提供法治保障。实现共同富裕需要宪法保障，也需要在生产领域尤其是所有制领域奠定支撑共同富裕的法律基础，而共同富裕的落实则需要确立相应的收入分配法律制度。面对严重的贫富差距悬殊问题，在新时代，必须加以改革，确立有利于社会主义共同富裕的收入分配法律制度体系。

第七章探讨了新时代实现共同富裕的精神维度。精神生活共同富裕是共同富裕的重要内容，是美好生活的基本向度，它是人们为满足精神需要而进行的精神层面的活动与状态，包括信仰理想、认知思考、情感体验、审美享受等内容。精神生活共同富裕具有辩证性、历史性、实践性等特质，可以划分为个人与社会双重层面。党的十八大以来，人们的精神生活获得前所未有的满足感和获得感，发生格局性变化和历史性变革。然而，当前人们的精神生活共同富裕还存在不少问题，表现为空间差距、圈层冲突、不良心态、资本侵蚀、文化危机等衍生的危害，侵蚀人的认知图式和思维方式。对此，我们应该基于经济社会发展推进社会主义文化繁荣发展，深度培育和践行社会主义核心价值观，塑造国人的理想信念，通过弥合区域差距、构建价值共识、培育良性心态、规约资本发展等方式促进人民精神生活共同富裕。

第八章探讨了新时代实现共同富裕的社会政策依托。从我国社会政策的发展历程来看，社会政策在推进全覆盖社会保障体系，调节收入分配和贫困治理中发挥了重要的功能，有力地推动了社会的公平正义。随着我国进入共同富裕的新阶段，以共同富裕为目标成为促进社会政策更高水平发展的新动能。社会政策的对象范围持续扩大，其目标定位也将关注不同群体的权益和重视低收入群体增能。在未来的发展格局中，社会政策将以更加包容方式实现基本公共服务均等化，进而推动全民发展，促进共同富裕。

第九章探讨了新时代实现共同富裕的教育指向。作为新时代中国特色社会主义发展的重大战略目标，共同富裕的实现是一项系统工程，其离不开教育实践活动的推动。以教育实践活动推动新时代中国特色社会主义共同富裕的实现，不仅符合理论上的客观规定，也是对教育致富这一实践活动在新时代新发展阶段的传承和发展。从习近平新时代中国特色社会主义理论的内容上看，共同富裕已经从社会主义内在规范性转化为新时代社会主义发展的能动性力量，且具有全新的价值目标和内容要求。在教育推动共同富裕实现的新时代背景中，习近平新时代中国特色社会主义理论体系是这一教育实践活动展开的思想前提。在内容上，教育推动共同富裕的实现集中于两个向度，即在"富裕"向度上对个体的财富创造能力的教育培训及在"共同性"维度上对分配正义理念、共享发展观的培育。

第十章探讨了新时代实现共同富裕的科技支撑。科技立则民族立，科技强则国家强。实现新时代共同富裕，必须牢牢牵住科技自立自强这个"牛鼻子"。只有掌握科技创新的主动权，做到关键核心技术自主可控，才能守住共同富裕的"安全阀"，只有抢占科技高地，抓住全球科技发展先机，才能筑牢共同富裕的"稳定器"，只有积极布局未来产业，加速科技与经济社会发展渗透融合，才能拓宽共同富裕的"增长极"。以科技赋能新时代共同富裕，关键是要聚焦"专精特新"，聚合共同富裕的创新要素；立足"人才强基"，激发共同富裕的创新活力；强化"数字联动"，形成共同富裕的链状效应；坚持"绿色发展"，绘就共同富裕的可持续性底色。在坚持科技创富的同时，还要切实发挥科技创新促进城乡区域协调发展的重要作用。要促进创新要素跨区域流动，推动区域协调发展，要全面推广普及包容性技术，实现民生科技的全域覆盖；要打造梯次化科技创新布局，形成区域良性互动，更高水平地实现全体人民的利益福祉。

第十一章探讨了新时代实现共同富裕的国际环境。顺利推进以实现共同富裕为重要特征的中国特色社会主义现代化建设，不仅需要和平共处的国际政治环境、平等互信的国际安全环境、互利共赢的国际经济环境，也与需要客观友善的国际舆论环境。扎实推进共同富裕，必须要深刻认识国际环境带来的新矛盾新挑战，科学研判握国际格局演变的新规律新方向，从世界潮流、国际矛盾、科技革命等各方视角发现中国发展的有利条件，主动维护和塑造重要战略机遇期；要通过推动构建开放型世界经济，致力于推动全球开放合作和共同发展，畅通"双循环"发展格局，保护全球产业链供应链的稳定，坚定维护多边贸易体制，防范化解全球经济风险，加强海外利益保护；要始终坚持中国特色大国外交，积极发展全球伙伴关系，引领全球治理体系改革，推动"一带一路"建设，不断提升国际传播能力，不断营造有利于和平发展和民族复兴的良好外部环境，使世界发展大势有效转化为推动国内发展的助推力量。

# 导　论

党的二十大报告指出，"从现在起，中国共产党的中心任务就是团结带领全国各组人民全面建成社会主义现代化强国、实现第二个百年奋斗目标，以中国式现代化全面推进中华民族伟大复兴。"[①] 共同富裕是中国式现代化的重要特征之一。邓小平曾经设想，在 20 世纪末达到小康水平的时候，就要"突出地提出和解决""先富"带动"后富"的问题。但 20 世纪末建成的是低水平、不全面、发展很不平衡的总体小康，仍有为数不少的贫困人口。因此，在党的十六大上，江泽民提出了全面建设小康社会的奋斗目标，即在 21 世纪的头二十年，"全面建设惠及十几亿人口的更高水平的小康社会。"[②] 经过二十年的再发展，在建党百年之际，习近平总书记庄严宣告小康社会全面建成。第一个百年奋斗目标的如期实现，意味着"先富"带动"后富"开始真正成为"中心课题"。2017 年在党的十九大报告中，习近平总书记就提出，新时代是"逐步实现全体人民共同富裕的时代"，并从"两个阶段"对共同富裕的推进作出了时间规划。处在"两个一百年"奋斗目标历史交汇点的十九届五中全会，首次将"人的全面发展、全体人民共同富裕取得更为明

---

[①] 习近平：《高举中国特色社会主义伟大旗帜　为全面建设社会主义现代化国家而团结奋斗——在中国共产党第二十次全国代表大会上的报告》，人民出版社 2022 年版，第 21 页。

[②]《十六大以来重要文献选编》（上），中央文献出版社 2011 年版，第 14 页。

显的实质性进展"作为 2035 年远景目标在党的全会文件中提出，并将"全体人民共同富裕迈出坚实步伐"列为"十四五"时期经济社会发展的主要目标。2021 年中央财经委员会第十次会议就共同富裕问题进行了专门讨论，党的二十大报告也再次强调，"中国式现代化是全体人民共同富裕的现代化。"[①]由此可见，无论是从历史发展规律还是从现实发展要求出发，共同富裕都将成为今后中国发展的重要目标追求。本书对新时代共同富裕的战略目标和实践路径进行深入研究，以期丰富关于共同富裕的相关研究，推动共同富裕的实践发展。

## 一、研究价值

首先，理论意义。一方面，当前国内外对中国共同富裕的推进存在着一定的误解和曲解，如将共同富裕等同于"平均富裕"，将共同富裕的推进等同于"劫富济贫"等，通过深入新时代共同富裕战略目标和实践路径的研究，有利于对共同富裕的内涵有更为全面和准确的理解，对国内外存在的误解和曲解作出回应。另一方面，作为社会主义的本质要求和中国式现代化的重要特征，共同富裕对于彰显中国特色社会主义制度的优越性具有重要的价值意义。因此，深入新时代共同富裕战略目标和实践路径的研究，有利于加深对中国特色社会主义制度优势的理解。

其次，实践价值。共同富裕不是"镜中花""水中月"，在中国共产党的全面领导下，共同富裕完全具有实现的可能性和必要性。通过新时代共同富裕战略目标和实践路径的研究，一方面，有利于明确新时代共同富裕的发展目标，为新时代共同富裕的推进指明方向。另一方面，有利于为新时代共

---

① 习近平：《高举中国特色社会主义伟大旗帜　为全面建设社会主义现代化国家而团结奋斗——在中国共产党第二十次全国代表大会上的报告》，人民出版社 2022 年版，第 22 页。

同富裕的推进明确发展路径，从而更好地推动共同富裕在新时代取得实质性进展。

## 二、文献综述

### （一）国内研究

在中国知网以"共同富裕"为主题进行精准检索，并利用中国知网的可视化分析功能进行全部检索结果的分析，可以看出关于共同富裕的研究有两个高峰期。一个高峰期是 1994 年左右，这与 1992 年邓小平南方谈话和 1994 年《邓小平文选》第三卷的出版有关；另一个高峰期是 2020 年之后，这与绝对贫困问题的解决和全面建成小康社会有关。经过分析可以看出，国内对共同富裕的研究主要集中在以下几个方面。

#### 1. 中国共产党共同富裕思想的基本内涵研究

从新中国成立初期毛泽东率先提出共同富裕这一概念，到改革开放后邓小平将其与社会主义本质相结合，再到世纪之交江泽民、胡锦涛对公平效率关系的调整发展，最后到新时代习近平总书记对共同富裕的重要论述，中国共产党共同富裕思想的基本内涵不断丰富和完善。明确中国共产党共同富裕思想的基本内涵是对其进行深入研究的重要基础和前提条件，目前学界的研究共识主要集中在以下几个方面：

（1）共同富裕是社会主义的本质要求。作为共同富裕概念的率先提出者，毛泽东认为，共同富裕和社会主义两者是有机统一的。一方面，只有在社会主义公有制的前提下，共同富裕才具有实现的可能性。毛泽东曾指出，站在资本主义立场上的康有为没有也不可能找到通往"大同"社会的路径，因为这条唯一的路是中国共产党领导的社会主义。另一方面，共同富裕有利于巩固社会主义制度。作为社会主义相较于资本主义的优势所在，共同富裕是巩固工农联盟的重要条件。只有实现农民的普遍富裕，农民才能相信社会主义制度，才能紧紧维护党的领导。改革开放后，邓小平更是将共同富裕与社会主义本质相结合。因此，国内学者普遍将共同富裕视为社会主义区别于资本主义的重要特质之一。"富裕是任何社会都要达到的目标"，但中国共产党的富裕致力于全体人民的富裕，"强调利益的'广泛性'和'整体性'"①，与资本主义的两极分化形成鲜明的对比。

（2）共同富裕是生产力和生产关系的统一。立足于唯物史观，经济基础决定上层建筑是毋庸置疑的，但我们也坚决反对"唯一经济决定论"。恩格斯晚年曾经明确指出，如果把经济因素当作历史发展过程中唯一起决定性作用的因素，那这将是荒诞空洞的。对历史发展起作用的除了经济因素之外，还包括上层建筑中的制度、法律等因素。因此，并不能认为只要生产力足够发达，共同富裕就可以自发实现，如一些西方国家拥有发达的生产力，但两极分化问题依然严峻。有学者就指出，单纯依靠市场是不能实现共同富裕的，"市场经济自发运行会出现两极化。"② 共同富裕是"共同"和"富裕"相融合的结果，二者不可偏废。"富裕"代表着物质基础的丰富，属于生产力范畴；"共同"意味着人民对物质的享有范围，属于生产关系范畴。离开"富裕"谈"共同"就会导致平均贫困，离开"共同"谈"富裕"就会导致贫富悬殊。③ 因此，国内学者普遍认为不能仅仅从经济角度去看待共同富裕，应该从政治、经济等方面对共同富裕有一个全面的认识。易重华、席学智在论述邓小平的共同富裕思想时就指出，共同富裕的中心是经济建设，但它贯通生产力、经济基础以及上层建筑。④ 李安义和李英田也认为，把对共同富

---

① 韦革：《邓小平"共同富裕"思想浅析》，《华中理工大学学报》（社会科学版）1999年第4期。

② 王桂枝：《共同富裕实现机制研究》，社会科学文献出版社2018年版，第87页。

③ 王泽应：《共同富裕的伦理内涵及实现路径》，《齐鲁学刊》2015年第2期。

④ 易重华、席学智：《邓小平共同富裕思想的内涵、地位及其现实指导意义》，《湖北社会科学》2013年第12期。

裕的理解局限于经济领域是不彻底的，共同富裕作为对两极分化的否定，包含由经济关系方面的平等所决定的各类平等，如社会关系方面的平等。①

（3）共同富裕是物质、精神等方面的共同富裕。针对资本主义社会中人的异化，马克思认为理想的未来社会应该是每个人都能得到自由全面的发展。因此，共同富裕不能仅仅是物质方面的富裕，"共同富裕是'五位一体'的全面跃升，既包括物质富裕，又涵盖人民对美好生活向往的方方面面。"②任立新和陈宝松就强调，共同富裕不是单纯的经济方面的富裕，而是以经济为基础的，涉及政治、文化、生态等各方面的广泛性的富裕。严文波与祝黄河指出，如果把共同富裕单纯地界定为经济方面的发展，只追求生产力的发展，忽视人民的精神生活和社会基本道德规范的建设，最终会影响到社会的全面发展。③孙武安也认为，"共同富裕是以经济生活和物质文明为基础，同时包含政治生活和精神文化生活在内的全面发展的社会文明。"④

（4）共同富裕是目标、过程、手段的统一。在发展生产力的基础上实现共同富裕，这是社会主义的发展目标和本质要求。同时，共同富裕的实现是具体的历史的统一，不能超越历史发展阶段，盲目追求平等。学者普遍认为共同富裕不是要所有人达到绝对平等的富裕程度，而是在发展的过程中避免出现贫富的过度悬殊。共同富裕的实现不可能一蹴而就，而是需要一个漫长的发展过程，这个过程是从由低到高的多层次目标构成的。特别是在发展基础较为薄弱的中国实现共同富裕更需要经历长期的发展。曹亚雄等人就指出，"经济文化比较落后的国家在建立社会主义制度后，解放和发展社会生

①　李安义、李英田：《"共同富裕"不仅仅是一个经济概念——再谈"共同富裕"内涵及实现方式》，《理论探讨》1996 年第 6 期。

②　王灵桂：《实现共同富裕：新发展阶段的崭新目标》，《江淮论坛》2021 年第 4 期。

③　严文波、祝黄河：《社会主义共同富裕的理论阐释与实现机制》，《江西财经大学学报》2014 年第 4 期。

④　孙武安：《共同富裕的内涵、价值及其紧迫性》，《江西社会科学》2013 年第 2 期。

产力、最终实现共同富裕将是一个长期的奋斗过程。"① 共同富裕是社会主义的发展目标，同时共同富裕也是巩固社会主义的重要手段，共同富裕的追求对于社会主义社会的稳定、发展具有重要的价值意义。邱海平指出，"不仅把实现共同富裕理解为社会主义的本质要求和建设目标，而且也要理解为保持经济持续健康发展的重要手段。"②

**2. 中国共产党共同富裕思想的生成逻辑研究**

马克思主义认识论强调，实践是认识的来源。思想的产生建立在实践的基础上，但同时离不开一定的历史积淀和理论支撑。了解一个理论思想的生成逻辑，才能更好地把握这个理论思想的来龙去脉，从而有效且有针对性地作出未来研判。

（1）马克思主义的理论来源。毛泽东之前的马克思主义理论者虽然没有明确提出"共同富裕"这一概念，但在众多的马克思主义经典著作论述中，实际上蕴含着共同富裕的目标追求和实现路径。作为马克思主义中国化的开创者和推动者，毛泽东能够率先提出"共同富裕"这一概念自然离不开对马克思主义的继承与发展。吕开武和吴怀友就认为，"毛泽东共同富裕思想，是在科学社会主义基本原理的指导下形成发展的。马克思主义的科学社会主义理论原则，对毛泽东共同富裕思想的形成有着决定性的影响。"③ 也有学者指出，"马克思和恩格斯以唯物史观为方法论，不仅科学地预测了未来社会中共同富裕的情形，还粗线条地勾勒出了共同富裕的具体要求。"④ 吕小亮、

---

① 曹亚雄、刘雨萌：《新时代视域下的共同富裕及其实现路径》，《理论学刊》2019 年第 4 期。

② 邱海平：《共同富裕的科学内涵与实现途径》，《政治经济学评论》2016 年第 4 期。

③ 吕开武、吴怀友：《毛泽东共同富裕思想及其当代启示》，《湖南科技大学学报》(社会科学版) 2018 年第 2 期。

④ 付文军、姚莉：《新时代共同富裕的学理阐释与实践路径》，《内蒙古社会科学》2021 年第 5 期。

李正图也指出，中国共产党共同富裕思想萌发于马克思主义三个方面的科学探索，一个是生产力和生产关系的科学阐释，二是对私有制的批判，三是对实现共同富裕过程的相关论述。[1]

（2）中华优秀传统文化的影响。"坚持和发展马克思主义，必须同中华优秀传统文化相结合。"[2] 中华传统文化中始终蕴含着对"大同"社会的理想追求，早期的中国共产党领导人无一不先读儒家经典，深受中华传统文化的影响。因此，有学者就从中华传统文化出发，指出中国共产党追求共同富裕的目标与传统文化中的"大同"思想、"均贫富"思想、"民本"思想等有着密切的关系。[3] 如马纯红指出，毛泽东共同富裕思想是对传统文化中"大同"理想、"公有均平"原则、传统的"义利之辩"的批判继承。[4] 中国共产党人在马克思主义中国化的实践探索过程中将马克思主义基本原理同中华优秀传统文化相结合，为"大同"社会的理想追求找到了可行的实现路径，使得"大同"理想有了实现的可能性。

（3）社会主义建设的探索实践。实践是认识的来源。随着社会主义建设的不断深入，中国共产党的共同富裕思想得以不断丰富和发展，特别是在早期实践过程中出现的一些失误更加深了中国共产党对共同富裕的认识。新中国成立后，缺乏社会主义建设经验的中国共产党主要是借鉴苏联的发展模式，同时根据中国的实际情况进行发展创新。随着苏联发展模式的僵化以及各类弊端的出现，中国共产党更加认识到探索符合中国特点的发展道路的重

① 吕小亮、李正图：《中国共产党推进全民共同富裕思想演进研究》，《消费经济》2021年第4期。

② 习近平：《高举中国特色社会主义伟大旗帜　为全面建设社会主义现代化国家而团结奋斗——在中国共产党第二十次全国代表大会上的报告》，人民出版社2022年版，第18页。

③ 余永跃、王世明：《论邓小平共同富裕思想的理论来源及其发展》，《科学社会主义》2021年第6期。

④ 马纯红：《毛泽东共同富裕思想的传统文化之维》，《毛泽东研究》2017年第5期。

要性。如毛泽东强调农业、重工业和轻工业的"并举",邓小平提出社会主义制度和市场经济相结合。随着时代的发展,中国特色社会主义对共同富裕进行了相应的理论发展和实践探索,使得共同富裕的实现更加具有可能性和现实性。①

### 3. 中国共产党共同富裕思想的实现路径研究

区别于空想社会主义者的"乌托邦"和中华传统文化中的"大同"理想,中国共产党所提出的共同富裕理想完全具有实现的可能性和现实性。因此,如何实现共同富裕就成为了学界研究的重点。立足于中国共产党的实践探索,学界对共同富裕的实现路径研究主要有以下几点共识。

(1)社会主义是实现共同富裕的制度保障。在生产资料私人占有的情况下,劳动产品不归劳动者所有,极贫和极富的分化日益严重,共同富裕不具有实现的可能性。韩文龙、祝顺莲指出,科学社会主义制度建立之前,共同富裕不能实现的根本原因就在于剥削制度的存在。② 在社会主义社会,生产资料社会化是最明显的特征,这也是社会主义区别于资本主义的重要标志。"在消灭了私有制的条件下,产品为劳动者共同占有,生产目的是为了满足劳动者的物质文化生活需要,生产力的解放、发展可以成为'共同富裕'目标的手段。"③ 因此,引领中国革命走向胜利的社会主义,同样也是保证中国走向富强的重要条件。④ 有学者就指出,消灭私有制,建立社会主义公有制,这是毛泽东共同富裕思想的重要前提。随着中国特色社会主义制度优势的日益彰显,国内学者更加强调,只有坚持中国特色社会主义制度,促进治理体

---

① 刘长明、周明珠:《共同富裕思想探源》,《当代经济研究》2020 年第 5 期。
② 韩文龙、祝顺莲:《新时代共同富裕的理论发展与实现路径》,《马克思主义与现实》2018 年第 5 期。
③ 吴惠之:《论邓小平"共同富裕"思想及其现实化》,《学术月刊》1996 年第 7 期。
④ 张凤霞:《邓小平对毛泽东共同富裕思想的继承和超越》,《河北大学学报》(哲学社会科学版)2005 年第 5 期。

系现代化，同时提高治理能力，共同富裕才能逐步实现。

（2）生产力的发展是实现共同富裕的物质基础。共同富裕必须立足于"富裕"，没有发达的生产力，只能是平均贫困。正如邓小平对社会主义原则的阐释，放在第一位的是发展生产，其次才谈共同富裕。作为共同富裕概念的率先提出者，毛泽东认识到了发展生产力对实现共同富裕的极端重要性。作为毛泽东共同富裕思想的重要继承者和发展者，邓小平同样注重发展生产力的重要作用。但邓小平汲取了毛泽东的经验教训，更加强调生产力内部因素对促进生产力的重要作用。中国特色社会主义进入新时代，更加注重生产力的高质量发展。因此，有学者在强调发展生产力的同时，也开始注重保护生产力的问题，更加注重绿色发展。

（3）实行非均衡的发展战略，同时反对两极分化。共同富裕并不意味着同步富裕、同等富裕，"共同富裕是有差别的富裕，不是全体社会成员同时、同步、同等富裕，是有先有后、有时间差别的共同富裕，也是有快有慢、有程度差别的共同富裕。"① 汲取过去平均主义、"大锅饭"的教训，邓小平提出了一个从非均衡发展到均衡发展、"部分先富"到"共同富裕"的发展战略。② "先富"带动"后富"的发展路径打破了平均主义的幻想，但是在这个过程中，邓小平始终强调要坚持公有制的主体地位，避免形成两极分化的问题。③ 邓小平明确指出，社会主义的政策如果使得社会主义社会产生两极分化，那改革开放就是失败的，社会主义的政策使得社会主义社会产生资产阶级，改革开放就是走向了邪路。江泽民和胡锦涛对公平与效率关系的论述也

---

① 韩云昊、杨国斌：《论邓小平共同富裕思想与现阶段我国贫富差距的控制》，《毛泽东思想研究》2006 年第 3 期。

② 韦革：《邓小平"共同富裕"思想浅析》，《华中理工大学学报》（社会科学版）1999 年第 4 期。

③ 董全瑞：《论邓小平共同富裕思想的内涵、道路和实现机制》，《探索》2014 年第 4 期。

是基于两极分化的考量。杨静娴指出，江泽民对效率与公平的论述是在反对平均主义的基础上，对避免收入悬殊所提出的解决之策，而胡锦涛强调更加注重公平也是旨在进一步解决现实生活中收入差距的过分扩大。①

**（二）国外相关研究**

作为世界上最大的发展中国家，随着中国国际地位的不断提升，中国国内政策的调整受到海外学者的普遍关注。因此，党的十八大以来，特别是中央财经委员会第十次会议之后，海外学者和海外媒体对中国共同富裕的相关论述和政策实施给予了高度重视。

**1. 海外视域下共同富裕的内涵与背景分析**

共同富裕一直以来就是中国共产党的奋斗目标。如今，中国特色社会主义进入了新时代，共同富裕逐渐成为"时代课题"。虽然共同富裕的概念在新中国成立初期就被提出，但从未像今天这样被广泛提及和讨论。如有海外学者就指出："共同富裕不是一个新术语，但最近却有了更大的意义。"随着国内越来越多的政策围绕着共同富裕的发展目标展开，共同富裕也逐渐成为海外中国学研究的热点话题。

（1）海外对于共同富裕的内涵解读。立足时代发展背景，汲取历史发展经验，习近平总书记进一步明确了共同富裕的内涵。从主体来看，共同富裕要求全体人民参与建设并共享发展成果；从内容来看，共同富裕是物质富裕基础上的全面发展；从特点来看，共同富裕是普遍富裕基础上的差别富裕。在习近平总书记论述的基础上，海外学者和海外媒体对共同富裕的内涵进行了多方面的解读。奥黛丽·高（Audrey Goh）和马尔科·伊亚齐尼（Marco Iachini）指出，"'共同富裕'指的是包容性增长，拥有更强的社会网络，缩

---

① 杨静娴：《毛泽东、邓小平、江泽民、胡锦涛的"共同富裕"思想比较研究》，《前沿》2011 年第 14 期。

小不同群体之间的差距，包括生活在城市和农村不同群体之间的贫富差距。"海外学者普遍认同共同富裕的概念源起于毛泽东。如英国萨塞克斯大学教授唐迈（Michael Dunford）、凯文·姚（Kevin Yao）等海外学者对中国共同富裕概念的历史源起进行了分析，指出了毛泽东和邓小平对共同富裕的探索与发展。珍妮特·帕斯金（Janet Paskin）也指出："毛泽东将共同富裕的目标追求写入了党的文件中，反映了对平等社会的追求。邓小平强调允许一部分人先富起来，然后实现共同富裕。习近平在新的时代背景下再一次强调了共同富裕的发展目标。"① 墨尔本大学研究员江诗伦（Lauren Johnston）则对中华优秀传统文化中所蕴含的共同富裕思想进行了分析。同时，海外对于中国共同富裕也存在着众多的误读，其中一些海外学者和海外媒体就将中国所追求的共同富裕等同于"劫富济贫"、平均主义。对于这种误读，一些海外学者也提出了不同的观点。如唐迈指出，"因为社会主义阶段的生产力仍然是有限的，所以社会主义阶段的共同富裕不是平等主义。"② 萨姆·琼斯（Sam Jones）也强调，"习近平最近提到共同富裕这个词，标志着实现共同富裕的进一步推进，旨在寻求一个整体富裕的社会，而不是统一的平等主义。"③

（2）海外对于推进共同富裕的原因分析。第一，对社会发展不平衡的主动回应。党的十九大报告中，习近平总书记对中国社会主要矛盾的转化作出了新的研判，这说明中国落后的生产力已经得到改善，但发展不平衡不充分的问题逐渐凸显。布鲁金斯学会中国项目主任杰夫里·贝德（Jeffrey A.

① Janet Paskin, "What 'Common Prosperity' Means and Why Xi Wants It Quicktake", https://www.bloomberg.com/news/articles/2021-09-03/what-common-prosperity-means-and-why-xi-wants-it-quicktake.

② Michael Dunford, "The Chinese Path to Common Prosperity," International Critical Thought, Vol.12, No.1, Mar.2022.

③ Sam Jones, "What to Expect from China's Common Prosperity Push", https://apcoworldwide.com/blog/what-to-expect-from-chinas-common-prosperity-push/.

Bader）就指出，"中国快速但不平衡的增长带来的一系列的国内挑战。"[①] 其中，不平等的财富分配是一个重要的问题。根据瑞士瑞信银行公布的数据，海外学者指出，"虽然中国的生活水平有了很大的提升，但基尼系数也在不断提高，中国已经成为最不平等的主要经济体之一。"国际货币基金组织亚太部副部长索娜莉（Sonali Jain-Chandra）等人通过实证分析得出，"在过去的二十年里，中国的贫困程度大幅减少，但不平等程度也在加剧。"[②] 因此，海外学者普遍认为，中国对于共同富裕的推进"反映了习近平对社会平等的关注"。如《华尔街日报》在报道中提到，共同富裕"体现了对于中国人民一起致富的希望，而不是把财富集中在企业界的上层"。《纽约时报》记者布莱德什（Bradsher）也认为，中国的共同富裕是要"缩小贫富差距，扩大中等收入阶层"。

第二，推动经济持续健康发展的重要保障。立足"两个大局"的现实背景，习近平总书记提出了构建新发展格局的战略部署，要实现"两头在外"向"双循环"的转变，并以内部大循环为主体。有海外学者就指出，"该战略成功的关键在于扩大国内需求和对经济供给方面进行结构性改革。"[③] 其中，"消费是终点也是新起点，是释放内需潜力、增强经济发展动力的着力点。"[④] 因此，消费在国内大循环的构建中发挥着重要的作用，特别是中国拥有14亿多人口的超大规模消费市场。而海外多位学者指出，缩小贫富差距是刺激消费的重要举措，如凯恩斯（Keynes）的绝对收入假说、莫迪利安尼

---

① Jeffery A. Bader, "How Xi Jinping sees the world & and why", Washington, DC: Brookings Institution, 2016, p.8.

② Sonali Jain-Chandra, "Inequality in China-trends, drivers and policy remedie", International Monetary Fund, 2018, p.19.

③ https://www.alliancebernstein.com/corporate/en/insights/investment-insights/chinas-quest-for-common-prosperity-reading-the-tea-leaves.html.

④ 王一鸣：《百年大变局、高质量发展与构建新发展格局》，《管理世界》2020 年第 12 期。

（Modigliani）的生命周期假说等。同时，国内的多位学者通过实证性研究证明，贫富差距的缩小有利于降低人民的预防性储蓄，从而刺激人民的消费。因此，海外学者认为，共同富裕的推进"有利于刺激国内消费，减少国家对债务推动经济发展的依赖"。同时，也有海外学者指出，"通过更加公平地分配财富，可以让中国人民拥有消费能力来推动经济发展，减少对西方资本的依赖，为新发展阶段奠定基础。"

第三，彰显中国制度优势的重要举措。党的十九届四中全会从十三个方面凝练概括了中国特色社会主义的制度优势，其中就包括，"走共同富裕道路的显著优势。"①《纽约时报》指出，"美国排名前 1% 的人拥有约 35% 的财富"，中国共同富裕的推进是要证明中国的制度优于西方从而巩固人民的支持。联合国驻华协调员办公室首席经济学家毕儒博（Bill Bikales）也认为，"习近平正在通过缩小收入差距和转向更高质量的发展，在国内外重塑共产党的形象。他希望这样证明社会主义比西方资本主义能更好地关注全体人民的发展。"同时，在第一个百年奋斗目标顺利实现后，中国进入全面建设社会主义现代化国家的新发展阶段。中国式现代化新道路是在汲取西方现代化道路经验基础上的进一步发展，要着力避免和解决西方现代化过程中出现的问题，如亚历山大·奇普曼·科蒂（Alexander Chipman Koty）指出，"除了解决收入不平等的问题外，共同富裕也在着力解决资本主义和无序增长所引发的社会弊病。"

**2. 海外视域下共同富裕的推进路径分析**

海外学者和海外媒体对中国近期的政策调整给予了高度关注，并将其与共同富裕的推进联系在一起，对其进行梳理归纳，主要体现在以下几个方面。

---

① 《中共中央关于坚持和完善中国特色社会主义制度　推进国家治理体系和治理能力现代化若干重大问题的决定》，《人民日报》2019 年 11 月 6 日。

（1）完善社会民生的保障。党的十八大以来，习近平总书记多次强调，"人民对美好生活的向往，就是我们的奋斗目标。"① 因此，中国共产党不断推进社会民生的保障和完善，着力解决住房、医疗、教育等与人民群众生活密切相关的问题，让人民真正到发展的成果。亚太项目中国问题高级研究员于杰（Yu Jie）指出，"中国的发展成就将不再仅仅以两位数的增长来定义。它必须考虑不同社会阶层长期的需要，以满足'人民日益增长的美好生活的需求'。"美国纽约大学终身教授熊玠（James C. Hsiung）也指出，"如果不立足于现实，满足人民的切实需求，中国梦将不可能实现。中国梦与中国人生活水平的提高密切相关。"② 同时，共同富裕的实现也需要完善的社会保障体系。有海外学者就指出，"从根本上说，如果中国真的想要解决发展不平衡，它需要一个更好的社会保障网。"针对中国近期采取的一系列政策措施，海外学者也给予了广泛关注，特别是对于教育培训行业的整顿。有海外学者指出，"中国政府正在试图切断拥有住房和受教育机会之间的联系，这是促进共同富裕的广泛政策的一部分。"同时有海外学者认为，"目前中国的医疗保险和养老保险已经有了广阔的覆盖范围，但在失业保险和养老保障方面仍有较大的提升空间。"美国外交关系协会亚洲中心主任易明（Elizabeth C. Economy）在其著作也指出，"与世界上最富有的国家的发展轨迹不同，中国面临着'未富先老'的问题。"③

（2）重视第三次分配的作用。在推进共同富裕的战略安排中，习近平总书记多次强调第三次分配的重要作用。因此，海外学者也特别关注中国

---

① 《习近平谈治国理政》第 1 卷，外文出版社 2018 年版，第 4 页。

② James C. Hsiung, *The Xi Jinping Era: His Comprehensive Strategy Toward the China Dream*, New York: CN Times Books, 2015, p.143.

③ Elizabeth C. Economy, *The third revolution: Xi Jinping and the new Chinese state*, Oxford University Press, 2018, p.93.

的"先富"者、中国企业在共同富裕推进中的价值及其作用的发挥。"先富"者方面，有西方学者指出，"共同富裕的实现在很大程度上要依靠政府对经济进行更多的干预，同时采取更多的措施来让富人分享他们的成果。"在上文中已经提到，有一些海外学者将其误读为"劫富济贫"。企业方面，在中国推进共同富裕之际，阿里巴巴等企业先后宣布助力共同富裕的推进，如阿里巴巴宣布将于 2025 年之前投入 1000 亿元助力推动共同富裕，这受到了海外媒体的高度关注，如有海外媒体就指出，"'共同富裕'成为了中国企业家新的口号。"他们普遍以阿里巴巴、腾讯等企业为例，认为"中国共同富裕的政策引发了中国科技巨头和企业家的一系列捐赠"。阿伯丁标准投资公司（Aberdeen Standard Investments）亚洲股票投资经理伊丽莎白·奎克（Elizabeth Kwik）指出，"中国所有的企业都支持共同富裕的推进是具有重要意义的。"同时，伊丽莎白·奎克也强调，"但这并不意味着政府将社会置于收益或股东之上——政府只是希望公司发挥作用，帮助实现收入的公平分配。"过去，西方社会企图以"高税收，高福利"的福利社会缓解两极分化问题，但如今一些西方国家社会活力逐渐减弱，同时财政逐渐难以支撑高昂的福利支出。因此，习近平总书记明确指出，中国共同富裕要实现尽力而为和量力而行的有机结合，"坚决防止落入'福利主义'养懒汉的陷阱。"[①] 部分海外学者也认识到，中国针对共同富裕采取了一系列政策措施，"但这些措施既不同于的西方福利社会，也不是简单的经济没收政策。"

（3）加强资本市场的监管。为了切实推进共同富裕，中国采取了一系列严厉的措施遏制资本的无序扩张，比如对于教育培训行业、娱乐产业的大力整顿，对娱乐明星偷税漏税行为的严格处罚。同时采取一系列措施打击企业的垄断行为，如对阿里巴巴、美团等企业的处罚。因此，西方学者认为，随

---

[①]　习近平：《扎实推动共同富裕》，《求是》2021 年第 20 期。

着中国对资本市场的监管，"资本市场不再是资本家一夜暴富的天堂。"唐迈也认为，"在无序的资本积累、垄断和投机将得到控制的情况下，富人将能够继续保持富裕，穷人将不会继续贫穷。"[①]纽约州立大学新帕尔茨分校经济学助理教授徐赛兰（Sara Hsu）指出，"西方国家的监管只是试图遏制可能破坏市场效率稳定的做法，与此相反，中国的监管旨在为经济实践注入一种公平感。"[②]但对于中国对科技公司的反垄断，西方许多媒体却存在误解和曲解，如《纽约时报》认为，"中国的共同富裕聚焦于对科技巨头的打压，以遏制它们的主导地位。"同时，针对课后培训机构的整顿、对于科技公司的监管，《华尔街日报》认为，"这导致了大量的裁员，同时影响了毕业生的就业问题。"但一些海外学者也提出了不同意见，如亚历山大·奇普曼·科蒂指出，"与社会服务和生活质量相关的行业可能需要加强控制。与此同时，政府在共同富裕的目标是减少不平等、改善中国公民的生活质量，这为与这些优先事项密切相关的行业提供了机会。"[③]江诗伦也指出，"中国高质量发展需要更多的高质量工人，这将为中国贫困青年人提供更多的发展机会。"[④]

### 3. 海外学者对共同富裕的评价分析

海外学者对中国共同富裕的推进基本上呈现出两极分化的态度。一方面，对中国共同富裕的推进持观望和消极态度，认为中国共同富裕的推进会损害企业家的利益，影响中国经济的持续健康发展等。另一方面，对中国共

---

[①] Michael Dunford, "The Chinese Path to Common Prosperity", *International Critical Thought*, Vol.12, No.1, Mar.2022.

[②] Sara Hsu, "China's Communist 'Common Prosperity' Campaign", https://thediplomat.com/2021/08/chinas-communist-common-prosperity-campaign/.

[③] Alexander Chipman Koty, "How to Understand China's Common Prosperity Policy", https://www.china-briefing.com/news/author/china-briefing/.

[④] Lauren Johnston, "What the West gets wrong about China's 'common prosperity'", https://asia.nikkei.com/Opinion/What-the-West-gets-wrong-about-China-s-common-prosperity.

同富裕的推进持支持和肯定态度，认为中国的共同富裕是解决不平等问题的"中国方案"等。

（1）对中国共同富裕的推进持观望或消极态度。日兴资产管理有限公司（Nikko Asset Management）的高级投资经理谭·恩格·泰克（Tan Eng Teck）表示，"许多投资者正在努力理解共同富裕的实质，并想知道这会走多远。当然，这需要待后续发展的进一步评估。"但出于某种政治目的和意识形态的考量，一些海外学者和海外媒体往往断章取义，"唱衰"中国的共同富裕。一方面，认为中国共同富裕的推进会损害企业家的积极性，影响投资环境，从而损害中国经济的持续发展，如《纽约时报》在报道中指出，"中国共同富裕的推进旨在缩小收入差距，这让许多中国本土的富人备受关注，也引起了外国投资公司的担忧。"《华尔街日报》也在报道中指出，中国对于共同富裕目标的追求使其加强了电子商务、网络游戏、房地产以及辅导行业的监管和整顿，这种监管力度的强化促使许多投资者重新评估在中国进行投资的风险和回报。同时，一些海外学者和媒体将共同富裕的推进视为中国民粹主义崛起和发展的表现，并且站在新自由主义的视角认为中国监管力度的强化影响了许多行业的发展，如"中国对房地产行业的监管损害了建筑业和其他相关产业的发展"。

另一方面，认为中国共同富裕的推进会受到既得利益群体的阻碍。海外学者普遍指出，中国共同富裕的推进需要进行税收体系的调整。但部分海外学者认为税收体系的调整会损害既得利益群体的利益，因此中国税收体系改革将面临严重的阻力，比如德克萨斯农工大学（Texas A&M University）的经济学教授甘·丽（Gan Li）指出，"实现共同富裕的一个重要途径是引入继承税和资本利得税，这将有利于调整富裕家庭的财富收入，但同时这也很可能将面临众多的反对。"也有海外学者片面地认为，"中国目前出台的相关措施主要是针对高收入和高风险的行业，缺乏深入的措施去激发和巩固低收入人群和中等收入人群的发展机会。"除此之外，也有海外学者认为，俄乌冲突和新冠疫情的蔓延也将阻碍中国共同富裕政策的推进。

（2）对中国共同富裕的推进持支持和肯定态度。一方面，中国共同富裕的推进对于中国国内具有重要的政治、经济意义，同时具有实现的可能性。针对海外对中国近期加强市场监管的负面评价，新加坡的投资组合经理戴夫·王（Dave Wang）指出，"我们需要认识到，监管改革绝不是中国独有的，也不全是市场上的负面影响。"同时，戴夫·王认为，半导体等产业股票的变化与中国的发展目标是一致的。《华尔街日报》专栏记者纳撒尼尔·塔普林（Nathaniel Taplin）指出，"中国巨大的消费市场对于外资具有重要的吸引力。围绕着共同富裕发展目标的一系列举措可能会对外国的投资领域产生影响，使得更多的投资转向中国制造业，这与中国的发展期望是相吻合的。"

另一方面，中国共同富裕的推进具有重要的世界意义，是解决世界不平等问题的"中国方案"。针对海外对共同富裕的负面评价，全球最大的对冲基金——桥水基金的创始人雷·戴利奥（Ray Dalio）指出，"不应该去误解中国所采取的一系列举措"，"广泛的机会将带来更好的经济和更公平的体系。"雷·戴利奥还明确指出，"共同富裕是一件好事"，"美国和其他许多国家都需要加强共同富裕的推进。"中国共同富裕的推进对于缓解世界不平等问题具有重要的价值意义。布鲁盖尔研究所高级研究员兹索尔特·达瓦斯（Zsolt Darvas）曾指出，"虽然在中国和印度国内的收入不平等显著加剧。然而全球收入不平等的总体下降却是中国和印度发展的结果，主要与它们快速的经济发展有关。"[①]同时，现代化不等于西方化，现代化的建设道路不具有唯一的模式。亨廷顿也强调，"现代化并不一定意味着西方化。"[②]历经百年的

---

[①] Zsolt Darvas, "Global interpersonal income inequality decline: The role of China and India", World Development, Vol.121, Apr.2019.

[②] ［美］亨廷顿：《文明的冲突和世界秩序的重建》，周琪等译，新华出版社 2009 年版，第 57 页。

探索发展，中国共产党走出了一条不同于西方的现代化道路，"创造了中国式现代化新道路，创造了人类文明新形态。"①区别于西方的现代化模式，中国的现代化建设具有自己的许多特点。其中，"我国现代化是全体人民共同富裕的现代化。"②因此，也有海外学者指出，"中国正在走一条不同于西方国家的发展道路。"这条道路为世界发展中国家的现代化建设和世界不平等问题的解决提供了"中国方案"。

**（三）研究述评与展望**

**1. 研究取得的成果**

第一，确立了研究的基本框架和思路。通过综述可以看出，目前国内对于中国共产党共同富裕思想的研究内容主要集中在基本内涵、生成逻辑以及实现路径等几个方面。研究思路主要是立足于历任中国共产党领导人对共同富裕的相关论述和实践探索。当然，也有学者从伦理、公平效率等角度对中国共产党共同富裕思想进行研究，这为后续研究提供了新的研究思路和研究视角。第二，厘清了中国共产党共同富裕思想的发展脉络，并突出了每个时期的重点，即新中国成立初期毛泽东率先提出共同富裕这一概念并进行了初步的探索尝试；邓小平将其与社会主义本质相结合，进一步拓宽了共同富裕的实现路径；江泽民、胡锦涛立足于世纪之交的新问题、新挑战，从效率与公平的关系出发对共同富裕作出了进一步的发展；中国特色社会主义进入新时代，习近平总书记对共同富裕的重要论述为新时代共同富裕的扎实推进提供了科学指引。第三，海外研究为国内研究拓宽了研究视角，同时海外研究的误解和曲解也为国内研究提出了任务要求，即要通过学术对话等方式引导

---

①　习近平：《在庆祝中国共产党成立 100 周年大会上的讲话》，人民出版社 2021 年版，第 14 页。

②　《论把握新发展阶段、贯彻新发展理念、构建新发展格局》，中央文献出版社 2021 年版，第 9 页。

海外对中国共同富裕的认知。

### 2. 未来研究展望

在全面建成小康社会的基础上，中国进入全面建设社会主义现代化国家的新发展阶段。不同于西方式现代化，共同富裕是中国式现代化的重要特点。因此，继续加强共同富裕的相关研究仍具有重要的价值与意义。通过上述综述，共同富裕的未来研究应该着眼于以下几个方面。第一，解决研究过程中存在的分歧。对于目前学界关于共同富裕思想演变史研究存在的分歧，应结合相关史料进行全面客观地分析。同时，对于中国社会是否存在"阶层固化"这一问题应进行更为深入的研究，找出存在分歧的原因，探寻问题的实质，进而分析解决问题的路径。第二，拓展中国共产党共同富裕思想的研究内容。加强中国共产党共同富裕思想的历史研究，从历史发展中总结经验。同时，加强对习近平总书记关于共同富裕重要论述的研究，为新发展阶段推进共同富裕提供科学指引。第三，探寻新时代共同富裕的战略目标、时代特点和实现路径。立足于新发展阶段的时代背景，探寻新发展阶段共同富裕的战略目标、时代特点、困境阻碍，并从经济、政治、文化、社会、生态等方面寻求突破路径，从而推动共同富裕在 21 世纪中叶基本实现。

## 三、研究方法及创新之处

### （一）研究方法

在研究方法方面，本书坚持理论探讨和现实分析相结合的原则，采用文献分析法、理论分析法、历史分析法，具体如下：

第一，文献分析法。一方面，对新中国成立以来中国共产党的文献材料中关于共同富裕的相关论述进行梳理，把握中国共产党共同富裕思想的历史演进、基本内涵和发展特点。另一方面，借助中国知网搜集目前学界关于共同富裕的相关研究，对已有的研究成果进行梳理分析，了解目前学界的研究现状。在相关文献分析的基础上，建构研究框架，提炼要点观念。

第二，理论分析法。本书拟从马克思共同富裕思想出发，立足于马克思主义唯物史观，结合人民群众的主体地位、人的全面发展以及拜物教等相关理论，探寻共同富裕的思想内涵、战略目标以及推进路径。

第三，历史分析法。共同富裕的实现是历史的具体的，因此，对于共同富裕的分析必须坚持历史的具体的统一。立足于中国共产党领导人对共同富裕的探索，本书对中国共产党的共同富裕思想进行了历史分析，了解其发展脉络、基本内涵和主要特点。同时，该书立足于新时代的时代背景，分析新时代共同富裕的战略目标和实践路径。

### （二）创新之处

本书的创新之处主要体现在两个方面：

一是对新时代实现共同富裕的战略目标进行了深入探讨。通过分析国内已有的研究成果可以看出，目前学界对于共同富裕的历史分析、内涵分析以及推进路径研究较多，但对于新时代实现共同富裕未来前景的研究较少。因此，本书力图从主体、内容、程度和世界意义四个维度着力分析新时代实现共同富裕战略目标，在此基础上探寻共同富裕的实践路径。

二是对新时代共同富裕的实践路径进行了多维立体的细致分析。本书认为，实现共同富裕是一个系统性工程，关联到国内与国外、理念、制度与行动等多个层面，涉及经济、政治、文化、社会、生态等多个领域，既需要整体着眼又需要重点突破。本书从经济基础、政治保障、法治条件、精神维度、社会政策、教育指向、科技支撑、国际环境等方面深入探讨了新时代实现共同富裕的实践路径，试图从学理上科学解答新时代实现共同富裕"何以可能"的问题。

# 第一章　共同富裕的科学内涵、理论基础和价值定位

从某种意义上说，中国共产党就是为实现全体中国人民共同富裕而不懈奋斗的党。中国共产党成立之后，一直致力于对共同富裕问题进行深刻的理论阐发，并在实践中不断地推进共同富裕。党的十八大以来，随着中国特色社会主义进入新时代，习近平总书记更是将共同富裕摆在更加重要的位置上，并明确提出："现在，已经到了扎实推动共同富裕的历史阶段。"[①] 因此，正确认识共同富裕的科学内涵，深刻理解共同富裕的马克思主义理论基础，深入体悟共同富裕的价值定位，对于科学把握共同富裕的战略目标和实践路径具有十分重要的意义。

## 一、共同富裕的科学内涵

千百年来，共同富裕始终是人类对于幸福生活和美好社会的理想追求。也正因如此，共同富裕的思想内涵在历史长河中历经变迁，使得当前一些人对于共同富裕问题的认识存在着偏差。因此，要正确理解新时代共同富裕的科学内涵，首先应澄清当前对共同富裕的若干认识误区，搞清楚新时代中国

---

[①] 习近平：《扎实推动共同富裕》，《求是》2021 年第 20 期。

共产党人所倡导的共同富裕到底"是什么""不是什么"。习近平总书记明确指出："我们说的共同富裕是全体人民共同富裕，是人民群众物质生活和精神生活都富裕，不是少数人的富裕，也不是整齐划一的平均主义。"[①] 这段重要论述对于我们科学把握共同富裕的内涵提供了根本遵循。共同富裕可以从主体、内容、途径、过程四个维度得到科学地揭示。

**（一）从主体维度来看，共同富裕不是少数人的富裕，而是全民共富**

共同富裕之"共同"二字，明确回答了"谁的富裕"问题。从主体维度的覆盖面来看，共同富裕不是少数人或少数地区的富裕，而是中国 14 亿多人民的全体富裕，是全体人民共享"富裕"的发展成果。换言之，共同富裕乃是全民共富。

首先，全民共富符合中国共产党的性质、宗旨以及初心使命的内在要求。中国共产党是中国人民的先锋队，以全心全意为人民服务为宗旨，把为中国人民谋幸福作为使命，始终坚持以人民为中心的发展思想。因此，一百多年来，中国共产党不断采取有效措施保障和改善民生、让发展成果更多更好惠及全体人民，促进全体人民的共同富裕。新民主主义革命时期，党带领人民"打土豪、分田地"，帮助农民从贫困中解放。新中国成立后毛泽东同志提出我国要实现"富强"的重要思想，他强调"这个富，是共同的富，这个强，是共同的强，大家都有份"[②]。邓小平同志在改革开放时期再次提到全民共富的思想，他指出"社会主义不是少数人富起来、大多数人穷，不是那个样子。社会主义最大的优越性就是共同富裕，这是体现社会主义本质的一个东西"[③]。中国也在改革开放的伟大实践中摆脱了一穷二白的落后局面，实现了"富起来"的伟大飞跃。党的十八大以来，以习近平同志为核心的党中

---

① 习近平:《扎实推动共同富裕》,《求是》2021 年第 20 期。
② 《毛泽东文集》第 6 卷,人民出版社 1999 年版,第 495 页。
③ 《邓小平文选》第 3 卷,人民出版社 1993 年版,第 364 页。

央明确提出"人民对美好生活的向往就是我们的奋斗目标"①,"广大人民群众共享改革发展成果,……是我们党坚持全心全意为人民服务根本宗旨的重要体现。我们追求的发展是造福人民的发展,我们追求的富裕是全体人民共同富裕"②。

其次,全民共富是契合我国社会主要矛盾变化的现实需要。党的十九大报告指出,"中国特色社会主义进入新时代,我国社会主要矛盾已经转化为人民日益增长的美好生活需要和不平衡不充分的发展之间的矛盾"③。共同富裕的首要任务是富裕,即把"蛋糕"做大,解决的是发展不充分的问题;共同富裕的重点难点是共同,即把"蛋糕"分好,解决的是发展不平衡的问题。改革开放以来,我国经济持续快速健康发展,社会福利和公共服务取得长足进步。国家统计局相关数据显示,中国 GDP 在世界的排名从 1978 年的第 15 位(3679 亿元)提升到 2010 年的第二位(412119 亿元),自此稳居世界第二大经济体。2021 年,我国国内生产总值突破 100 万亿,脱贫攻坚取得全面胜利,实现了第一个百年奋斗目标,在中华大地上全面建成了小康社会,把"蛋糕"做大的任务取得了阶段性的可喜成果。但需要看到的是,当前发展成果的惠及程度并不均衡,群体之间、城乡之间、地区之间的收入水平及社会福利仍然存在一定差距。这就要求我们要继续坚持实现全体人民共同富裕的发展导向,着重解决发展不平衡的问题。想要做到把"蛋糕"分好、发展成果由全民共享,就要通过全面深化收入分配制度改革、持续推进乡村振兴战略、实施"西部大开发"等区域协调发展战略等多种措施,缩小

---

① 习近平:《在纪念马克思诞辰 200 周年大会上的讲话》,人民出版社 2018 年版,第 20 页。

② 《中共中央召开党外人士座谈会 习近平主持并发表重要讲话》,《人民日报》2015 年 10 月 31 日。

③ 习近平:《决胜全面建成小康社会 夺取新时代中国特色社会主义伟大胜利——在中国共产党第十九次全国代表大会上的报告》,人民出版社 2017 年版,第 11 页。

群体收入差距、城乡差距、地区差距，解决好人民日益增长的美好生活需要和不平衡不充分的发展之间的矛盾。

**（二）从内容维度来看，共同富裕并不等同于物质充裕，而是全面共富**

"何种富裕"称得上是共同富裕？这也是一个十分关键的问题。在一些人看来，共同富裕之"富裕"即是物质富裕。实际上，从内容维度来看，共同富裕的"富裕"二字，不仅仅指物质生活富裕，也包括精神生活富裕。不能将共同富裕简单等同于经济层面的物质充裕，这是对共同富裕内涵的片面化、单一化理解。共同富裕实际上是物质生活与精神生活的双富裕，是经济、政治、社会、文化、生态等多层面全方位的全面共富。

首先，全面共富是实现人的全面发展的应有之义。马克思主义中关于人的全面发展理论主要有三方面的含义。第一层含义是指人的智力、体力、才能、情趣和道德等多个方面的发展；第二层含义是指人的自由发展——即不受其他因素影响和制约的发展；第三层含义是指全社会每个人的全面发展。在资本主义社会私有制条件下，社会生产力极大提升，物质财富总量十分充裕，但人的发展却是"异化的""片面的"。工人自己生产的劳动产品并不属于自己，而是属于资本家，并且他生产的财富越多，自己反而越贫穷，即劳动产品发生了异化。进一步来看，劳动本应是一种人的自由自觉的活动，但在资本主义生产方式下，劳动成为一种被迫的强制劳动，劳动也发生异化。而劳动作为人的本质，既然无法自由自觉地进行，就违反了人的本质，使得人的本质也发生了异化。最终，人与人之间也发生了异化。对应人的全面发展的三层含义，我们可以很清楚地看到：第一，资本主义生产方式下，无产阶级只能从事体力劳动，无法充分发展其智力、才能等其他方面的素质；第二，工人的劳动不是自由自觉的自愿活动，自由受到了极大限制；第三，富裕和发展只属于少数资本家，多数无产阶级仍然处于苦难和贫穷之中。虽然资本主义生产方式下社会物质财富得到了极大的发展，但是工人的个人物质财富却得不到满足，并且资本的逐利性导致个人及社会的精神财富极度匮乏。所以，只有在社会主义社会与共产主义社会，生产资料私有制被消灭，物质财富由全民共享，人民群众才能建设精神文明，实现物质财富与精神财富共同富裕，进而实现政治、经济、文化、社会、生态等多维度全面共富，最终实现人的自由全面发展。因此，全面共富是实现人的全面发展的应有之义。正是基于马克思主义的上述原理，习近平总书记指出："促进共同富裕与促进人的全面发展是高度统一的"[1]，"中国特色社会主义就是要建设社会主义市场经济、民主政治、先进文化、和谐社会、生态文明，促进人的全面发展，促进社会公平正义，逐步实现全体人民共同富裕"[2]。

其次，全面共富是新时代协调推进"五位一体"总体布局的本质要求。在党的十八大报告中，我们党提出了中国特色社会主义事业"五位一体"总体布局的战略目标，即全面推进经济建设、政治建设、文化建设、社会建设、生态文明建设。党的十九大报告明确提出，到 21 世纪中叶，把我国建成富强民主文明和谐美丽的社会主义现代化强国，全体人民共同富裕基本实现。因此，我们所说的共同富裕是经济、政治、文化、社会、生态等多方位相协调的全面共富。具体来说，共同富裕至少体现在以下五个层面：经济建设方面实现物质富裕，即坚持创新、协调、绿色、开放、共享的新发展理念，注重解决发展动力、发展不平衡、内外联动、人与自然和谐、社会公平正义等多种经济发展问题，提升经济增长的质量和数量，不断解放和发展生产力；政治建设方面实现权利富裕，即坚持党的领导、人民当家作主、依法治国有机统一，充分发挥中国特色社会主义民主政治的优势和特点，建设中

---

① 习近平：《扎实推动共同富裕》，《求是》2021 年第 20 期。

② 习近平：《共倡开放包容　共促和平发展：在伦敦金融城市长晚宴上的演讲》，人民出版社 2015 年版，第 6 页。

国特色社会主义政治文明；文化建设方面实现精神富裕，即坚持社会主义核心价值观和社会主义核心价值体系，对五千年中华优秀传统文化进行创造性转化和创新性发展，建设社会主义文化强国；社会建设方面实现民生富裕，即坚持在发展中保障民生，在发展中补齐民生短板、促进社会公平正义，实现幼有所育、学有所教、劳有所得、病有所医、老有所养、住有所居、弱有所扶，建设和谐社会；生态文明建设方面实现环境富裕，即坚持绿水青山就是金山银山、人与自然和谐共生、节约资源和保护环境，建设美丽中国。

**（三）从途径维度来看，共同富裕不是劫富济贫，而是共建共富**

从途径维度来看，共同富裕不是通过国家政府层面削减富者来帮助穷者的"劫富济贫"，也不是穷者"躺平""摆烂""坐享其成"抑或"搭乘富者的便车"，而是全体人民通过共同劳动创造财富、先富带动后富，从而实现人人参与、人人尽力、人人享有的共建共富。共建共富，实际上科学地回答了共同富裕"如何实现"的问题。

首先，共建共富是中华民族勤劳美德和中国共产党人优秀品质的彰显。"民生在勤，勤则不匮"。勤劳自古以来就是中华民族的传统美德，正是因为勤劳创造，中华民族才拥有了五千年的灿烂文明历史和如今的辉煌成就。中国共产党自成立以来，更是将中华民族崇尚劳动的精神接续传承、发扬光大，带领中国人民通过自己的辛勤劳动创造出一个又一个人间奇迹。2020 年11 月 24 日，习近平总书记在全国劳动模范和先进工作者表彰大会上指出，我们党在百年实践中培育形成了"崇尚劳动、热爱劳动、辛勤劳动、诚实劳动的劳动精神"[1]。劳动精神也是中国共产党人精神谱系中的一个重要组成部分。百年党史，亦是我们党团结带领全国人民的拼搏奋斗史。从新民主主义

---

① 习近平：《在全国劳动模范和先进工作者表彰大会上的讲话》，《人民日报》2020 年 11 月 25 日。

革命时期我们党领导人民历经 28 年浴血奋战实现民族独立和人民解放，到社会主义革命与建设时期党领导人民自力更生、发愤图强，成功完成社会主义改造、建立社会主义制度；从改革开放时期勇于开拓、艰苦奋斗、解放和发展生产力，再到中国特色社会主义新时代消除绝对贫困、实现全面小康。每一个伟大成就都是党带领全体人民共同奋斗的成果，是中国共产党领导人民彰显劳动精神的生动体现。2021 年 8 月 17 日，习近平总书记在中央财经委员会第十次会议上讲话中指出，促进共同富裕的原则之一就是鼓励勤劳创新致富。"幸福生活都是奋斗出来的，共同富裕要靠勤劳智慧来创造。"[①] 为此，我们要继续弘扬中国共产党人的劳动精神，牢记勤劳创新致富的原则，不断增强全体人民致富本领，给更多人创造致富机会，为劳动致富创造良好环境、提供制度保障，避免西方福利模式下容易产生的"养懒汉"、活力不足或"躺平""摆烂"等问题，努力实现人人参与、人人尽力、人人享有的共建共富。

其次，共建共富是我国社会主义基本经济制度的基本要求。我国社会主义初级阶段的基本经济制度包括社会主义公有制为主体、多种所有制经济共同发展，按劳分配为主体、多种分配方式并存，社会主义市场经济体制，三者共同为共建共富提供了制度遵循。从所有制形态来看，我国坚持毫不动摇巩固和发展公有制经济，毫不动摇鼓励、支持、引导非公有制经济发展。一方面，以公有制为主体保证了公有资产在社会总资产中占优势，国有经济控制国民经济命脉，对经济发展起主导作用；另一方面，对非公有制经济的鼓励、支持和引导使得各种所有制经济产权与合法利益得到政策保护，积极落实权利、机会和规则等各个方面的平等，极大地激发了非公有制经济的活力与创造力。公有制与非公有制的共同发展既确保了社会主义方向，又充分调

---

① 习近平：《扎实推动共同富裕》，《求是》2021 年第 20 期。

动了全社会一切有利于经济发展和财富创造的因素，使得这些因素积极涌流，体现出共建共富的思想理念。从分配制度来看，按劳分配为主体、多种分配方式并存充分肯定了劳动在生产力发展中的重要地位，同时也积极关注资本、土地、知识、技术、管理、数据等多种生产要素的价值，在分配领域里既体现效率、又促进公平，再次极大地调动了各方面的积极性，为共建共富提供内生动力。从经济体制来看，社会主义市场经济体制为共建共富提供了重要保障。党的十八届三中全会提出："使市场在资源配置中起决定性作用和更好发挥政府作用"①。"看不见的手"遵循经济发展规律，"看得见的手"实施宏观调控，二者在维护市场秩序、激发各类市场主体活力、保护劳动者及消费者权益等方面起到相互补充、协同配合的作用。

**（四）从过程维度来看，共同富裕不是同步富裕，而是渐进共富**

从过程维度来看，共同富裕不是一蹴而就的"同步富裕"，而是一个具有长期性、过程性和阶段性的动态发展过程。实际上，从共同富裕的实现过程来看，共同富裕乃是循序渐进、久久为功、逐步实现的。换言之，共同富裕是渐进共富。渐进共富，科学地回答了共同富裕"何时实现"的问题。实现渐进共富，既符合我国经济社会发展的历史逻辑，也是我国社会主义初级阶段的现实要求。

首先，渐进共富符合我国经济社会发展的历史逻辑。中国共产党的百年历史鲜明地昭示，中国共产党带领中国人民追求共同富裕的历程是一个循序渐进的、分阶段推进的动态发展过程。以毛泽东同志为主要代表的中国共产党人的共同富裕思想侧重于促进农业现代化和工业现代化的协调发展，推进共同富裕的实践侧重于改变农业的落后状态和农民的贫穷状态。改革开放新时期，我们党把共同富裕提升到了社会主义的本质层面，着重解放和发展生

————————
① 《中共中央关于全面深化改革若干重大问题的决定》，人民出版社 2013 年版，第 5 页。

产力，追求消除两极分化。党的十八大以来，共同富裕进入了新发展阶段。我们党带领全国人民历史性地解决了绝对贫困问题，在中华大地上全面建成了小康社会。新发展阶段下的共同富裕以高质量发展和共享发展为主要特征，追求实现更高质量的共同富裕。习近平总书记指出："要深入研究不同阶段的目标，分阶段促进共同富裕：到'十四五'末，全体人民共同富裕迈出坚实步伐，居民收入和实际消费水平差距逐步缩小。到 2035 年，全体人民共同富裕取得更为明显的实质性进展，基本公共服务实现均等化。到本世纪中叶，全体人民共同富裕基本实现，居民收入和实际消费水平差距缩小到合理区间。"[1]2021 年，中央印发《关于支持浙江高质量发展建设共同示范区的意见》，尝试和探索建设共同富裕的先行示范区。这是"允许一部分人、一部分地区先富起来，鼓励先富带动后富"的生动实践，也是渐进共富的具体体现。我们站在新的历史起点，要充分认识并遵循经济社会发展的客观规律，按照客观规律办事。立足社会主义初级阶段基本国情和全国各地区发展的现实基础，接续奋斗，以示范区、先富者激励带动全国人民一起逐步奔向共同富裕。

其次，渐进共富是我国当前基本国情的现实要求。我国正处于并将长期处于社会主义初级阶段，这是我国长期不变的基本国情。这就意味着我国当前的经济社会发展仍然是不平衡不充分的，收入差距、城乡差距、区域差距显著。从收入差距来看，现阶段我国居民收入结构仍处于不合理区间。目前，我国中等收入群体数量约为 4 亿人，占总人口的 28% 左右，而低收入群体则占总人口的近 70%，这与我们所要构建的"橄榄型社会结构"目标相比还有很大的差距。从城乡差距来看，我国长期存在城乡收入差距大、发展不平衡的难题。"实现共同富裕，最艰巨最繁重的任务仍然在农村"[2]。从地区差距来看，我国存在显著的区域发展不平衡问题。东部沿海地区经济高

---

[1][2]　习近平：《扎实推动共同富裕》，《求是》2021 年第 20 期。

度发达，中部次之，西部最差。因此共同富裕的实现必然有早有晚、有先有后、程度不一，是一个渐进共富的长期过程。首先在时间上，共同富裕不是同时富裕，而是有早有晚的。发展基础条件好的群体和地区优先实现富裕，发展程度相对较差的群体和地区后实现富裕。同理，每个地区的地理位置、资源优势、发展基础、历史文化等各不相同，所以共同富裕不是所有地区同步富裕，而是有先有后的。最后在富裕程度上，生产要素、分配要素等方面的差异必然导致不同群体和不同地区收入上的差别，因此共同富裕并不是绝对的平均主义或"均贫富"，也不是富裕程度完全相同的"同等富裕"，而是在合理范围之内的差别共富。正如习近平总书记所说："我们要实现 14 亿人共同富裕，必须脚踏实地、久久为功，不是所有人都同时富裕，也不是所有地区同时达到一个富裕水准，不同人群不仅实现富裕的程度有高有低，时间上也会有先有后，不同地区富裕程度还会存在一定差异，不可能齐头并进。"[1]

## 二、共同富裕的马克思主义理论基础

共同富裕自古以来就是治国理政的重要理念。"治国之道，富民为始"。中国古代诸多先贤对共同富裕的社会理想做出过有益探索，其中的"大同理想"则是这些探索的集中表现。"大同"一词首见于《尚书·洪范篇》，意为"极致境界"或是"理想状态"。《礼记·礼运大同篇》有曰："大道之行也，天下为公。选贤与能，讲信修睦，故人不独亲其亲，不独子其子，使老有所终，壮有所用，幼有所长，鳏寡孤独废疾者皆有所养，男有分，女有归……"[2] 先秦儒家的"大同"社会理想充分体现出对于老人、幼儿、鳏寡

---

① 习近平：《扎实推动共同富裕》，《求是》2021 年第 20 期。

② 胡平生、张萌译注：《礼记》，中华书局 2017 年版，第 419—420 页。

孤独疾等社会弱势群体的关爱与保障，以及"天下为公"的共享共有财富观念。在中国古代社会两千多年的封建土地私有制条件下，阶级剥削、贫富分化愈演愈烈，共同富裕一直都是中国人民的美好期冀。近代以来，中国逐步沦为半殖民地半封建社会，民族矛盾促进了国内阶级矛盾的激化，人民生活苦不堪言，中国人民对于"均贫富"的美好愿景更加强烈。太平天国时期，洪秀全颁布《天朝田亩制度》，提出"凡天下田，天下人同耕""有田同耕，有饭同食，有衣同穿，有钱同使"的平均主义思想；康有为《大同书》向世人勾画了一个"天下为公，无有阶级，一切平等"的"太平世"；孙中山将民生主义作为毕生所求，"俾全国之人，无一贫者，同享安乐之幸福，则仆之素志也"[1]，为此他提出"平均地权""节制资本"，其价值诉求与共同富裕异曲同工。这些都契合了近代以来中国社会对"均贫富"的殷切祈求。

历史上的西方社会也同样充满着对财富平等的普遍期盼。古希腊哲学家柏拉图在其著作《理想国》中构建了一个正义的理想城邦。在这个"理想国"中，他抨击私有观念，认为私有观念是造成一切不平等的根源，并提出财产共同所有的思想。亚里士多德提出"分配性的正义"和"矫正的正义"，重视对于收入差距按照"算数比例"进行矫正，从而实现分配正义。罗尔斯对亚里士多德的分配公正理论进行了批判性继承，他认为："所有社会价值——自由与机会、收入和财富、自尊的基础——都要平等地分配，除非对其中的一种价值或所有价值的一种不平等分配合乎每一个人的利益"[2]。1516 年，空想社会主义学说创始人托马斯·莫尔写下著作《乌托邦》，提出"在乌托邦，私有财产不存在""一切归全民所有"[3]，主张废除私有制，建立公正的秩序。卢

---

[1] 《孙中山全集》第 10 卷，中华书局 2011 年版，第 462 页。

[2] ［美］约翰·罗尔斯：《正义论》，何怀宏、何包钢、廖申白译，中国社会科学出版社 1988 年版，第 62 页。

[3] ［英］托马斯·莫尔：《乌托邦》，戴镏龄译，商务印书馆 2020 年版，第 114 页。

梭则在《论人类不平等的起源与基础》详细论证了私有观念和私有制是世间一切不平等的起源和基础。后来的康帕内拉、摩莱里、马布利再到圣西门、欧文、傅里叶等一大批空想社会主义者也都对未来社会作出自己的设想，都主张废除私有制，消灭阶级差别，共同劳动，平均分配产品，建立社会平等。

无论是中国古代的"大同社会"，还是近代的"均贫富"，抑或是西方的"理想国"和"乌托邦"等，都只是一定程度上表达了对于共同富裕的美好愿景，未曾真正做到消除贫困、消灭两极分化、实现共同富裕。或因处于私有制条件下，或因生产力低下、物质资料不充足，他们提出的实践尝试均以失败告终。1848 年，《共产党宣言》的问世标志着马克思主义的诞生。马克思、恩格斯在批判继承前人思想的基础上全面系统地阐述了科学社会主义理论，明确提出彻底消灭私有制和改变私有观念，大力发展生产力，完全消灭阶级，最终实现共产主义。马克思主义的科学理论为今天的共同富裕理念奠定了坚实的思想基础。

**（一）马克思主义揭示了共同富裕的一般物质前提**

虽然马克思、恩格斯未曾直接明确提出共同富裕的概念，但其著作及理论体系中深刻蕴含了共同富裕思想。关于共同富裕的一般物质前提是物质生产力的不断发展这一论断，可以在马克思的《〈政治经济学批判〉序言》、马克思和恩格斯共同完成的《德意志意识形态》《共产党宣言》等多篇著作中得到论证。

"物质利益难题"是马克思和恩格斯思考共同富裕问题的最初动因。马克思在《〈政治经济学批判〉序言》中回顾自己研究政治经济学的经过时指出，在其担任《莱茵报》编辑时，"第一次遇到要对所谓物质利益发表意见的难事"[1]，这个"难事"是指关于林木盗窃和地产分析的讨论。普鲁士政府

---

[1] 《马克思恩格斯文集》第 2 卷，人民出版社 2009 年版，第 588 页。

为了维护地主阶级的利益，制定《林木盗窃法》，给贫苦农民捡拾枯枝的行为安上"盗窃林木"的罪名。马克思撰文予以辩驳，旗帜鲜明地捍卫贫困农民的物质利益。正是关于林木盗窃法的辩论，使马克思初步看到了物质利益对国家和法律的支配作用。自此，马克思开始转向研究经济问题，探寻国家与市民社会、政治与经济之间的关系，并在之后对政治经济学的研究过程中，逐渐发展、完善了他的历史唯物主义理论。可以说，"物质利益难题"的背后，是替劳苦大众追求美好生活的呐喊，是对隐藏在贫富差距后背的阶级对立、社会矛盾的反抗，是对所有人的富裕的追求。在《德意志意识形态》中，马克思和恩格斯进一步详细论述了唯物史观的基本原理，阐明物质生产是人类社会存在和发展的基础、对人类历史发展起决定性作用。马克思、恩格斯指出，"人们为了能够'创造历史'，必须能够生活。但是为了生活，首先就需要吃喝住穿以及其他一些东西。因此第一个历史活动就是生产满足这些需要的资料，即生产物质生活本身"。[①] 也就是说，人类的生产活动是人类社会最基本也是最重要的实践活动，物质生产最直接的目的就是获取物质利益，高水平的物质财富就意味着需要高水平的生产力。正如马克思在《1857—1858年经济学手稿》中所写的那样："社会生产力的发展将如此迅速，以致尽管生产将以所有人的富裕为目的……真正的财富就是所有个人的发达的生产力"[②]。可见，在马克思主义那里，对于共同富裕的追求，其首要前提——或者说一般物质前提，就是社会物质生产力的不断发展。

**（二）马克思主义揭示了共同富裕的发展规律**

基于生产力与生产关系、经济基础与上层建筑的矛盾运动，马克思主义的"五种社会形态理论"科学揭示了社会形态更替和人类社会发展的一般规

---

① 《马克思恩格斯文集》第1卷，人民出版社2009年版，第531页。
② 《马克思恩格斯全集》第31卷，人民出版社1998年版，第104页。

律，从而科学揭示了共同富裕的发展规律。同"共同富裕"概念一样，"五种社会形态理论"这一明确的概念表述从未直接出现在马克思、恩格斯的话语当中，但其思想却始终贯穿在马克思、恩格斯的许多著作和整个思想理论体系之中，成为马克思主义理论体系的一个重要组成部分。《德意志意识形态》是"五种社会形态理论"的最初出处，马克思、恩格斯指出资本主义社会以前的历史可以划分为三种所有制形式，依次是"部落所有制""古典古代的公社所有制和国家所有制""封建的或等级的所有制"[①]。再加上他们所批判的资本主义所有制形式和未来取代它的共产主义所有制形式，刚好是五种所有制形式。此后，"五种社会形态理论"在《共产党宣言》《1857—1858 年经济学手稿》《〈政治经济学批判〉序言》《资本论》《反杜林论》《家庭、私有制和国家的起源》等著作中不断发展完善。

总体来说，马克思、恩格斯将人类社会的发展划分为五个阶段，分别是原始社会、奴隶社会、封建社会、资本主义社会和共产主义社会（包括社会主义社会）。原始社会虽然在所有制上是公有制，没有阶级剥削，但因其生产力极其低下，故必然无法实现共同富裕。原始社会之后，生产力有一定程度的发展，社会分工开始出现，阶级社会产生，生产资料变为私人所有。因此，在奴隶社会、封建社会和资本主义社会条件下，生产资料所有者总是剥削没有生产资料的群体，贫富差距不断拉大，阶级压迫显著，共同富裕也只能是一种空想。只有在共产主义社会，私有制被消灭，生产资料所有制重新变为公有，且生产力水平高度发展，物质财富极大提升，共同富裕才得以实现。

也就是说，共同富裕的两大前提条件是生产资料公有制以及社会生产力的高度发展。共同富裕的社会理想与共产主义社会一同，遵循着人类社会发

---

① 《马克思恩格斯文集》第 1 卷，人民出版社 2009 年版，第 521—522 页。

展规律，将在社会形态更替中逐步实现。换言之，人类社会的发展规律之中蕴含着深刻的共同富裕的发展规律。

### （三）马克思主义揭示了共同富裕的历史必然性和发展趋势

马克思、恩格斯在《共产党宣言》中提出："随着大工业的发展，资产阶级赖以生产和占有产品的基础本身也就从它的脚下被挖掉了。它首先生产的是它自身的掘墓人。资产阶级的灭亡和无产阶级的胜利是同样不可避免的。"[①] 也就是我们所熟悉的"两个必然"，即"资本主义必然灭亡，社会主义和共产主义必然胜利"。为了论证这一发展趋势，马克思和恩格斯在《资本论》中详尽阐述了资本主义生产方式以及和它相适应的生产关系和交换关系，从而发现了剩余价值学说和资本主义无法调和的基本矛盾，最终揭示了现代社会——即资本主义社会的经济运动规律，论证了资本主义终将灭亡、共产主义终将取代资本主义的历史必然性。一方面，资本家通过将剩余价值转化为利润，掩盖对于工人的剥削，再通过不断地扩大再生产进行资本积累，资本家与工人之间的贫富差距越来越大，资产阶级与无产阶级之间的阶级矛盾与阶级对立也愈加严重。另一方面，在资本主义生产条件下，随着机器工业的诞生，生产力不断发展，社会分工愈加精细化，生产愈加规模化、组织化，社会化大生产与生产资料私人占有之间的矛盾也愈加突出。多种因素共同作用下，资本主义爆发了不可避免的周期性经济危机，并且找不到任何方式来调和资本主义的基本矛盾。这就揭示了资本主义灭亡的必然趋势，也明确告诉我们，共同富裕注定不可能在资本主义社会实现。

但是需要看到，马克思、恩格斯在对资本主义生产方式进行批判时，始终秉持着辩证法的思维，他们也客观地肯定了资本主义生产方式创造的巨大生产力对于人类社会发展起着极为重要的作用，为共产主义社会的到来和共

---

① 《马克思恩格斯文集》第2卷，人民出版社2009年版，第43页。

同富裕的实现奠定了坚实的物质基础。"资产阶级在它的不到一百年的阶级统治中所创造的生产力，比过去一切世代创造的全部生产力还要多，还要大。"① 最重要的是，马克思和恩格斯还充分认识到，资本主义社会的消亡不能仅仅依靠客观规律，更要发挥人的主观能动性。要通过无产阶级的努力与奋斗，不断解放和发展生产力，消灭私有制，建立共产主义的生产方式和经济制度，最终实现共同富裕。

总而言之，马克思主义科学揭示了共同富裕的历史必然性和发展趋势。其哲学依据是马克思主义关于人类社会发展趋势的"两个必然"，其背后的经济学原理则是通过对资本主义社会经济发展规律的研究来阐发的。

**（四）马克思主义揭示了共同富裕的历史性与阶段性**

马克思主义同样揭示了共同富裕的历史性与阶段性。其中，共同富裕的历史性体现在共同富裕的实现是一个长期的不断发展着的历史过程，贯穿着人类社会发展的始终。也就是说，共同富裕的历史性是长期性和发展性的辩证统一。马克思指出："无论哪一个社会形态，在它所能容纳的全部生产力发挥出来以前，是决不会灭亡的；而新的更高的生产关系，在它的物质存在条件在旧社会的胎胞里成熟以前，是决不会出现的。"② 这一表述明确体现出社会形态更替的长期性。实际上，共产主义社会的实现及共同富裕的实现也必将需要很长一段历史时间。另一方面，共同富裕也不是在共产主义社会突然实现的，而是在每一个更替了的社会形态阶段都有所发展，积累量变，在共产主义社会完成质的飞跃。从原始社会的石器工具到奴隶社会金属工具的出现，从封建社会的自然经济到资本主义社会的商品经济，生产力发展水平与农民的社会财富占有也处于一个历史进步的过程。

---

① 《马克思恩格斯文集》第 2 卷，人民出版社 2009 年版，第 36 页。
② 同上书，第 592 页。

共同富裕的阶段性则主要体现为共同富裕的实现是渐进的。这与前面所说的发展性有相似之处，但马克思主义对于共同富裕的发展阶段有更加详细的论述。除了五种社会形态更替时，社会生产力与物质财富具有阶段性的发展，马克思主义经典作家还将第五种人类最终社会形态——即共产主义社会——细分为两个小阶段。1875 年 5 月，马克思抱病写了《哥达纲领批判》，极为精辟地阐述了关于未来共产主义社会发展阶段及其特征，从而阐明了共同富裕的两种不同阶段性内涵。第一个阶段是"刚刚从资本主义社会中产生出来"的共产主义社会，即社会主义社会。在这个阶段，生产资料虽然是公有，但是还存在着资本主义旧社会残留的弊病。生产者为社会提供了多少劳动，他就"从社会储存中领得一份耗费同等劳动量的消费资料"[①]，也就是所谓的"按劳分配"。在马克思看来，这种分配方式的实质是等价交换，是一种资产阶级权利。这种权利看似平等，但实际上"就它的内容来讲，它像一切权利一样是一种不平等的权力"[②]。因为"它默认，劳动者的不同等的个人天赋，从而不同等的工作能力，是天然特权"[③]。也就是说，每个人的身体条件、天赋才能、知识水平各不相同，能做出的劳动量也不同。例如，一位强壮的青年与一位年迈的老人同样在工厂做工，同等时间内，青年的劳动量必然会大于老人的劳动量。如果不考虑每个人的先天条件禀赋，仅仅按照劳动量来进行消费资料的分配，老人、妇女、残疾者等先天弱势群体便无法得到足够的生活与消费资料。因此，这时的劳动者并没有拥有"事实上的消费资料在量的占有上的完全相等"[④]，而只是平等地拥有取得消费资料的权利罢了。所以这时的共同富裕仍然是初级阶段的、有差别的、相对的富裕，并未实现

---

① 《马克思恩格斯文集》第 3 卷，人民出版社 2009 年版，第 434 页。

②③ 同上书，第 435 页。

④ 邱海平：《马克思主义关于共同富裕的理论及其现实意义》，《思想理论教育导刊》2016 年第 7 期。

真正意义上的全体人民共同富裕。"在共产主义社会高级阶段，在迫使个人奴隶般地服从分工的情形已经消失，从而脑力劳动和体力劳动的对立也随之消失之后；在劳动已经不仅仅是谋生的手段，而且本身成了生活的第一需要之后；在随着个人的全面发展，他们的生产力也增长起来，而集体财富的一切源泉都充分涌流之后，——只有在那个时候，才能完全超出资产阶级权利的狭隘眼界，社会才能在自己的旗帜上写上：各尽所能，按需分配!"① 只有到这时，社会生产力高度发达，物质财富高度富足，劳动者才能按照自己的实际需要取得对消费资料和物质财富的占有，这种占有才是充分的、平等的，共同富裕才能够真正得以实现。

总之，马克思主义科学揭示了人类社会的发展规律，因此能够科学揭示共同富裕的一般物质前提，能够科学揭示共同富裕的发展规律，能够科学揭示共同富裕的历史必然性和发展趋势，能够科学揭示共同富裕的历史性与阶段性。马克思主义对于共同富裕的科学揭示，为我们正确把握新时代实现共同富裕的战略目标和实践路径奠定了理论基础。

### 三、共同富裕的价值定位

共同富裕之所以被万千中国共产党人当成毕生追求的目标，乃是因为实现共同富裕具有深刻的价值和意义。概括起来，共同富裕主要包括以下四个方面的价值定位，即共同富裕是社会主义的本质要求、是中国式现代化的重要特征、是人民群众的共同期盼、是人类解放的逻辑必然。

#### （一）共同富裕是社会主义的本质要求

共同富裕是社会主义的本质要求这一论断，乃是社会主义本质理论的重要内容。20世纪80年代末90年代初，东欧剧变、苏联解体，国际共产主义

---

① 《马克思恩格斯文集》第3卷，人民出版社2009年版，第435—436页。

事业遭受重创，中国的社会主义事业面临着考验。改革开放能否顺利进行，中国社会主义事业何去何从，成为亟待解决的问题。1992 年 1 月 18 日至 2 月 21 日，邓小平视察了南方的武昌、深圳、珠海和上海等地，并发表重要谈话，鲜明地回答了当时困扰和束缚人们的许多重大认识问题，对社会主义本质进行了深刻的理论阐发。邓小平同志指出："社会主义的本质，是解放生产力，发展生产力，消灭剥削，消除两极分化，最终达到共同富裕"[①]。这一重要论述鲜明地回答了"什么是社会主义，怎样发展社会主义"的问题，且具有紧密的内在逻辑关系。在社会主义社会中，"解放生产力，发展生产力"是根本任务，"消灭剥削，消除两极分化"是根本方向，"共同富裕"是根本目标。

党的十八大以来，以习近平同志为核心的党中央对于社会主义本质理论做出新的阐释。习近平总书记先后在不同场合多次提出"共同富裕是社会主义的本质要求"的崭新论断，突出强调共同富裕的"本质要求"之价值定位，把共同富裕摆在十分重要的位置。2014 年 10 月 17 日，习近平总书记在对扶贫开发工作作出的重要批示中指出"消除贫困，改善民生，逐步实现全体人民共同富裕，是社会主义的本质要求"[②]。2019 年 4 月 15 日，习近平总书记在重庆考察时的讲话中指出"发展才是社会主义，发展必须致力于共同富裕"[③]。2020 年 11 月 24 日，习近平总书记在全国劳动模范和先进工作者表彰大会上的讲话中指出"实现共同富裕是中国共产党领导和我国社会主义制度的本质要求"[④]。2021 年 8 月 17 日，习近平总书记在中央财经委员会第十

---

[①] 《邓小平文选》第 3 卷，人民出版社 1993 年版，第 373 页。

[②] 《全党全社会继续共同努力　形成扶贫开发工作强大合力》，《人民日报》2014 年 10 月 18 日。

[③] 《统一思想　一鼓作气　顽强作战　越战越勇　着力解决"两不愁三保障"突出问题》，《人民日报》2019 年 4 月 18 日。

[④] 习近平：《在全国劳动模范和先进工作者表彰大会上的讲话》，《人民日报》2020 年 11 月 25 日。

次会议上的讲话中再次明确提出"共同富裕是社会主义的本质要求"①。

"共同富裕是社会主义的本质要求"这一重要论断，其实包含着两个相互联系的重要观点。其一，共同富裕从本质上体现了社会主义。社会主义与资本主义及其他"主义"的一个根本区别，就是将"共同富裕"作为价值理想和实践目标。正如 2022 年全国两会上习近平总书记在与代表委员们交流时指出的，"贫穷不是社会主义，贫穷的平均主义不是社会主义，富裕但是不均衡、两极分化也不是社会主义。共同富裕才是社会主义。"②其二，只有社会主义才能实现共同富裕。生活富裕虽是东西方社会的普遍愿望，但只有社会主义才能实现共同富裕。在原始社会的情境下，由于生产力极其低下，财富虽可共同地享有，但却无富裕可言。在奴隶社会、封建社会、资本主义社会等阶级社会之中，社会财富虽随生产力之发展而不断地增加，但却只是实现了极少数人之"富裕"，与之相对应的却是绝大多数人的绝对贫困，共同富裕只是美好的谎言。社会主义社会以公有制为基础，以生产力高度发展为物质基础，以解放和发展生产力为根本使命，以消灭剥削和两极分化为核心任务，具有实现共同富裕的前提性条件。实际上，社会主义开辟了扎实推进共同富裕的康庄大道，只有坚持社会主义才能真正实现共同富裕。

**（二）共同富裕是中国式现代化的重要特征**

作为中国共产党领导的社会主义现代化，中国式现代化是指既具有各国现代化的普遍特征、又适应中国现实需要的现代化，即具有中国特色的现代化。党的二十大报告明确指出，中国式现代化是人口规模巨大的现代化，是全体人民共同富裕的现代化，是物质文明和精神文明相协调的现代化，是人

---

① 习近平：《扎实推动共同富裕》，《求是》2021 年第 20 期。
② 杜尚泽：《微镜头·习近平总书记两会"下团组"》，《人民日报》2022 年 3 月 7 日。

与自然和谐共生的现代化，是走和平发展道路的现代化。① 因此可以说，共同富裕是中国式现代化的重要特征。

对于"共同富裕是中国式现代化的重要特征"之论断，需要从中外现代化的比较中才能深刻地理解。工业革命以来，西方国家依靠资本主义生产方式率先完成了现代化，社会生产力得到了极大提升，创造出人类历史上前所未有的物质财富。然而，资本主义的逐利性导致资本家将人作为资本增殖的工具，使人们乐于并享受这种资本主义生产力及其带来的巨大物质财富，人的精神世界被忽视甚至被异化和扭曲，西方社会陷入物质财富"一条腿走路"的畸形泥潭。法兰克福学派就曾对资本主义现代化展开批判，马尔库塞认为资本主义现代化培育出一种"虚假需求"，把既有物质需求又有精神需要的人变成完全受物质欲望驱使的"单向度的人"。与西方现代化截然不同，"物质富足、精神富有是社会主义现代化的根本要求"② 。中国式现代化倡导的是物质文明与精神文明相协调的现代化，本质上是人的全面发展的现代化。早在社会主义建设时期，毛泽东同志就指出："将我国建设成为一个具有现代化工业、现代化农业和现代化科学文化的社会主义国家"③ ，将"科学文化"这一精神文明层面的内容纳入了现代化的标准中。改革开放后，邓小平同志提出物质文明和精神文明"两手抓、两手都要硬"的著名命题。党的十八大以来，党中央高度重视物质文明与精神文明的协调发展。习近平总书记指出："实现中华民族伟大复兴的中国梦，物质财富要极大丰富，精神财富也要极大丰富"④ 。"只有物质文明建设和精神文明建设都搞好，国家物质力量

---

①② 习近平：《高举中国特色社会主义伟大旗帜 为全面建设社会主义现代化国家而团结奋斗》，《人民日报》2022 年 10 月 26 日。

③ 《毛泽东文集》第 7 卷，人民出版社 1999 年版，第 207 页。

④ 《习近平谈治国理政》第 2 卷，外文出版社 2017 年版，第 323 页。

和精神力量都增强，全国各族人民物质生活和精神生活都改善，中国特色社会主义事业才能顺利向前推进。"①物质文明充裕是精神文明建设的前提和基础，精神文明富裕反过来作用于物质财富的进一步积累。二者相辅相成，相互促进。

作为中国式现代化重要特征的全体人民共同富裕是政治、经济、文化、社会、生态等多维度全方位的共同富裕。即是说，共同富裕既意味着人民收入水平不断增加，也意味着文化生活与精神生活也进一步丰富，同时也意味着社会更加公平正义、和谐稳定、生态环境优美。党的十九大报告明确提出我们的现代化阶段性目标是：到本世纪中叶，建成富强民主文明和谐美丽的社会主义现代化强国。也就是说，我们要实现的现代化是物质文明、政治文明、精神文明、社会文明、生态文明全面提升，是全体人民共同富裕基本实现的社会主义现代化强国。党的二十大更是将"实现全体人民共同富裕"作为中国式现代化的本质要求之一。总而言之，共同富裕既是中国式现代化的重要目标，也是其重要特征。

**（三）共同富裕是人民群众的共同期盼**

"共同富裕是社会主义的本质要求，是人民群众的共同期盼。我们推动经济社会发展，归根结底是要实现全体人民共同富裕。"②马克思主义唯物史观认为，人民群众是社会历史的主体，是物质财富和精神财富的创造者，在社会历史发展中起决定性作用。党的百年实践也充分证明了这一点。百年来，中国共产党带领广大人民、依靠广大人民，勠力同心、艰苦奋斗，中华民族迎来从站起来、富起来到强起来的伟大飞跃。以人民为中心是中国共产党性质和宗旨的本质体现，是党长期执政的基础。"我们党来自于人民，党

---

① 《习近平谈治国理政》第 1 卷，外文出版社 2018 年版，第 153 页。

② 习近平：《中共中央关于制定国民经济和社会发展第十四个五年规划和二〇三五远景目标的建议》，人民出版社 2020 年版，第 54 页。

的根基和血脉在人民。为人民而生，因人民而兴，始终同人民在一起，为人民利益而奋斗，是我们党立党兴党强党的根本出发点和落脚点。"①

"为人民利益而奋斗"不是一句空喊"口号"，务必要落地生根，即要切实从人民群众的需要出发，想人民之所想、念人民之所念。随着新时代我国社会的主要矛盾发生变化，人民对于美好生活的向往程度也进一步提高。对于人民群众来说，对美好生活的向往已经从追求"有"到追求"好"，不但期盼物质充裕，而且向往精神富足。所谓美好生活，亦即高品质生活，具体来说包含五个方面，即物质财富的充裕、精神世界的充盈、自由民主的政治、公平正义的社会、环境优美的生态，也就是我们所说的政治、经济、文化、社会、生态等多维度的"富裕"。

顺应人民群众的美好生活期盼，新时代就要扎实推进共同富裕。"我们坚持把实现人民对美好生活的向往作为现代化建设的出发点和落脚点，着力维护和促进社会公平正义，着力促进全体人民共同富裕，坚决防止两极分化"②。实现全体人民共同富裕，第一要义是发展生产力。首先，要坚持新发展理念，注重高质量发展，同时充分利用初次分配、再分配、第三次分配等分配方式，努力做到发展成果由全体人民共享，解决好发展不充分不平衡的问题。其次，着重关注文化、教育、就业、医疗、住房、养老、社会保障、生态等重点民生领域，解决人民群众最关心、最棘手的问题，不断提高人民群众的生活品质，朝着共同富裕的目标不断前进。

**（四）共同富裕是人类解放的逻辑必然**

共同富裕与人类解放有着深刻关联，共同富裕蕴涵于人类解放的内在逻辑之中。共同富裕是人类解放的前提和基础，人类解放是共同富裕的最终

---

① 习近平：《在党史学习教育动员大会上的讲话》，人民出版社 2021 年版，第 15 页。

② 习近平：《高举中国特色社会主义伟大旗帜　为全面建设社会主义现代化国家而团结奋斗》，《人民日报》2022 年 10 月 26 日。

目标。

首先，共同富裕是人类解放过程中的首要任务。马克思认为，人类解放必然是建立在高度发达的生产力之上的，而高度发达的生产力必定意味着物质财富的高度充裕。如果没有生产力的发展，"就只会有贫穷、极端贫困的普遍化；而在极端贫困的情况下，必须重新开始争取必需品的斗争，全部陈腐污浊的东西又要死灰复燃。"[①] 但是"富裕"并不必然导向人类解放。原因有两点：第一，"富裕"不是局限于经济层面的物质财富充裕，而是包括政治富裕、经济富裕、文化富裕、社会富裕、生态富裕等多层面的富裕。第二，"解放"也不单单是获得物质财富就能够实现的，人类的解放包含了政治、经济、文化等多维度的解放。

其次，共同富裕与人类解放有着共同的价值诉求。共同富裕意味着生产资料私有制被消灭，一切"特权""独有"都不复存在，生产资料和物质财富由全体人民"共有""共享"。也就是说，共同富裕不是少数人的富裕，而是全体人民共同富裕。人类解放也不是特定阶层和特定人群的解放，而是全人类的解放。马克思、恩格斯在《共产党宣言》中表明："过去的一切运动都是少数人的，或者为少数人谋利益的运动。无产阶级的运动是绝大多数人的，为绝大多数人谋利益的独立的运动。"[②] 可见，共同富裕与人类解放有着共同的价值诉求，二者在价值逻辑上是内在一致的。

最后，人类解放是共同富裕的最终目标。马克思在《黑格尔法哲学批判导言》中将以鲍威尔为首的青年黑格尔派提出的"政治解放"与"人的解放"区分开来。他认为，资产阶级革命只是对封建制度的反抗，只能实现资产阶级的民主自由，也就是所谓的"政治解放"。就解放的主体来看，这种

---

① 《马克思恩格斯文集》第 1 卷，人民出版社 2009 年版，第 538 页。
② 《马克思恩格斯文集》第 2 卷，人民出版社 2009 年版，第 42 页。

解放既不是无产阶级的解放，也不是全体人民的解放，而只是资产阶级的解放。就解放的内容来看，这只是政治层面的解放，而没有包括经济、文化等其他维度的解放。因此，资产阶级政治解放不可能成为人的解放。那么如何才能实现"人的解放"呢？马克思进一步指出，政治国家根源于物质的生活关系——即市民社会，"而对市民社会的解剖应该到政治经济学中去寻求"[①]。换句话说，资本主义国家内的阶级矛盾与阶级对立归根结底是生产资料私有制造成的。因此，只有通过社会主义革命，剥夺剥夺者、彻底消灭私有制，把生产资料和物质财富掌握在全体人民手中，并且通过全世界无产阶级联合行动，共同发展生产力，在生产力高度发达的基础上，实现每个人自由而全面的发展，人类才得以真正得以解放。由此可见，共同富裕是实现人类解放的一个环节，是实现人类解放的一个关键之举。但共同富裕本身具有过程性，是不断发展的。换言之，有较低层次的共同富裕，也有较高层次的共同富裕。不管是较低层次的共同富裕还是较高层次的共同富裕，其都指向人类解放的最终目标。

---

① 《马克思恩格斯文集》第 2 卷，人民出版社 2009 年版，第 591 页。

# 第二章　中国共产党实现共同富裕的百年探索[①]

　　自从中国共产党成立以来，带领人民实现共同富裕就成为自身矢志不渝的奋斗目标之一，也体现了中国共产党肩负的重要历史使命。百余年以来中国共产党人一直在实现共同富裕的道路上艰辛求索，从社会主义制度初步建立时期筚路蓝缕的发展实践到改革开放时期敢闯敢冒的改革探索；从允许部分人部分地区先富起来、先富带动后富的发展战略到全面建成小康社会目标的设立以及新时代新发展格局的构建，这些无不体现了中国共产党人在不同时期实现共同富裕的努力探索。党带领人民在实现共同富裕过程之中取得的成就体现了我们党"以人民为中心"的价值理念，同时体现了社会主义的价值原则和目标追求，也彰显了我国社会主义制度以及国家治理体系的显著优势。

## 一、中国共产党对实现共同富裕的百年探索历程

　　纵览中国共产党的发展历史，党立足于不同的发展阶段对共同富裕进行了深入思考，对实现共同富裕开展了不懈地实践探索。在党对实现共同富裕的百年探索历程之中，中国共产党人对共同富裕的认识日益深化，共同富裕

---

　　① 黄一玲：《中国共产党实现共同富裕的百年探索与经验启示》,《南京师范大学学报》2021 年第 5 期。

的实现路径也在不断优化。具体而言包括如下几个阶段：

**（一）新中国成立以前党对共同富裕的理论求索与实践（1921—1949）**

共同富裕何以成为近代中国人不懈求索和奋力奋斗的重要目标？这既是一个重要的理论课题，又是一个现实的探索命题。不论是富国强兵的洋务运动，还是太平天国试图建立"人间天国"的理想；不论是《大同书》中对美好"大同社会"的求索，还是孙中山对民生问题的思考，都体现出共同富裕是仁人志士美好的价值理念与重要的追求目标，是破解近代中国积贫积弱、民不聊生难题的现实出路，体现了人们对解决近代中国民生凋敝问题的迫切需求。

1921年中国共产党诞生于国家内忧外患、民族危难之时，早期中国共产党人在救亡图存的斗争中提出了一些朴素的共同富裕思想。例如，李大钊认为社会主义"不是使人尽富或皆贫，而是使生产、消费、分配适合的发展"[1]。陈独秀反对贫富悬殊，他指出："恍然于贫富之度过差，决非社会之福"[2]。党的"一大"通过的《中国共产党第一个纲领》中提及的消灭阶级、废除资本主义私有制体现出朴素的共同富裕思想。毛泽东在1925年《政治周报》发刊词中回答了革命的原因，他指出："为了使中华民族得到解放，为了实现人民的统治，为了使人民得到经济的幸福。"[3] 要实现这一美好理想，就必须要推翻近代以来压在中国人民头上的三座大山，彻底打碎旧制度，为此，中国共产党领导中国人民进行了艰苦卓绝的革命运动。

毛泽东在《新民主主义论》中阐述了建立经济上繁荣的新民主主义共和国的理想。新民主主义革命时期，帮助广大人民摆脱贫穷是革命的重要目

---

[1] 中国李大钊研究会编：《李大钊全集》第4卷，人民出版社2013年版，第246页。

[2] 陈独秀：《陈独秀文集》第1卷，人民出版社2013年版，第99页。

[3] 黄峰、姚桓：《在党史新中国史中领悟共产党人的初心和使命》，《光明日报》2019年11月11日。

标之一。当时农民占全国人口的绝大多数，土地是重要的生产资料，需要解决广大农民因土地占有不均而导致的生活困苦的问题。因此，在土地革命战争时期，我们党明确了一条以解决土地问题为中心的革命路线，制定了旨在解决土地问题的《井冈山土地法》《兴国土地法》《临时土地政纲》。1948 年毛泽东在晋绥干部会议上的讲话中系统阐述新民主主义革命的经济纲领，再次明确了彻底打倒封建主义土地制度、没收封建地主土地归农民所有的革命目标，这既解决了农村土地占有不均的问题，又激发了广大农民积极参与革命的热情，极大推动了革命运动的发展。从土地革命与实现共同富裕关系的角度来看，中国共产党带领中国人民进行土地革命是实现共同富裕的重要路径。

在发展解放区经济方面，党带领解放区人民依靠自身力量摆脱贫困。为应对国民党严峻的经济封锁，党提出"发展经济，保障供给"的号召，解放区军民积极投入大规模的生产运动，保障军队供给，减轻人民负担，改善了解放区的经济状况。其中，八路军 359 旅自力更生，艰苦奋斗，把荆棘遍野的南泥湾变成处处是庄稼、遍地是牛羊的陕北好江南，成为党带领人民进行反贫困的成功范例，体现了中国共产党人把马克思主义社会发展思想付诸实践、对共同富裕理想的孜孜追求。

**（二）新中国初期赶超式发展战略下的共同富裕探索（1949—1978）**

1949 年中华人民共和国的成立是一个划时代的历史剧变。1956 年社会主义制度的建立为中国共产党真正将解决贫困、实现共同富裕的理想付诸实践奠定了制度基础。面对新中国满目疮痍的经济状况，反贫困是共同富裕目标的重要内核。中国共产党在建立和完善国家政权的同时医治战争创伤，恢复国民经济，并集中力量解决经济发展问题。

1953 年中共中央发布的《关于农业生产合作社决议》中提出："逐步实行农业的社会主义改造，使农业能够由落后的小规模生产的个体经济变为先进的大规模生产的合作经济，以便逐步克服工业和农业这两个经济部门发展不相适应的矛盾，并使农民能够逐步完全摆脱贫困的状况而取得共同富裕和普遍繁荣的生活"①。这是在党的文件中首次涉及"共同富裕"这一概念。在社会主义建设的实践过程中，党不断丰富共同富裕的基本内涵并且探索实现路径。1955年7月毛泽东在《关于农业合作化问题》的报告中强调："逐步地实现对于整个农业的社会主义的改造，即实行合作化，在农村中消灭富农经济制度和个体经济制度，使全体农村人民共同富裕起来。"②同年，毛泽东在中国共产党第七届中央委员会扩大的第六次全体会议上强调："要巩固工农联盟，我们就得领导农民走社会主义的道路，使农民群众共同富裕起来。"③毛泽东认为，"如果党不积极引导农民走社会主义道路，资本主义在农村中就必然会发展起来，农村中的两极分化就会加剧起来。"④从党的领导人关于共同富裕的论述中可以看出，党将共同富裕视为巩固工农联盟的重要条件。私有制导致日益扩大的贫富差距，阻碍了共同富裕的实现，而社会主义是实现共同富裕的必由之路。1956年我国社会主义改造完成，社会主义公有制经济所占据的比重超过90%，社会主义制度在我国基本确立，这为党带领人民实现共同富裕奠定了坚实的制度基础。

1957年毛泽东在《关于正确处理人民内部矛盾的问题》的讲话中提出我们要发展我们的经济。毛泽东还在中国共产党全国宣传工作会议上的讲话中提出了要建设一个具有现代工业、现代农业和现代科学文化的社会主义国家，后来进一步凝练为建设四个现代化国家的战略。在新中国成立初期我们党试图依托社会主义制度的制度优势，通过计划经济模式来实现有计划的赶

---

① 《毛泽东文集》第6卷，人民出版社1999年版，第442页。
② 同上书，第437页。
③ 《毛泽东选集》第5卷，人民出版社1977年版，第197页。
④ 《建国以来重要文献选编》第7卷，中央文献出版社1993年版，第287页。

超式发展，从而尽快实现尽快赶超发达资本主义国家的目的，同时实现人民生活富裕的目标。但是在认知层面存在着将共同富裕等同于平均富裕、同步富裕的错误观念，在分配上搞平均主义，吃"大锅饭"，阻碍了社会主义制度的生机和活力的迸发。特别是自从 1957 年反右斗争扩大化以来，以阶级斗争为纲的"左"倾错误使得社会主义建设事业的发展遭遇挫折，为我们留下了深刻的历史经验教训。

**（三）改革开放政策之下的"先富"带"后富"战略（1978—2012 ）**

改革开放以来，党对共同富裕与社会主义关系的认识日益深化，邓小平在社会主义本质论的理论表述中将共同富裕与社会主义直接联系起来，共同富裕被视为社会主义本质的重要组成要素。在 1992 年南方谈话中，邓小平明确地提出，社会主义最大的优越性就是共同富裕，这是体现社会主义本质的一个东西。邓小平明确指出："贫穷不是社会主义，社会主义要消灭贫穷。"[1] "社会主义原则，第一是发展生产，第二是共同致富。"[2] "一个公有制占主体，一个共同富裕，这是我们所必须坚持的社会主义的根本原则。"[3] 邓小平强调："社会主义的目的就是要全国人民共同富裕，不是两极分化。"[4] 邓小平认为社会主义本质在于解放和发展生产力、实现共同富裕，这是社会主义对资本主义的突出优势所在，他指出如果走资本主义道路，可以使中国百分之几的人富裕起来，但是绝对解决不了百分之九十的人的生活富裕问题。[5] 此外，邓小平认识到共同富裕不单指物质层面的富裕还包括精神世界的富足，他指出："没有好的道德观念和社会风气，即使现代化建设起来了也不

---

① 《邓小平文选》第 3 卷，人民出版社 1993 年版，第 116 页。

② 同上书，第 172 页。

③ 同上书，第 111 页。

④ 同上书，第 110—111 页。

⑤ 同上书，第 64 页。

好，富起来了也不好"①。这些论断进一步丰富了共同富裕的内涵。

在改革开放政策之下，党就如何实现共同富裕进行了积极探索。中国共产党人突破固有思想观念的束缚，邓小平清楚地认识到社会主义制度并不等于建设社会主义的具体做法。②"市场"是一种发展经济的手段，不应该将其视为社会制度判定的标准。中国共产党人在探索共同富裕的实现路径过程之中，突破社会主义制度和市场经济对立的思想藩篱，积极发挥社会主义制度优越性，建立社会主义市场经济，这是改革开放以后党实现共同富裕的创新之举。同时党中央制定了让一部分人、一部分地区先富起来，"先富"带动"后富"的政策。

事物的发展是一个从平衡到不平衡再到新的平衡的辩证过程，实现共同富裕的过程也遵循这样的原则。共同富裕是有差别的富裕，不是全体社会成员同时、同步、同等富裕。③共同富裕不是平均富裕，"先富"带动"后富"政策有利于打破影响群众积极性的平均主义，从而更好地推进共同富裕实践。"先富"带动"后富"可以被解读为一种梯次富裕发展策略，它主要体现为两个维度的"梯次"。其中，一个"梯次"是个体层面上效率优先、兼顾公平的"先富"带动"后富"的发展"梯次"。在农村大力推广农业生产责任制，打破之前的"大锅饭"，激发农民的生产积极性。党肯定并鼓励部分农民通过辛勤劳动实现"先富"，"先富"带动"后富"，从而实现共同富裕。在城市通过转换经济运行体制机制、改革企业经营来激发企业活力、调动企业各方面的积极性，从而推动城市居民走向共同富裕。共同富裕的另一个"梯次"体现为不同地区"先富"带动"后富"的区域发展"梯次"。改

---

① 《邓小平年谱（1975—1997）》，中央文献出版社 2004 年版，第 705 页。

② 《邓小平文选》第 2 卷，人民出版社 1994 年版，第 184 页。

③ 韩云昊、杨国斌：《论邓小平共同富裕思想与现阶段我国贫富差距的控制》，《毛泽东思想研究》2006 年第 3 期。

革开放初期，邓小平提出了"两个大局"的思想，优先发展东部沿海地区，再支援中西部地区的发展。改革开放以来虽然中国经济迅速发展，人民生活质量大幅提升，但是城乡、区域发展差距逐渐显现。东部沿海地区凭借资金、技术等方面的优势经济发展迅速，西部地区经济发展却相对滞后。如果发展差距不断扩大甚至出现发展悬殊，就会威胁社会稳定，甚至影响整个国家经济持续健康发展，从而阻碍共同富裕目标的实现。"没有西部地区的小康就没有全国的小康，没有西部地区的现代化就不能说实现了全国的现代化。"① 为了推动不同地区的协调发展，党中央先后提出了"西部大开发"战略、"东北振兴"战略、中部崛起战略、发展长江经济带等，通过深化改革、优化产业结构等措施努力解决发展不平衡不充分的问题，有效遏制了区域发展差距的持续扩大，有利于实现不同地区之间协同发展、迈向共同富裕的目标。为实现共同富裕，党中央科学制定了一系列重要战略，有步骤分阶段地推动实现共同富裕。党的十三大提出"三步走"战略，党的十五大对"三步走"战略具体化，提出了新的"三步走"战略。20 世纪末"三步走"战略的前两步基本实现，但当时的小康社会是低水平、不全面、发展很不平衡的小康。因此，在已有建设成就的基础上，中国共产党提出了 21 世纪初期全面建成小康社会的发展规划。

　　共同富裕天然具有公平正义的基因，代表了人类对理想社会生活的追求。邓小平强调在生产力得到一定的发展以后要重视分配问题，强调在保持合理收入差距的同时避免贫富过分悬殊。正如江泽民同志指出："贫富差距扩大不仅是个经济问题，也是个政治问题。"② 既要反对平均主义，又要防止收入悬殊。③ 21 世纪初期，面对中国基尼系数超过警戒线的严峻状况，党注

---

①《江泽民文选》第 2 卷，人民出版社 2006 年版，第 340—344 页。

②《江泽民文选》第 1 卷，人民出版社 2006 年版，第 543 页。

③《江泽民文选》第 3 卷，人民出版社 2006 年版，第 550 页。

重合理调节社会成员的收益分配，坚持在促进效率提高的前提下体现社会公平。① 党的十六大提出了科学发展观的战略构想，胡锦涛同志指出，要通过科学发展增加社会物质财富、不断改善人民生活。② 科学发展观注重全面协调可持续的发展，其提出进一步把公平正义、社会和谐、可持续发展要素融入共同富裕概念内涵之中，从而极大地丰富了党的共同富裕思想。为解决发展过程中的不公平问题，党积极探索建立切实保障公平的制度体系，坚持发展成果让广大社会成员公平享有。在城乡发展差距逐渐扩大的情况下，党提出要将城乡的发展统筹起来，"发挥城市对农村的带动作用和农村对城市的促进作用，实现城乡经济社会一体化发展。"③ 此外，党制定了一系列缩小贫富差距、改善民生的政策。例如，提高低收入人群生活水平、扩大保障房建设、完善社会保障体系、全面取消农业税减少农民负担等。

**（四）新时代以人民为中心的共享发展（2012 年至今）**

2012 年我国迈入全面建成小康社会时期。党的十八大提出必须坚持走共同富裕道路。党的十八大报告对"两个一百年"奋斗目标作出了阐释，即在建党百年时全面建成小康社会以及在新中国成立百年时建成富强民主文明和谐的社会主义现代化国家。在全面建成小康社会的基础之上，党将第二个百年奋斗目标划分为两个阶段并且对共同富裕的实现进行了更为具体的规划，即 2020 年到 2035 年我国共同富裕迈出坚实步伐，到本世纪中叶我国基本实现共同富裕。习近平总书记在省部级主要领导干部学习贯彻党的十八届五中全会精神专题研讨班上指出，将扎实推动共同富裕作为"十四五"时期的重大任务，既是为了进一步解决人民日益增长的美好生活需要和不平衡不充分的发展之间的矛盾，也是为了不断推动中国特色社会主义向更高阶段迈进。

① 《江泽民文选》第 1 卷，人民出版社 2006 年版，第 25 页。
② 《胡锦涛文选》第 2 卷，人民出版社 2016 年版，第 625 页。
③ 同上书，第 18 页。

2017 年党的十九大召开，会议报告指出中国特色社会主义进入新时代，这是全国各族人民团结奋斗、不断创造美好生活、逐步实现全体人民共同富裕的时代。[①] 此外，在党的十九大报告关于八个明确和十四个坚持的阐述中再次提到实现全体人民共同富裕。2020 年党的十九届五中全会召开，会议审议通过的《中共中央关于制定国民经济和社会发展第十四个五年规划和二〇三五年远景目标的建议》将坚持共同富裕方向作为"十四五"时期经济社会发展必须遵循的原则；在改善人民生活品质部分突出强调了扎实推动共同富裕；在阐述 2035 年基本实现社会主义现代化远景目标时，明确提出全体人民共同富裕取得更为明显的实质性进展的目标。对此，习近平总书记说："这样表述，在党的全会文件中还是第一次，既指明了前进方向和奋斗目标，也是实事求是、符合发展规律的。"2021 年 7 月习近平在庆祝中国共产党成立 100 周年大会上的讲话中指出协同推进人民富裕、国家强盛、中国美丽。由此可见，进入新时代以来，党进一步明确了共同富裕的目标、方向、路径，充分彰显了中国共产党实现共同富裕的决心与智慧。

在新时代背景下，"我国经济已由高速增长阶段转向高质量发展阶段"[②]。党立足实际转变传统的发展思路，与时俱进地提出创新、协调、绿色、开放、共享的新发展理念，满足人民群众日益增长的美好生活需要，努力实现共同富裕。首先，创新是经济发展的重要动力，也是财富创造的重要源泉。进入 21 世纪，中国抓住新一轮科技革命的契机，努力建设创新型大国。其次，发展的不充分不平衡阻碍了经济的高质量发展。对此，我们需要促进不同区域、城乡之间的协调发展，同时满足人民不断增长的各方面需求。党在发展高质量经济的同时以共享发展来推动共同富裕的实现，注重实现社会

---

① 《习近平谈治国理政》第 3 卷，外文出版社 2020 年版，第 9 页。
② 习近平：《决胜全面建成小康社会　夺取新时代中国特色社会主义伟大胜利——在中国共产党第十九次全国代表大会上的报告》，人民出版社 2017 年版，第 30 页。

公平正义，维护社会安全稳定，以人为本发展民生事业，使人民群众在共建共享发展中具有更多的幸福感、安全感与获得感。再次，共同富裕要求发展具备可持续性，这就意味着发展与生态环境承载力应相互适应。习近平总书记认为保护生态环境就是发展生产力，绿水青山就是金山银山。实现共同富裕需要注重全面协调可持续的发展，同时在发展过程之中需要注重公平。为此应坚持以人民为中心，大力发展民生事业。此外，实现共同富裕需要具有开放性的经济发展环境。继续推动"一带一路"建设，构建双循环的新发展格局。2020年新冠疫情的全球蔓延使得国际贸易、跨国投资受到双重冲击，国际经济发展的不确定性因素增多并且出现了风险的全球化。后疫情时代党在坚持独立自主、自力更生的基础上进一步深化改革开放，推动"一带一路"建设，与世界各国携手打造人类命运共同体。

反贫困是实现共同富裕道路上不可或缺的一步。改革开放以来，中国已经成为全球首个实现联合国千年发展目标贫困人口减半的国家；提前十年实现联合国2030年可持续发展议程的减贫目标；占世界近五分之一的人口脱贫。[1]民族要复兴，乡村必振兴。全面建成小康社会之后，实施乡村振兴战略已是我国在新发展阶段缩小城乡差距、促进城乡人民共同富裕的重要举措。[2]党带领人民推动精准扶贫，不断健全城乡融合发展体系，解决贫困人群经济收入低的问题，成功取得消除绝对贫困的胜利。2021年中共中央、国务院出台《关于支持浙江高质量发展建设共同富裕示范区的意见》，浙江为全国推动共同富裕提供典型示范，这是新时代党在共同富裕道路上迈出的扎实一步。2021年8月中央财经委员会第十次会议召开对共同富裕作出了概念界定，明确了共同富裕是中国式现代化的特征。在"后2020"时期，巩固拓

---

① 王爱云：《国外学者对中国消除农村绝对贫困的研究》，《当代中国史研究》2020年第3期。

② 叶兴庆：《新时代中国乡村振兴战略论纲》，《改革》2018年第1期。

展已有的脱贫成果，做好绝对扶贫向相对扶贫转变，以包容性增长和多维度改善促进长期减贫，① 从打赢脱贫攻坚战到浙江建设共同富裕示范区，实现共同富裕已经成为新时代我国重要的战略目标。共同富裕的实现与公平、合理地分配密不可分。在做大"蛋糕"的同时合理分好"蛋糕"，让全体人民能够更高质量、更公平地享受发展成果，避免出现"富者累巨万，而贫者食糟糠"的状况。党坚持按劳分配为主体、多种分配方式并存的分配制度，重视分配效率与公平，保障弱势群体和低收入人群的利益，同时重视发挥第三次分配作用。② 党通过税收、社会保障等再分配调节机制调整收入分配格局，维护社会公平正义，使发展成果更公平地惠及全体人民，实现全体人民共同富裕。

## 二、党领导人民共同富裕探索实践的经验与启示

结合党的几代主要领导人对共同富裕的相关论述，对党的共同富裕探索历程开展一番考察梳理、总结历史经验，这对于早日实现全体人民共同富裕具有重要的启示意义。

### （一）党带领人民坚持社会主义道路是实现共同富裕的正确抉择

公平和正义是人类永恒的追求。共同富裕内在地包含于公平正义的价值谱系之中。梳理历史文献，不难发现，共同富裕是马克思主义的一个基本目标。③ 不同时代的理论家都曾对公平和正义进行过各种各样的阐释。在一定的生产方式之下，在人们的经济活动中，由于生产资料的占有方式的差别以及其他一些因素的影响导致了贫富差距、社会地位的分化以及由此带来的种

---

① 叶兴庆、殷浩栋：《从消除绝对贫困到缓解相对贫困：中国减贫历程与 2020 年后的减贫战略》，《改革》2019 年第 12 期。

② 《党的十九届四中全会〈决定〉学习辅导百问》，学习出版社、党建读物出版社 2019 年版，第 15 页。

③ 《马克思恩格斯文集》第 5 卷，人民出版社 2009 年版，第 744 页。

种社会不公现象，因而人类社会的发展历程也就伴随着因贫富差距而导致的各种冲突与斗争，而这种冲突与斗争在根本上体现为阶级斗争。不同的社会制度导致财富的生产与分配方式各异。在以往的私有制社会中，我们可以从纷繁复杂的经济、政治现象中发现阶级斗争这条贯穿于人类社会发展史的主线。在此意义上，我们可以抽象出以往人类社会的历史就是阶级斗争史的本质性结论。马克思认为依靠生产资料的私人占有对财富进行两极化分配是资本主义生产方式存在和发展的必要条件。资产阶级集中了社会财富，导致无产阶级贫困不断加剧。正如马克思在《资本论》中所指出："在一极是财富的积累，同时在另一极，即在把劳动的产品作为资本来生产的阶级方面，是贫困、劳动折磨、受奴役、无知、粗野和道德堕落的积累。"① 资本主义社会中财富的创造和分配以资本为核心展开，由资本积累引起的资产阶级的财富积累和无产阶级的贫困积累成为资本主义发展进程中无法依靠制度自身解决的"死结"，这一过程中也生动展现着资本积累过程的阶级对抗性。马克思深刻指出在资本主义生产条件下，"生产资料的集中和劳动的社会化，达到了同它们的资本主义外壳不能相容的地步。"② 资本主义生产方式的内在危机及其导致的严重贫富差距和两极分化使得资本主义社会财富分配成为制约资本主义发展的因素，共同富裕的理想诉求愈发强烈，并成为引领资本主义社会变革运动的重要价值目标，而社会主义制度正是在资本主义的"胞胎"里孕育成熟的。马克思主义理论认为财富是生产力和生产关系动态矛盾运动的产物，实现共同富裕需要推翻引发贫困的落后生产关系。因而只有在社会主义条件下，才为共同富裕真正实现创造了制度条件。

共同富裕内在地包含于公平正义的价值谱系之中。梳理历史文献不难发

---

① 《资本论》第 1 卷，参见《马克思恩格斯文集》第 5 卷，人民出版社 2009 年版，第 743—744 页。

② 同上书，第 874 页。

现共同富裕是马克思主义的一个基本目标。[①] 马克思通过批判资本主义制度揭示了贫困的根源。马克思认为依靠生产资料的私人占有对财富进行两极化分配是资本主义生产方式存在和发展的必要条件。在资本主义制度之下，资产阶级集中了社会财富，导致无产阶级贫困不断加剧。面对资本主义社会的财富不均现象，马克思在《1857—1858 年经济学手稿》中强调未来的社会中"生产将以所有的人的富裕为目的"[②]。马克思主义经典作家多次提及社会主义对于实现共同富裕的重要性，他们认为社会主义制度能够从制度层面破解生产资料私有制和社会大生产之间的固有矛盾，社会主义制度能够实现生产资料与收益的共同占有，能够推动生产力极大发展、实现人民生活水平的普遍提高与社会全面进步。恩格斯在《反杜林论》中指出："通过社会生产，不仅可能保证一切社会成员有富足的和一天比一天充裕的物质生活，而且还可能保证他们的体力和智力获得充分的自由的发展和运用。"[③] 恩格斯还指出："在所有的人实行合理分工的条件下，不仅进行大规模生产以充分满足全体社会成员丰裕的消费和造成充实的储备，而且使每个人都有充分的闲暇时间从历史上遗留下来的文化——科学、艺术、交际方式等等——中间承受一切真正有价值的东西；并且不仅是承受，而且还要把这一切从统治阶级的独占品变成全社会的共同财富和促使它进一步发展。"[④] 列宁强调："只有社会主义才可能广泛推行和真正支配根据科学原则进行的产品的社会生产和分配，以便使所有劳动者过最美好的、最幸福的生活。"[⑤] 从上述马克思主义经典作者的论述中不难看出共同富裕是未来社会的显著特征，社会主义制度为财富分

---

① 《马克思恩格斯文集》第 5 卷，人民出版社 2009 年版，第 744 页。

② 《马克思恩格斯选集》第 2 卷，人民出版社 2012 年版，第 787 页。

③ 《马克思恩格斯全集》第 25 卷，人民出版社 2001 年版，第 411 页。

④ 《马克思恩格斯文集》第 3 卷，人民出版社 2009 年版，第 258 页。

⑤ 《列宁选集》第 3 卷，人民出版社 1995 年版，第 546 页。

配的公平性提供了制度保障。中国共产党人立足中国国情进行了马克思主义中国化，对马克思主义经典作家作品中蕴含的共同富裕思想进行了批判性继承以及与时俱进地发展，充分认识到社会主义制度是实现共同富裕的制度基础，坚持走社会主义道路是实现共同富裕的必由之路。

近代中国积贫积弱，面临内忧外患的发展困境，农民阶级、地主阶级、民族资产阶级纷纷探求实现富国强民的路径，但受到自身阶级局限性而相继失败。在生产资料私有制的背景之下，物质财富和精神财富不平等的问题日益严峻，共同富裕无从谈起。社会主义制度在中国的确立为实现共同富裕奠定了扎实的基础。富裕是资本主义国家现代化追求的目标，中国社会主义现代化建设追求的不单是富裕更是共同富裕。历史事实证明只有走社会主义道路才是实现共同富裕正确的抉择。马克思主义理论认为生产力是推动社会进步的最活跃、最革命的要素。习近平总书记指出社会主义的根本任务是解放和发展社会生产力。共同富裕是社会主义现代化的一个重要目标，党把实现共同富裕作为目标，同时坚持走共同富裕的道路，在发展生产力的基础上消除两极分化、推进共同富裕，充分体现了社会主义的本质要求和制度优势。

**（二）党对共同富裕内涵认识不断深化并且规划日益完善**

党在探索实现共同富裕的过程之中对共同富裕概念内涵的认识日益成熟。新中国成立初期在计划经济体制下，一些人对共同富裕概念存在一些错误的认知。例如：共同富裕被错误认为等同于同等富裕、同时富裕、同步富裕。改革开放之后，人们理性认识到共同富裕并非同时富裕、同步富裕。[①]1984年中国共产党十二届三中全会通过的《中共中央关于经济体制改革的决定》指出："共同富裕决不等于也不可能是完全平均，决不等于也不可能是所有社会成员在同一时间以同等速度富裕起来。如果把共同富裕理解为完全

---

① 《十二大以来重要文献选编》，人民出版社1986年版，第578页。

平均和同步富裕，不但做不到，而且势必导致共同贫穷。"《中共中央关于经济体制改革的决定》提出，共同富裕决不等于也不可能是完全平均，决不等于也不可能是所有社会成员在同一时间以同等速度富裕起来。党在加深理解共同富裕概念内涵的基础上提出先富带动后富的政策。共同富裕中"富裕"是前提。改革开放初期，我国经济总体不发达，人们提及共同富裕更侧重于关注物质层面的富裕、消除贫富两极分化，但是这并不代表党中央忽视共同富裕的精神层面建设。邓小平高度重视精神文明建设，提出精神文明与物质文明两手抓、两手都要硬。当前中国特色社会主义进入新时代，新时代赋予共同富裕更丰富的内涵。共同富裕不单指发展生产力、消除贫困、实现物质层面的共同富裕，而且包括精神富足、促进人的全面发展，构建更高质量的美好生活。实现共同富裕绝非单纯地实现经济增长，而是涉及政治、文化、社会、生态多个领域的全面建设。

中国共产党在汲取过去历史经验的基础上充分认识到共同富裕是分步骤、逐步渐进实现的，也是从量变到质变的动态演变过程，更是长期性和阶段性的有机统一。正所谓不积跬步，无以至千里，人类社会历史发展表明决不可违背客观规律办事，否则欲速则不达。改革开放以来，党和政府允许一部分人、一部分地区通过诚实劳动和合法经营先富起来，然后先富带后富，实现全国各族人民共同富裕。为更好地推动发展，党制定了"三步走"的发展规划。在建成总体小康的基础上，党又制定了"新三步"的发展规划。党的十八大进一步阐释了"两个一百年"奋斗目标；十九届五中全会制定的 2035 年远景目标对共同富裕的实现提出了更为明确的要求。无论把共同富裕作为国家发展的远景目标还是阶段性目标，体现社会主义本质的共同富裕始终是党坚持不懈的奋斗目标。共同富裕的实现需要完善包括分配制度等在内的一整套制度体系，不断提升国家治理体系与治理能力的现代化。实现共同富裕必然需要经历一个曲折的动态发展过程，不可能一蹴而就。从决胜脱贫攻坚、全面建成小康社会到雄安新区的建设，再到 2021 年浙江省共同富裕示范区的建设，党结合中国的实际国情，深入探索共同富裕的本质内涵和实现共同富裕的路径、方法，在实践中认识规律、把握经验、制定科学的政策，进一步推动了共同富裕从设想变为现实。

**（三）党坚守人民情怀以人民为中心持续推进共同富裕的实现**

共同富裕是人类孜孜以求的理想，古代先贤早已提出朴素的共同富裕思想。例如，孔子曰："不患贫而患不安。"孟子指出："贤者与民并耕而食。"《礼记·礼运》则生动描绘了"大同社会"的富裕状态。近代西方空想社会主义者所设想的新和谐公社也包含了对共同富裕生活的美好追求。马克思主义经典作家在批判地继承空想社会主义理论的基础上积极追求实现未来共产主义社会，这是物质和精神高度发达、实现共同富裕的社会。党对共同富裕的探索既是对马克思主义经典作家共同富裕思想的生动实践，又体现了党对人民千百年理想目标的不懈追求。马克思指出无产阶级的运动是绝大多数人的、为绝大多数人谋利益的独立的运动。以人民为中心的思想是马克思主义政治经济学的根本立场。在历史唯物主义看来，人民群众是实现共同富裕的主体，只有让人民群众充分发挥主观能动性，大力发展生产力，才能消除贫困，实现藏富于民，达成共同富裕的目标。

党作为马克思主义理论指导的政党，始终坚守人民情怀，坚持以人民为中心的发展思想，坚持发展为了人民，发展依靠人民，急群众之所急、想群众之所想，不断改善民生，促进社会公平正义，实现幼有所育、学有所教、劳有所得、病有所医、老有所养、住有所居、弱有所扶，切实增进人民福祉、不断促进人的全面发展，推动实现全体人民共同富裕。党的领导人对共同富裕多次作出重要论述。例如，江泽民曾经指出："制定和贯彻党的方针政策，基本着眼点是要代表最广大人民的根本利益，正确反映和兼顾不同方面群众的利益，使全体人民朝着共同富裕的方向稳步前进。"[1]2014 年习近平总书记对扶贫开发工作的重要批示中指出我们追求的发展是造福人民的发展，我们追求的富裕是全体人民共同富裕。习近平总书记在庆祝中华人民共和国成立 65 周年招待会上强调，我们必须坚持发展为了人民、发展依靠人民、发展成果由人民共享，作出更有效的制度安排，使全体人民朝着共同富裕方向稳步前进，绝不能出现"富者累巨万，而贫者食糟糠"的现象。2020年 11 月 24 日习近平总书记在全国劳动模范和先进工作者表彰大会上的讲话中指出实现共同富裕不仅是经济问题，而且是关系党的执政基础的重大政治问题。党坚持以人民为中心，积极发展民生工程，持续推进共同富裕的实践充分体现了党全心全意为人民服务的宗旨。

### 三、对共同富裕的未来展望

"治国之道，富民为始。"共同富裕是中国社会主义的本质要求，是中国式现代的重要特征，更是人民群众的殷切期盼。因而是否坚持共同富裕是关系人心向背的重大问题。习近平总书记指出："一部中国史，就是一部中华民族同贫困作斗争的历史。"中国共产党在不同的历史阶段基于不同的历史条件和实践诉求，对马克思主义共同富裕思想进行创新发展。毛泽东率先明确地提出了共同富裕这一概念。社会主义制度建立使公有制代替私有制，从而根本上变革了以往以私有制为基础的经济社会各方面的制度，真正为消除贫富差距、两极分化以及由此造成的阶级对立和阶级分化创造了制度条件，真正开辟了实现人人平等、自由发展的未来美好理想社会的道路。从马克思主义的角度来看，共同富裕是蕴含在社会主义和共产主义运动中的一个价值目标。人人平等必然内在地包含着实现共同富裕的要求，因为经济上的

---

① 《江泽民文选》第 3 卷，人民出版社 2006 年版，第 540 页。

平等是实现其他方面平等的重要前提条件，也只有实现了包括经济平等在内的人人平等，消除以往以私有制为基础的社会中建立在经济不平等基础之上种种不平等、不公正的现象，才能为实现每个人的自由而全面地发展创造条件。邓小平将实现共同富裕目标与社会主义的本质相结合，提出先富带动后富的政策。其后，立足于世纪之交的新挑战，党的领导人深入思考共同富裕的概念内涵，探索实现共同富裕的路径与方法。进入新时代，习近平总书记提出新发展理念，强调以人民为中心的发展观，努力保障和改善民生，持续推动实现全体人民的共同富裕。党不断探索实现共同富裕的制度体系建设，走出了一条中国特色社会主义共同富裕之路。深刻总结中国共产党对共同富裕的百年探索经验，梳理"共同富裕"概念的提出、发展与完善的过程，对于不断完善党的共同富裕思想，早日实现全体人民的共同富裕具有积极意义。

进入新时代，十九大报告中指出："我国经济已由高速增长阶段转向高质量发展阶段"[1]。我们要转变传统的经济发展思路，贯彻新发展理念，深化供给侧改革，合理调整经济结构，加强技术创新。我们要实现全体人民共同富裕的目标，应坚持解放和发展生产力，提升财富创造能力，促进经济高质量健康可持续发展以此夯实共同富裕的基石；同时还需要注重效率与公平兼顾，不断完善相应的制度体系，推进国家治理体系和治理能力现代化，将制度优势转化为国家治理效能。"满足人民对美好生活新期待必备的制度，推动中国特色社会主义制度不断自我完善和发展、永葆生机活力。"[2]目前我国收入基尼系数比较高，给实现共同富裕带来一定程度挑战。发展经济、消除

---

[1]　习近平：《决胜全面建成小康社会　夺取新时代中国特色社会主义伟大胜利——在中国共产党第十九次全国代表大会上的报告》，人民出版社2017年版，第30页。

[2]《党的十九届四中全会〈决定〉学习辅导百问》，学习出版社、党建读物出版社2019年版，第33页。

贫困是实现共同富裕的重要环节，反贫困是实现共同富裕的必然要求。2020年党带领人民坚持"精准扶贫"，切实做到精准识别、精准施策、精准脱贫，打赢了脱贫攻坚战。但是消除绝对贫困并不意味着贫困现象的终结，2021年我国进入脱贫的"后2020"时期，面临着防止返贫的艰巨任务。对此，我们需要积极改变城乡分治的扶贫模式，从消除绝对贫困向缓解相对贫困转变，巩固脱贫成果。面对不平衡不充分发展问题，未来我们需要继续实施乡村振兴战略，建立健全城乡融合发展体系，不断深化东西部协作和定点帮扶工作，构建不同区域之间协作互助体系，推动城乡之间、区域之间协调发展，有效破解发展不平衡不充分的难题；加快民族地区发展，促进各族群众共同富裕，实现共享发展。罗尔斯认为正义是社会制度的首要价值，推进共同富裕需要实现财富的正义分配，维护社会公平正义。目前我国还具有一定数量的低收入人口需要获得支持帮扶，我们应健全居民增收制度并且实施合理公平的分配制度，继续坚持按劳分配为主体、多种分配方式并存的分配制度，同时完善收入调节制度，发挥税收、社会保障等为主要手段的二次分配作用纠正财富初次分配的不平等，保障弱势群体和低收入人群的利益；发展社会公益事业，充分发挥第三次分配的积极作用，防止财富收入"两级鸿沟"的出现。此外，各级政府的具体政策制定应坚持实现共同富裕的目标导向，坚持以人民为中心的发展观，持续保障和发展民生事业，进一步完善财富创造与分配体系，有效维护社会的公平正义，积极满足人民群众不断增长的多层次多方面需要，构建人民美好生活，实现共同富裕。

# 第三章　新时代实现共同富裕的战略目标

明确共同富裕的战略目标,搞清楚实现"什么样的共同富裕"这一问题对于新时代共同富裕的推进具有重要的引导作用。本章拟从四个方面分析新时代共同富裕的战略目标。第一,主体方面,新时代共同富裕是要实现全民参与建设基础上的共享。汲取资本主义社会存在的两极分化问题,中国在"富裕"的基础上更加强调"共同",注重"富裕"的全面覆盖。同时,汲取西方社会存在的"福利陷阱",中国共同富裕的推进不是政府"包揽一切",而是通过多种举措激发和保障民众的内生动力。第二,内容方面,新时代共同富裕是要实现物质生活富裕基础上的全面发展。中国的发展将"人"放在首位,强调以人民为中心的发展理念,在解决人民基本需求的基础上,注重人的全面发展,致力于实现人民对美好生活的向往。第三,新时代共同富裕要实现普遍富裕基础上的差别富裕。历史发展的经验表明,共同富裕不是平均主义,不是同步富裕、同时富裕、同等富裕,而是允许合理差距存在的普遍富裕。第四,中国共同富裕的推进既立足中国发展的现实状况,同时也主动回应了世界发展面临的难题,力求为世界共同繁荣贡献中国力量、中国方案。

## 一、主体上实现全民参与建设基础上的共享

无论是资本主义社会还是社会主义社会,富裕都是共同的价值追求,但

不同于资本主义社会少数人的富裕，社会主义社会的富裕强调的是全体人民的共同富裕。同时，中国的共同富裕不同于西方的"福利主义"，中国共同富裕强调的是共同参与建设，共同享受发展成果。党的十八届五中全会上，习近平提出了创新、协调、绿色、开放、共享的新发展理念。其中，共享既是社会发展的目标，也是社会发展的手段，强调共建共享。因此，新时代共同富裕在主体层面强调的全民参与建设基础上的共享。

**（一）民众的内生动力得到充分释放**

共同富裕不是"劫富济贫"，勤劳致富才是实现共同富裕的"正道"。习近平总书记指出，"幸福生活都是奋斗出来的，共同富裕要靠勤劳智慧来创造。"[1] 因此，新时代共同富裕的实现是要通过多种渠道营造勤劳致富的良好氛围，使得人民群众的内生动力得到充分释放，避免陷入"福利陷阱"，养成"等靠要"的观念。

首先，劳动光荣、尊重劳动的社会风尚得以形成。马克思主义中的劳动价值论认为，劳动是创造价值的唯一源泉。劳动是一个国家兴旺发达的重要基础，是一个事业成功的重要保证。因此，勤劳致富是实现共同富裕的前提基础。同时，劳动没有高低贵贱之分，无论是高科技工作者，还是普通劳动者，每个人都在以自己的方式为社会发展作出贡献。因此，劳动面前人人平等。习近平总书记强调，"任何时候任何人都不能看不起普通劳动者。"[2] 近年来，对于劳动模范和劳模精神宣传报道的力度不断提高，为经济社会持续发展凝聚了巨大的动力。同时，为了弘扬劳动精神，树立正确的劳动观念，提高学生的劳动技能水平，党的十八大以来，国家更加重视劳动教育的开展。为此，《关于全面加强新时代大中小学劳动教育的意见》《大中小学劳动教育

---

[1]　习近平：《扎实推动共同富裕》，《求是》2021 年第 20 期。

[2]　习近平：《在庆祝"五一"国际劳动节暨表彰全国劳动模范和先进工作者大会上的讲话》，《人民日报》2015 年 4 月 29 日。

指导纲要（试行）》等文件先后发布，为劳动教育的开展提供了科学指导。

其次，普惠公平的社会环境得以形成，每个人都能拥有公平的发展机会，一切能够创造社会财富的要素得以充分发挥作用。习近平总书记指出，"要让发展更加平衡，让发展机会更加均等、发展成果人人共享。"[1] 因为先天条件或者后天教育等因素的影响，每个人都有自己的特点与优势，共同富裕的实现要确保每个人都能将自己的特点及优势最大化，能在社会发展中拥有自己的立足之地。同时，党的十八大以来，国家越来越重视对资本的控制，在坚持资本为人民服务的发展理念下，加强对资本的合理使用和有效控制，努力"打造一个规范、透明、开放、有活力、有韧性的资本市场"[2]，避免形成资本垄断下的两极分化。因此，新时代共同富裕的实现必定是要完善资本的"红绿灯"，要资本在合理有序的框架内为经济社会的发展、人民群众的幸福生活服务。

最后，劳动者的劳动素质得到全面提升，同时一线劳动者的劳动报酬得到显著提升和有效保障。随着经济社会的发展，经济结构不断调整，简单的重复的机械的劳动逐渐被机器所代替，与此同时，对于高素质劳动者的需求逐渐提升。因此，这需要劳动者的素质得到与时俱进的提升，从而适应经济结构的转型，而职业教育在其中发挥了重要的作用。因此，共同富裕的实现意味着职业教育的发展将迈上新的台阶，无论是职业教育的正规化，还是社会大众对于职业教育的认识等方面，都将取得实质性的改善。习近平总书记曾指出，"在全面建设社会主义现代化国家新征程中，职业教育前途广阔、大有可为。"[3] 同时，相比于投资者、管理者，一线劳动者在初次分配过程中

---

① 《十八大以来重要文献选编》（下），中央文献出版社 2018 年版，第 574 页。

② 《中央经济工作会议在北京举行》，《人民日报》2018 年 12 月 22 日。

③ 《加快构建现代职业教育体系　培养更多高素质技术技能人才能工巧匠大国工匠》，《人民日报》2021 年 4 月 14 日。

往往处于弱势地位，因此共同富裕的实现需要国家通过多种举措切实保障劳动在初次分配中所占的比重。习近平总书记也明确指出，"不断增加劳动者特别是一线劳动者劳动报酬。"①

## （二）构建起兼顾效率与公平的收入分配格局

共同富裕绝非是一个单纯的经济增长问题，而是一个社会发展问题，归根结底是国家分配能力的建设问题。新中国成立后，中国共产党强调"各尽其能，按劳分配"，并在实践过程中探索效率与公平的关系。毛泽东在《论十大关系》中曾经提出，"不能只顾一头，必须兼顾国家、集体和个人三个方面。"②改革开放以来，在打破平均主义的分配模式下，中国逐渐确立起了与社会主义基本经济制度相对应的基本分配制度，即以按劳分配为主体，多种分配方式并存。在世纪之交，围绕公平与效率的关系，中国共产党对初次分配和再分配进行了改革发展。新时代共同富裕的实现是要在做大做好"蛋糕"的基础上切好分好"蛋糕"，让人民能够共享改革发展的成果，因此需要构建起兼顾效率公平的收入分配格局。

第一，初次分配的活力得到充分释放。初次分配中市场占据主导地位，市场具有追求效率的天然属性，因此要充分释放初次分配的活力，调动各类生产要素的积极参与。一方面，市场垄断和资本的无序扩张行为得到有效控制，一个统一开放、竞争有序的市场体系逐步建成。特别是随着平台经济的发展，由于数据、算法等方面的垄断，更易形成平台的垄断，如我们所熟知的"二选一"、大数据杀熟等。因此，共同富裕的实现要确保《反垄断法》等法律法规能够得到完善并严格执行，保障市场的公平竞争。另一方面，多种分配方式并存，更多的生产要素参与分配。更多的要素参与分配能够充分

---

① 《习近平谈治国理政》第 2 卷，外文出版社 2017 年版，第 364 页。
② 《毛泽东文集》第 7 卷，人民出版社 1999 年版，第 28 页。

调动各类要素参与生产的积极性和主动性，让创造社会财富的源泉充分涌流。党的十九届四中全会指出，"健全劳动、资本、土地、知识、技术、管理、数据等生产要素由市场评价贡献、按贡献决定报酬的机制。"[①] 因此，新时代共同富裕的实现要明确各生产要素的产权归属，并建立一个公平竞争的要素市场，打破市场壁垒，让一切合理的生产要素能够有序的参与其中。同时，在初次分配过程中提高"两个比重"，逐步实现"两个同步"，努力实现初次分配中效率与公平的兼顾。

第二，再分配的功能效用进一步增强。市场在资源配置中以效率为原则起着决定性作用，但如果一味强调市场的作用，就会导致两极分化的问题。"单纯的市场经济并不能自动缩小收入差距，也不能让每个人都享有平等发展的机会，即增长导向的分配观很难实现共同富裕。"[②] 因此要更好地发挥政府主导的再分配的作用，保证社会公平。新中国成立以来，围绕着效率与公平的关系，中国的分配制度经历了从注重公平到注重效率再到兼顾效率与公平的发展。胡锦涛更进一步提升了公平的重要性，"初次分配和再分配都要兼顾效率与公平，再分配更加注重公平。"[③] 因此，新时代共同富裕的实现意味着再分配在分配格局中发挥着更为重要的作用。一方面，税收对收入的调节作用不断完善。个人所得税、消费税等税收充分发挥调节过高收入的作用，同时根据中国的实际情况引入遗产税等有利于调节代际差距的新税种。另一方面，逐渐破除城乡、区域壁垒，社会保障体系不断完善，城乡、区域社会保障实现均等化。

---

① 《中共中央关于坚持和完善中国特色社会主义制度　推进国家治理体系和治理能力现代化若干重大问题的决定》，《人民日报》2019 年 11 月 6 日。

② 江建平：《新时代建设高质量收入分配体系的逻辑与路径》，《湘潭大学学报》（哲学社会科学版）2019 年第 4 期。

③ 《胡锦涛文选》第 3 卷，人民出版社 2016 年版，第 642 页。

第三，第三次分配的优势得到充分发挥。随着经济社会的发展，人民公益观念以及责任意识不断提高，越来越多的人开始投身公益事业，社会公益组织也得到了有效地发展。在脱贫攻坚过程中，社会组织等志愿机构充分发挥其专业性的特长，发挥靶向服务、精准参与的作用，有效地弥补了政府和市场在贫困治理过程中的不足。同时，"推行三次分配制度，有利于实现国家更深层次的收入分配调整，弥补市场机制和国家机制之间存在的'剩余空间'与内在缺陷。"[1] 党的十九届四中全会也明确提出，"重视发挥第三次分配作用，发展慈善等社会公益事业。"[2] 但正是由于第三次分配的刚刚兴起与发展，目前中国的第三次分配仍存在众多的问题，如社会信誉度、透明度、三次分配的衔接等问题。因此，新时代共同富裕的实现意味着第三次分配的优势得到有效发挥。一方面，第三次分配相关的规章制度得以完善，实现第三次分配与初次分配和再分配的有效衔接，如作用对象、功能上的衔接。另一方面，慈善事业的公信力不断提高。过去，由于"郭美美事件"等一些负面影响，人民对于慈善事业产生了一定的消极心理。因此，在加强慈善事业法制化、制度化建设的基础上，加强对慈善事业的宣传力度，重塑公益事业的社会信誉度。加强对于慈善事业的内部和外部监督，确保其资金、物品使用的规范化和透明度，不断增强其社会公信力。

**（三）基本公共服务实现均等化**

"社会保障是保障和改善民生、维护社会公平、增进人民福祉的基本制度保障，是促进经济社会发展、实现广大人民群众共享改革发展成果的重要制度安排，是治国安邦的大问题。"[3] "十三五"期间，中国已经建立起世界上

---

① 韩喜平：《怎样把握新时代分配制度？》，《红旗文稿》2020 年第 2 期。
② 《中共中央关于坚持和完善中国特色社会主义制度　推进国家治理体系和治理能力现代化若干重大问题的决定》，《人民日报》2019 年 11 月 6 日。
③ 《完善覆盖全民的社会保障体系　促进社会保障事业高质量发展可持续发展》，《人民日报》2021 年 2 月 28 日。

规模最大的社会保障体系，为提高人民的幸福感、获得感、安全感提供了有力的社会保障。但同时，面对新的发展境遇，中国的社会保障体系依然存在着严峻的挑战，城乡差距大、老龄化问题逐渐突出等。因此，新时代共同富裕的实现意味着社会保障从覆盖面的发展向提升质量发展，实现社会保障的均等化。

首先，均等可及的社会保障体系建设方面取得高效优质的发展。新中国成立初期，由于工业化发展的需要，为了加强农业农村对工业城市的支持，中国逐渐形成了城市乡村二元户籍管理制度，以户籍制度为基础，城市农村实行不同的福利保障，非农业户口的居民享受到更多的福利优待。近年来，农村的社会保障体系虽然得到了显著的发展，但社会保障的待遇依然低于城镇。同时，由于不同区域经济发展水平的不同，各区域间的社会保障也存在差异化的问题。因此，要在实现全覆盖的基础上继续提升农村、落后地区社会保障的质量，不断缩小社会保障的区域差距、城乡差距。《人力资源和社会保障事业发展"十四五"规划》指出，要在2035年城乡一体、均等可及的社会保障体系建设方面取得高效优质的发展，这与2035年共同富裕的推进是相契合的。

其次，社会保障的精准化程度进一步提升。目前，社会保障改革到了提质增效的阶段，要坚持问题导向，坚持对症施策，提高社会保障改革的精准化。人民对于美好生活的需求就是改革的目标和重点。习近平总书记强调，"要强化问题导向，紧盯老百姓在社会保障方面反映强烈的烦心事、操心事、揪心事，不断推进改革。"① 同时，对于重点人群的精准关注和救助体系不断完善。共同富裕的实现要特别关注残疾人、贫困边缘人口等弱势群体，而社会保障体系在其中发挥着重要的作用。有学者就指出，"社会救助制度中迫

---

① 《完善覆盖全民的社会保障体系　促进社会保障事业高质量发展可持续发展》,《人民日报》2021年2月28日。

切需要建立低收入人群的主动瞄准机制，实现从被动申请向主动瞄准，从绝对贫困人口向相对贫困人口的转变。"① 以大数据技术为基础，建立包含收入、消费等在内的综合数据库，对需要救助的人群进行精准识别，同时加强对于贫困大学毕业生、残疾人、孤儿、退役军人等重点人群的关注，做到应保尽保，健全完善日常性的救助帮扶措施，为其提供及时有效的社会保障服务。

最后，基本公共服务实现均等化绝不意味着平均化，而是在标准化基础上允许差别存在。"以标准化推动基本公共服务均等化，是在满足人民群众基本生活需要与国家财政保障能力之间寻找最佳平衡点的过程。其目的在于让全体公民能公平可及地获得大致均等的基本公共服务，不断提升人民群众的获得感、幸福感和安全感。"② 基本公共服务的均等化发展既要尽力而为，也要量力而行。基本公共服务要与当地的经济发展水平相适应，每个地区的经济社会发展存在差别，因而每个地区的基本公共服务自然也会存在一定的差别，但这个差别是在国家标准化基础上的差别。

## 二、内容上实现物质富裕基础上的全面发展

共同富裕绝不仅仅是物质上的富裕，而是物质基础上的全面发展。人民渴望物质上的富裕，同时也渴望精神生活的富裕充实。美国经济学家理查德·伊斯特林曾指出，经济增长与国民幸福感之间并不是始终呈现正相关的关系，在达到一定程度后，经济增长带来的幸福感水平的提高将十分有限。针对"幸福悖论"，国内也有学者指出，"物质地位提升所带来的幸福回报会随着经济发展程度的提高而递减。"③ 因此，仅仅追求物质富裕无法始终提高

---

① 鲁全：《新时代中国社会保障体系建设的路径——兼论"十四五"时期社会保障改革新要求》，《行政管理改革》2021 年第 4 期。

② 顾阳：《基本公共服务均等化绝非平均化》，《经济日报》2021 年 4 月 23 日。

③ 李路路、石磊：《经济增长与幸福感——解析伊斯特林悖论的形成机制》，《社会学研究》2017 年第 3 期。

人民群众的幸福感和获得感。按照马斯洛的需求理论，人的基本需求得到满足时就会追求更高层次的需求。习近平总书记明确指出，"人民对美好生活的向往，就是我们的奋斗目标。"① 随着经济社会的发展，大多数人不再仅仅局限于吃饱穿暖的物质性需要②，人民有了更广泛和更高层次的需求，如社会性需要和心理性需要不断增加。这是经济社会发展的必然结果，同时实现共同富裕目标动力。

**（一）经济发展的质量和效益进一步提升**

习近平总书记指出，"实现社会公平正义是由多种因素决定的，最主要的还是经济社会发展水平。"③ 因此，共同富裕的实现必须建立在发达的生产力基础上，发展是实现共同富裕的基础所在。在新时代，中国经济发展进入新常态，特别是在社会主要矛盾发生转化的背景下，生产力落后的局面得到改善，不再单纯地追求发展的速度，而是更加注重发展的质量与效益。因此，"我国经济已由高速增长阶段转向高质量发展阶段。"④ 高质量发展不同于过去"三高一低"的传统发展模式。这意味共同富裕的实现要建立在高质量发展的基础上，经济发展的质量和效益得到了进一步提升。

首先，创新对于经济发展的推动有了进一步提升，创新能力步入世界前列。创新是经济发展的重要生产力，同时也是发展的重要动力。在数字化的今天，新一轮科技革命和产业革命迅速发展，依靠传统的经济驱动力难以实现经济的持续健康发展，经济发展的效益也难以得到进一步提升。因此，党的十八大以来，习近平多次强调新旧动能转换，注重创新驱动力的激发。如

---

① 《习近平谈治国理政》第 1 卷，外文出版社 2018 年版，第 4 页。
② 何星亮在《不断满足人民日益增长的美好生活需要》一文中，按照需求性质将人的需要划分为物质性需要、社会性需要、心理性需要三类。
③ 《习近平谈治国理政》第 1 卷，外文出版社 2018 年版，第 96 页。
④ 《习近平谈治国理政》第 3 卷，外文出版社 2020 年版，第 23 页。

山东正在建设新旧动能转化综合试验区，为新旧动能转化探索发展经验和发展模式。当然，创新并不仅仅指科技创新，也包含理论、制度、文化等方面的创新。习近平明确指出，"让创新贯穿党和国家一切工作，让创新在全社会蔚然成风。"[①] 新时代共同富裕的实现，意味着包含科技创新、制度创新在内的多方面创新能力和水平有了进一步的提升，与发达国家的差距不断缩小，甚至位于世界发展的前列。

其次，绿色发展理念得到全面的认同和贯彻落实，绿色生产、绿色生活成为新的"时尚"。高质量发展很重要的一点是要改变高消耗、高污染的发展模式，注重发展的绿色可持续。习近平总书记在地方工作时就特别注重生态环境的保护，在浙江工作时创造性地提出了"两山论"，党的十八大之后更是将其上升到国家的发展理念。保护生态不仅是一个社会问题，更是一个政治问题。党的十八大以来，党中央将污染防治列为"三大攻坚战"之一予以推进。同时，为了促进高质量发展和改善生态环境，中国积极履行国际责任，明确了"碳达峰""碳中和"的发展目标。新时代共同富裕的实现意味着绿色发展理念全面贯彻落实到生产生活中。

最后，实现国内国际的有机统一，全国统一大市场基本建成。当今世界发展面临着更多的不确定性和不稳定性。面对国内外形势的变化，中国提出要构建新发展格局。新发展格局以国内大循环为主体，但这绝不意味着封闭的"内循环"，封闭的"内循环"最终会导致"死循环"。因此，在坚持独立自主、自力更生的基础上，中国不断扩大自己的"朋友圈"，畅通国内国际双循环。2022 年发布的《中共中央国务院关于加快建设全国统一大市场的意见》也明确指出，"以国内大循环和统一大市场为支撑，有效利

---

① 习近平：《论把握新发展阶段、贯彻新发展理念、构建新发展格局》，中央文献出版社 2021 年版，第 40 页。

用全球要素和市场资源，使国内市场与国际市场更好联通。"① 因此，新时代共同富裕的实现意味着中国统一大市场的基本建成，基本实现了国内的大循环。

**（二）人民群众的精神生活更加丰富多彩**

恩格斯指出，在满足全体社会成员物质消费和储备的同时，"使每个人都有闲暇时间去获得历史上遗留下来的文化……中一切真正有价值的东西；并且不仅是去获得，而且还要把这一切从统治阶级的独占品变成全社会的共同财富并加以进一步发展。"② 因此，中国共产党强调的共同富裕是以物质富裕为基础的全面富裕，追求的是人的全面发展。在邓小平看来，物质文明建设和精神文明建设是统一的，物质文明决定精神文明，但"不加强精神文明的建设，物质文明的建设也要受破坏，走弯路"③。因此，邓小平强调物质文明和精神文明"两手抓"，两手都要硬。党的十五大上，江泽民指出，要围绕经济建设的中心，推进经济体制和政治体制改革，同时加强精神文明建设，"各个方面相互配合，实现经济发展和社会全面进步。"④ 习近平总书记在注重物质发展的同时，也特别重视精神文明等方面的建设，强调共同富裕"是人民群众物质生活和精神生活都富裕"⑤。因此，新时代共同富裕的实现意味着人民群众的精神生活更加丰富多彩。

首先，文化产品的供给提质增效显著。目前中国的文化产品普遍存在有数量缺质量、有"高原"缺"高峰"的问题。以电视剧为例，全国政协委员郑晓龙曾提到，中国一年拍1.5万多集电视剧，但播出量只有8000多集。电

---

① 《中共中央国务院关于加快建设全国统一大市场的意见》，《人民日报》2022年4月11日。
② 《马克思恩格斯文集》第3卷，人民出版社2009年版，第258页。
③ 《邓小平文选》第3卷，人民出版社1993年版，第143—144页。
④ 《十五大以来重要文献选编》上册，中央文献出版社2011年版，第2页。
⑤ 习近平：《扎实推动共同富裕》，《求是》2021年第20期。

影制作方面同样如此,"中国故事片年均产量 700 部左右,能够上映的不足一半,而这些上映的影片中不少也在亏本,不少电影在院线'一日游'即遭下线。"① 因此,"十四五"规划中明确提出,"扩大优质文化产品供给","实施文艺作品质量提升工程,加强现实题材创作生产,不断推出反映时代新气象、讴歌人民新创造的文艺精品。"②

其次,消除公共文化服务的区域城乡"鸿沟",数字文化产品供给不断优化。"十四五"规划中明确指出,"推进城乡公共文化服务体系一体建设,创新实施文化惠民工程。"③ 新时代共同富裕的实现意味着要消除公共文化服务的区域城乡"鸿沟"。革命老区、民族地区及边疆地区的公共文化服务体系建设取得显著成效。面向弱势群体的公共文化服务能力得到提升,老年人、未成年人等弱势群体的文化权利得到保障。公共文化服务的基础设施建设得到完善。农村、社区可以利用现有的活动中心进一步完善提升,打造学习教育、休闲娱乐等功能于一体的公共文化服务中心。随着信息技术的发展,数字产业化和产业数字化的发展趋势日益明显。"十四五"规划中指出,要"实施数字文化产业战略"。新时代共同富裕的实现意味着更多更高质量的数字文化产品不断推出。

最后,全社会充满积极健康的价值观念。"丧文化""佛系""躺平"等一些流行话语实则反映出当下青年对"内卷"、社会发展压力的非理性回应,是亚文化的显现。这种亚文化的产生与中国经济社会的转型有着密切的关系,如社会迅速发展的竞争压力、贫富差距等。随着经济社会的发展,物质基础的逐渐丰裕也为"躺平"提供了土壤,部分青年渴望在已有的物质基础

---

① 黄永刚:《从提高供给质量出发 扩大文化产品有效供给——推进文化建设供给侧改革的思路和举措》,《光明日报》2016 年 6 月 1 日。

②③ 习近平:《关于〈中共中央关于制定国民经济和社会发展第十四个五年规划和二〇三五年远景目标的建议〉的说明》,《人民日报》2020 年 11 月 4 日。

上享受生活而不想继续奋斗。如果不对这种亚文化进行理性的疏导,"未富先躺"的亚文化会给中国经济社会的持续健康发展带来不容忽视的影响。因此,新时代共同富裕的实现意味着全社会充满着积极健康的价值观念。一是崇尚勤劳致富,树立劳动光荣的共识。二是弘扬奉献互助的精神,鼓励"先富"带动和帮助"后富"。三是消除拜物教的影响,树立正确的消费观。

### (三)社会生活环境舒心安心放心

共同富裕立足于现实中的人,现实的人不是孤立的个体,而是处在社会联系中,因此,共同富裕的实现必须要有良好的社会生活环境作为保障,让人民生活得舒心安心放心。

首先,公共安全体系进一步健全,社会环境持续稳定。稳定是改革发展的基础,也是人民幸福生活、实现共同富裕的重要前提。习近平总书记明确指出,"平安是老百姓解决温饱后第一需求,是极重要的民生,也是最基本的发展环境。"[①] 新时代共同富裕的实现意味着公共安全体系进一步健全,社会环境持续稳定。第一,生产安全得到切实保障。习近平总书记多次强调,"实行安全生产和重大安全生产事故风险'一票否决'。"[②] 第二,粮食安全、食品安全得到切实保障。"民以食为天。"粮食安全、食品安全对于社会的稳定发展具有重要的价值意义。习近平总书记曾指出,"能不能在食品安全上给老百姓一个满意的交代,是对我们执政能力的重大考验。"[③] 共同富裕中的"富裕"就包含粮食、食品的富裕,不仅仅是量上的富裕,还应包括质上的提高,切实保障人民舌尖上的安全。第三,社会治安进一步优化,平安中国建设进一步推进。黄赌毒、黑社会等影响社会治安的问题得到有效控制,人民群众的安全感和幸福感得到进一步提升。

---

① 《习近平关于社会主义社会建设论述摘编》,中央文献出版社 2017 年版,第 11—12 页。
② 同上书,第 143 页。
③ 同上书,第 144 页。

其次，人与自然和谐共生的状态进一步提升。"保护生态环境就是保护生产力，改善生态环境就是发展生产力。良好生态环境是最公平的公共产品，是最普惠的民生福祉。"① 第一，经济发展不再走竭泽而渔的发展道路，绿色经济的发展理念深入企业的发展理念之中。第二，人民的环保意识不断增强，建设美丽中国成为人民的自觉行动，绿色理念外化于人民群众的日常生活。第三，生态文明制度体系逐渐健全，特别是相关的法制不断完善，为生态环境的保护提供最严格的制度、最严密的法治保障。

最后，还包括社会文化生活的丰富多彩，上文已进行了相关的论述，在此不作赘述。

## 三、实现普遍富裕基础上的差别富裕

习近平总书记强调，共同富裕是一个总体性的概念。对此，有学者指出，"共同富裕的总体性集中体现在富裕内容的总体性、富裕主体的总体性、富裕途径的总体性和富裕过程的总体性。"② 因此，新时代要实现的共同富裕是普遍富裕基础上的差别富裕。一方面，"共同富裕的实现是一个在动态中向前发展的过程，不是同时富裕、同步富裕、同等富裕。"③ 在时间上有先后之别，在结果上也存在合理的差距空间；另一方面，个人、社会、区域立足自身特色和资源禀赋，实现发展的多元化，和可持续化，避免发展的单一化和均质化。

### （一）居民收入差距和消费差距缩小到合理空间

随着经济社会的发展，中国的人均可支配收入有了大幅度的提高，《2020 年中国统计年鉴》公布的数据显示，中国人均可支配收入从 2013 年的

---

① 《习近平关于社会主义生态文明建设论述摘编》，中央文献出版社 2017 年版，第 4 页。
② 毛勒堂：《作为总体性的共同富裕及其实现路径》，《思想理论教育》2022 年第 3 期。
③ 《朝着共同富裕的目标扎实前进》，《人民日报》2022 年 2 月 27 日。

18310.8 元增长到了 2019 年的 30732.8 元。但由于个人能力、固有资本等方面存在差别，再加上城乡限制、区域位置等因素的影响，从整体来看，中国居民收入差距仍然处在一个过大的水平上。国家统计局公布的数据显示，从 2013 年至 2019 年，中国的居民基尼系数一直位于 0.46 以上，这意味着中国的居民收入差距过大。同时，低收入者的恩格尔系数较高，即食品支出总额占个人消费支出总额的比重较高，发展型消费和享受型消费的比重较低。因此，新时代共同富裕的实现要将居民收入差距和消费差距缩小到合理空间。

一方面，低收入者的收入渠道拓宽，居民收入差距缩小到合理空间。未来要实现的共同富裕"不是整齐划一的平均主义"[1]，而是在普遍富裕基础上允许差别存在的富裕。贫富分化会损害人民群众的积极性和主动性。但历史经验表明，盲目拉平贫富、追求平均主义，也损害人民群众的积极性和主动性，影响社会发展的活力，导致共同贫困。因此，新时代要实现的共同富裕，是在所有人普遍富裕的基础上仍然允许存在差别的富裕，只不过这个差别是在合理区间内的差别，既不会损害社会公平正义，同时还能保持社会的流动性与活力。国际上通常认为，基尼系数在 0.3—0.4 时，表示居民收入差距处于合理的空间。同时，也有学者认为，考虑到中国的具体国情，能否运用基尼系数衡量中国的收入差距值得商榷，因此有学者建议，"运用居民收入差距接纳度这一新指标来测度居民收入差距的合理范围"[2]。

另一方面，低收入者更加敢于消费，特别是发展型消费和享受型消费所占比重逐渐提升。居民收入增加、收入差距缩小、社会保障逐渐完善有利于刺激居民的消费欲望，让居民更加敢于消费。一方面是生存型消费不断提档升级，如食品消费更加安全可靠，更加注重绿色消费等。另一方面是低收入

---

[1] 《在高质量发展中促进共同富裕　统筹做好重大金融风险防范化解工作》，《人民日报》2021 年 8 月 18 日。

[2] 刘乐山：《共享发展与收入差距的合理调节》，《湖湘论坛》2017 年第 5 期。

者更加注重发展型消费和享受型消费，居民的消费差距不断缩小，教育、养老、旅游等消费逐渐增加。

**（二）形成新型工农城乡关系**

城乡发展差距是发展不平衡的重要体现，同时，城乡关系也一直处在不断的调整之中。新中国成立以来，中国城乡关系总体上经历了二元对立、一体化再向融合发展的逐步转变。特别是党的十八大以来，工农城乡关系迈入了新阶段，国家也在不断探索推进城乡融合发展的有效路径，如 2022 年公布的《关于推进以县城为重要载体的城镇化建设的意见》就特别强调了县城在推进城乡融合发展中的作用与路径，"以县域为基本单元推进城乡融合发展，发挥县城连接城市、服务乡村作用，增强对乡村的辐射带动能力。"[①] 因此，新时代共同富裕的实现意味着新型工农城乡关系的形成。

首先，城乡区域的协调发展并不是简单意义上的城乡区域的平均发展。由于资源禀赋、自然条件、文化积淀、发展基础等方面的不同，城乡区域的发展潜力和发展方向自然会存在不同。因此，城乡区域协调发展的目标应该是在充分利用自身优势的基础上进行合理分工，实现城乡区域的"和而不同"，进而促进城乡区域的全面的共同的发展。

其次，新型城乡关系是打破城乡之间的二元壁垒，实现城乡之间经济、空间、要素、公共服务等方面的融合发展。在脱贫的基础上，按照产业兴旺、生态宜居、乡风文明、治理有效、生活富裕的总要求实现乡村的全面振兴，实现农业农村现代化，让农村成为向往的地方，让农业成为有奔头的产业，让农民成为体面的职业。同时，城市和乡村两者之间实现优势互补。一方面，城市为乡村发展提供人才、市场、科技等方面的支持。另一方面，乡村为城市的发展提供休闲娱乐、健康疗养、粮食作物供应等方面的支持。

---

① 《中办国办印发〈关于推进以县城为重要载体的城镇化建设的意见〉》，《人民日报》2022 年 5 月 7 日。

### （三）形成合理的国土空间布局并互相支撑

共同富裕实现需要实现区域的协调、均衡发展，但这种发展不是同质化的发展，而是立足不同区域的特色和优势建立合理的国土空间布局，实现当地资源优势的最大化利用，同时，各国土空间布局并不是孤立的，而是相互支撑、协同发展。

首先，构建合理的区域分工机制。不同区域具有不同的资源禀赋。因此，要因地制宜的进行发展定位，实现不同区域的差异化发展，避免发展的同构化、同质性。"十四五"发展规划中也明确指出，"立足资源环境承载能力，发挥各地比较优势，逐步形成城市化地区、农产品主产区、生态功能区三大空间格局。"[①] 这是优化国土空间布局、促进区域协调发展的重要举措。同时，这也体现了尊重自然发展规律、追求高质量发展的发展理念。因此，新时代区域的平衡发展首先是要构建起合理的区域分工机制。一方面，立足区域特点进行合理的空间布局，凸显主体功能。另一方面，促进空间布局的优势互补，实现功能区的协调发展。

其次，实现空间格局的合理分布。中国的陆地面积约 960 万平方公里，东西南北的地理环境差异性大。因此，绝不可以走同质化的发展模式，要立足当地区域的实际情况进行合理的空间布局，凸显其主体功能，提高国土空间开发保护的有效性和针对性。第一，城市化地区的主要主体功能是经济和人口的高效集聚地，如京津冀、长三角、珠三角等城市群。对于城市化地区要促进产业体系的现代化转型，率先实现高质量发展。第二，农产品主产区的主体功能是提供粮食等农产品，如东北平原主产区、黄淮海平原主产区等。强化粮食安全意识，加强农产品主产区的耕地保护以及农业科技的投入

---

① 习近平：《关于〈中共中央关于制定国民经济和社会发展第十四个五年规划和二〇三五年远景目标的建议〉的说明》，《人民日报》2020 年 11 月 4 日。

与应用，确保农产品的有效供给。第三，生态功能区的主体功能则是生态保护，如森林、湿地等各类的自然保护区等。坚持"绿水青山就是金山银山"的发展理念，加强生态功能区的保护，为现代化的发展提供优质的生态环境和生态产品，实现人与自然的和谐共生。

最后，推进空间格局的协调发展。三大空间格局是立足于区域实际情况所实行的最优化的发展，但绝对不是孤立的发展，要在充分发挥各自优势的基础上实现彼此的优势互补。特别是要注重城市化地区的带动和引领作用，"城市化地区要在具有粮食安全责任意识和生态文明思想共识的基础上带动农业生产区和生态功能区发展，形成'以一牵二'的协调态势。"① 第一，城市化地区要注重对基本农田和生态功能区的保护，同时加强与农产品主产区和生态功能区的合作，为城市化的推进提供坚实的农产品保障和生态保障，满足人民对美好生活的需求。第二，农产品主产区和生态功能区也要加强与城市化地区的对接。一方面，加强科技合作，实现科技富农。另一方面，借助农产品主产区和生态功能区的优势发展生态旅游和农业旅游，吸引城市人群。第三，推进三大空间格局的基础设施建设以及基本公共服务的均等化。

## 四、为世界共同繁荣作出更大贡献

中国共同富裕的推进统筹国内国际两个大局，既立足中国发展的现实状况，同时也主动回应了世界发展面临的难题。因此，中国共同富裕的推进将为世界共同繁荣作出更大的贡献。首先，中国共同富裕的推进回应了世界贫富差距问题，因此中国共同富裕的实现将为世界贫富差距问题的解决提供中国智慧。其次，共同富裕的推进是中国式现代化建设的重要组成部分，因

---

① 孙久文、张皓：《新发展格局下中国区域差距演变与协调发展研究》，《经济学家》2021年第 7 期。

此，中国共同富裕的实现将为广大发展中国家的现代化建设提供中国样本。最后，党的十八大以来，习近平总书记在多个国际场合倡导构建人类命运共同体，中国共同富裕的推进也将为人类命运共同体的构建贡献中国力量。

### （一）为世界贫富差距问题的解决提供中国智慧

贫困问题是世界性问题，消灭贫困是世界各国的共识。在中国共产党的全面领导下，中国提前十年完成了联合国规定的减贫目标，为世界贫困问题的解决作出了中国贡献。在此基础上，中国将进一步探索贫富差距的解决之道，推进共同富裕，这将为世界贫富差距问题的解决提供中国智慧。在西方国家的执政党竞选过程中，贫富差距问题的解决总是会成为竞选的重要内容，各个政党纷纷开出解决贫富差距顽疾的"药方"。但西方国家执政党开出的往往是"空头支票"，难以真正切实有效地解决贫富差距问题，特别是新冠疫情的发生更是将西方国家的贫富差距问题暴露无遗。过去，一些西方国家一直利用完善的社会福利来弥补贫富差距问题，但这往往是治标不治本，只能暂时缓和阶层矛盾，无法从根本上解决贫富差距问题。特别是近年来，"福利陷阱"问题凸显，一些国家的财政逐渐难以支撑高昂的福利支出，于是试图改变"高税收、高福利"的现状，但降低福利的举措又引起了社会底层民众的不满。中国共同富裕的推进从政治保障、高质量发展、分配方式等多个方面论述了解决贫富差距的中国方案，为世界贫富差距问题的解决提供了不同于西方社会的中国智慧。

### （二）为发展中国家的现代化建设提供中国样本

现代化建设是世界各国追求的发展目标，特别是广大发展中国家渴望早日实现国家的现代化。但在和平时代，靠早期殖民侵略扩张的方式来促进现代化建设可谓是天方夜谭。同时实践经验表明，现代化不等于西方化，资本主义道路不是实现现代化的唯一道路，盲目嫁接、移植某种发展模式，往往会产生适得其反的效果，如拉丁美洲盲目移植资本主义的发展模式，最终却陷入了"拉美陷阱"，贫富差距日益严峻，阶层流动固化，社会逐渐失去发展的活力与动力。同时，西方式现代化往往将资本增殖视为发展的目的，忽视人的发展，造成了畸形的现代化。作为世界上最大的发展中国家，如今中国进入全面建设社会主义现代化国家的新发展阶段。在总结历史发展经验和对西方式现代化道路反思的基础上，中国走出了一条具有中国特色的现代化发展道路，即中国式现代化新道路。"中国式现代化，是中国共产党领导的社会主义现代化，既有各国现代化的共同特征，更有基于自己国情的中国特色。"① 共同富裕正是中国式现代化的重要特色和发展目标。将共同富裕视为现代化建设的重要内容，提出了一条不同于西方式现代化的发展道路，为发展中国家进行现代化建设提供了中国样本。

### （三）为人类命运共同体的构建贡献中国力量

中国自古以来就强调"达则兼济天下"，主张"美美与共"。后疫情时代的全球形势存在着众多的不确定性和不稳定性，全球化逆流涌动，地区冲突依然存在，严重损害了人类对于幸福生活的追求。面对西方社会的冷战思维、零和博弈的观点，习近平总书记创造性地提出了人类命运共同体的发展理念。中国共同富裕的推进统筹国内国际两个大局，既立足中国发展的现实状况，同时也主动回应了世界发展面临的难题，特别是中国发展的共享精神和发展理念，将为人类命运共同体的构建贡献中国力量。一方面，为人类命运共同体描绘了未来的发展蓝图。人类命运共同体强调人类价值追求的"最大公约数"，而生活富裕正是全人类的价值追求，所以这个人类命运共同体应该是一个共同建设、共同享有、共同富裕的共同体。正如习近平总书记所指出，"共建一个没有贫困、共同发展的人类命运共同体。"② 另一方面，中国

---

① 习近平：《高举中国特色社会主义伟大旗帜　为全面建设社会主义现代化国家而团结奋斗——在中国共产党第二十次全国代表大会上的报告》，人民出版社 2022 年版，第 22 页。

② 《习近平扶贫论述摘编》，中央文献出版社 2018 年版，第 156 页。

共同富裕的实现离不开世界，世界共同富裕的实现离不开中国。在经济全球化的今天，任何一个企图脱离世界体系的国家都将寸步难行。因此，中国的发展必须积极融入世界。即使在全球化遭遇逆流的情况下，习近平总书记依然多次对世界庄严宣告，"中国开放的大门永远不会关上，只会越开越大。"①中国共同富裕的推进将为世界各国的发展提供经验借鉴。同时，作为拥有 14 亿多人口的大国，中国共同富裕的实现将为人类命运共同体的构建注入强大的推动力。

---

① 习近平：《论坚持推动构建人类命运共同体》，中央文献出版社 2018 年版，第 397 页。

# 第四章　新时代实现共同富裕的经济基础

## 一、始终保持社会主义政治制度与基本经济制度的优越性

马克思和恩格斯始终坚定并不断深化对共同富裕问题的认识。马克思在《1857—1858 年经济学手稿》中提出："社会生产力的发展将如此迅速，以致尽管生产将以所有的人富裕为目的，所有的人的可以自由支配的时间还是会增加。因为真正的财富就是所有个人的发达的生产力。"[①] 随着生产力的快速增长和每个人的全面发展，社会就会进入"各尽所能，按需分配"的状态。共同富裕是社会主义的本质要求，是中国式现代化的重要特征，要始终保持社会主义者政治制度与基本经济制度的优越性，坚持以人民为中心的发展思想，在高质量发展中促进共同富裕。

### （一）共同富裕形成的历史选择与制度基础

以毛泽东同志为主要代表的中国共产党人为带领全体人民共同富裕开辟了社会主义道路选择。新民主主义革命时期，以毛泽东同志为主要代表的中国共产党人将马列主义基本原理同中国的具体实际相结合，开辟了农村包围城市、武装夺取政权的革命道路，为夺取新民主主义革命胜利指明了方向。在土地革命过程中，中国共产党废除了封建土地制度，将地主与富农的土地

---

[①] 《马克思恩格斯全集》第 31 卷，人民出版社 1998 年版，第 104 页。

没收分配给农民，在广大农村地区平均地权，实现了土地这一生产资料的普及化，为农村实现共同富裕创造了前提条件。毛泽东同志在资本主义工商业社会主义改造问题座谈会上的讲话中提出，在社会主义制度下，我国还是一个农业国，"在我们实行这么一种制度，这么一种计划，是可以一年一年走向更富更强的，一年一年可以看到更富更强些。而这个富，是共同的富，这个强，是共同的强，大家都有份。"① 我国实行社会主义制度，这种制度的优越性只有通过实现全体人民共同的富与共同的强才能最终体现。社会主义制度的确立与社会主义建设的完善明确了只有社会主义才能救中国，只有社会主义才能发展中国。毛泽东同志带领中国共产党人为国家发展指明了方向，奠定了根本政治前提与制度基础，为开创中国特色社会主义的共同富裕提供了宝贵经验、理论准备和物质基础。

邓小平同志将共同富裕上升到社会主义本质层面并强调："社会主义的本质，是解放生产力，发展生产力，消灭剥削，消除两极分化，最终达到共同富裕。"② 一个公有制占主体，一个共同富裕，是我们所必须坚持的社会主义根本原则。邓小平同志在 1992 年南方谈话中提出"共同富裕"的构想：一部分地区有条件先发展起来，一部分地区发展慢点，先发展起来的地区带动后发展的地区，最终达到共同富裕。如果富的愈来愈富，穷的愈来愈穷，两极分化就会产生，而社会主义制度就应该而且能够避免两极分化。③ 邓小平同志认为，社会主义制度的优势在于实现共同富裕，避免两极分化，这也是社会主义与资本主义的本质区别。改革开放以来，邓小平同志领导全党深刻总结社会主义建设的正反两方面经验，把党与国家工作的中心转移到经济建设上来，作出改革开放的历史性决策，不断解放和发展生产力，确立了社

---

① 《毛泽东文集》第 6 卷，人民出版社 1999 年版，第 495—496 页。
② 《邓小平文选》第 3 卷，人民出版社 1993 年版，第 373 页。
③ 同上书，第 373—374 页。

会主义初级阶段基本路线，成功开创了中国特色社会主义，为实现共同富裕奠定了坚实的物质基础。

党的十八大以来，以习近平同志为核心的党中央把握时代发展阶段的新变化，把逐步实现全体人民共同富裕摆在更加重要的位置上。习近平同志在党的十九大报告中指出，中国特色社会主义进入了新时代，我国社会主要矛盾已经转化为人民日益增长的美好生活需要和不平衡不充分发展之间的矛盾。党的主要任务是领导人民到 2035 年"全体人民共同富裕迈出坚实步伐"，到本世纪中叶"全体人民共同富裕基本实现，我国人民将享有更加幸福安康的生活"。[①] 党领导人民推动区域发展，着力保障和改善民生，打赢脱贫攻坚战，全面建成小康社会，为共同富裕创造了坚实的基础。党在制定国民经济和社会发展第十四个五年规划和二〇三五年远景目标时强调把"全体人民共同富裕取得更为明显的实质性进展"作为到 2035 年基本实现社会主义现代化的远景目标，在改善人民生活品质部分突出强调了"扎实推动共同富裕"。[②] 以习近平同志为核心的党中央坚持以人民中心的发展思想，将马克思主义基本原理与新时代中国的具体实际结合起来。我们要充分认识促进共同富裕的重大意义，推动共同富裕持续取得新进展，为全面建设社会主义现代化强国奠定坚实的基础。

**（二）坚持以公有制为主体、多种所有制经济共同发展的基本经济制度**

党的十八届五中全会通过的《中共中央关于制定国民经济和社会发展第十三个五年规划的建议》，再次重申了"坚持公有制为主体、多种所有制经

---

① 《决胜全面建成小康社会　夺取新时代中国特色社会主义伟大胜利——在中国共产党第十九次全国代表大会上的报告》，《人民日报》2017 年 10 月 28 日。

② 《中共中央关于制定国民经济和社会发展第十四个五年规划和二〇三五年远景目标的建议》，《人民日报》2020 年 11 月 4 日。

济共同发展。毫不动摇巩固和发展公有制经济，毫不动摇鼓励、支持、引导非公有制经济发展"。以公有制为主体，多种所有制经济共同发展的基本经济制度，是我国社会主义市场经济体制的根基，有利于促进我国社会生产力的大力发展与国际地位的不断提升。社会主义基本经济制度的提出与不断完善，体现了中国共产党人将马克思主义理论创造性地运用于中国特色社会主义的伟大实践，不仅丰富和发展了科学社会主义理论，还增强了社会主义的道路自信、理论自信、制度自信与文化自信，文化自信促进了公有制经济与非公有制经济的快速稳定发展。

### 1. 巩固和发展公有制经济

在我国，必须毫不动摇巩固和发展公有制经济，坚持公有制主体地位，这对于增强我国经济实力、维护社会公平正义、防止两极分化，最终实现共同富裕具有基础性作用。习近平总书记在吉林省考察调研期间针对国企改革问题时明确指出，推进国有企业改革，要有利于国有资本保值增值，有利于提高国有经济竞争力，有利于放大国有资本功能，这"三个有利于"为公有制经济的理论与实践绘制出"定盘星"。

党的十八届五中全会提出，深化国有企业改革，增强国有经济活力、控制力、影响力、抗风险能力。国有经济是社会主义经济主体中的主导力量，对巩固和完善中国特色社会主义制度，发挥社会主义制度的优越性，防止两极分化，增强国家经济实力、增加民族凝聚力、提高我国综合国力等具有重要的作用。邓小平同志强调，"主要我们经济中公有制占主体地位，就可以避免两极分化"。① 程恩富与张建刚等指出："公有制经济在防止两极分化中承担重要职能，只要我们保持公有制和按劳分配为主体，贫富差距就不会恶性发展到两极分化太严重的程度，就可以控制在合理的限度以内，最终向共

---

① 《邓小平文选》第 3 卷，人民出版社 1993 年版，第 149 页。

同富裕的目标前进"[①]。公有制经济在社会主义制度中发挥着举足轻重的作用。

经济基础决定上层建筑，必须毫不动摇巩固和发展公有制经济，只有保持公有制经济的主体地位，才能保证社会主义方向。国有企业属于全民所有，国有资产是全体人民的共同财富，是推进国家现代化、保障人民共同利益的重要力量，必须坚定不移促进国有企业健康全面发展。发展公有制经济，首先，需要坚定不移地做好国有企业，正如习近平总书记所强调，要坚持国有企业在国家发展中的重要地位不动摇，坚持把国有企业搞好、把国有企业做大做强做优不动摇。因此，不断深化国有企业改革，发展壮大国有经济，是坚持和完善基本经济制度的必然要求，是实现共同富裕的重要保障；其次，需要持续分类推进国有企业改革，完善现代企业制度，提升国有企业的市场竞争力与活力；最后，应当健全国有资本合理流动机制，推进国有资本布局战略性调整，引导国有资本更多投向关系国家安全、国民经济命脉的重要行业和关键领域。同时，还应完善各类国有资产管理体制，加强国有资产的监督，防止国有资产的流失，等等。

### 2. 支持和引导非公有制经济发展

非公有制经济是社会主义市场经济的重要组成部分，也是推进我国经济实现转型的重要依托，不仅有利于推动社会主义生产力的快速发展，还是劳动者实现自由全面发展的必要条件，对于实现共同富裕发挥了重要的作用。中国改革开放 40 多年来，非公有制经济实现了跨越式发展，并成为我国经济腾飞与居民生活水平提高所不可或缺的力量。一方面非公有制经济的出现和飞速发展促进了全社会资本和社会生产要素效率的提高，成为我国彻底摆脱贫困、全面进入小康社会与实现共同富裕的重要推动力；另一方面非公有

---

① 程恩富、张建刚：《坚持公有制经济为主体与促进共同富裕》，《求是学刊》2013 年第 1 期。

制经济为社会提供了大量的就业选择与平台，为缩小社会差距，人民摆脱贫困境遇创造了更多的机会。

非公有制经济在"做大蛋糕"方面功不可没，非公有制经济不仅推动了物质生产量的增长，而且有助于"做优蛋糕"，有力推进了创新发展，提升了经济发展的质量。非公有制经济是国民经济增长的强大动力源，发展非公有制经济有利于夯实共同富裕的物质基础。支持和引导非公有制经济的发展，首先，应坚持平等的价值取向，进一步破除阻碍非公有制经济发展的体制机制弊端。为非公有制经济主体营造公平、和谐、安全的制度环境，保障权利平等、机会平等与规则平等，使各种所有制经济依法平等使用生产要素、公平参与市场竞争，促进非公有制经济的健康可持续发展；其次，完善非公有制经济发展的法治保障。明晰产权归属、完善知识产权制度，加大对侵犯产权制度的打击力度，并完善相关法律法规体系，为非公有制经济发展保驾护航，推进非公有制经济的可持续发展。再次，推进政府简政放权、放管结合、优化服务，切实转变政府职能。最后，还需加快市场要素的流动与配置，创新监管机制与监管体系，为非公有制经济发展营造健康、安全的发展环境。

社会主义经济不能消灭私有制经济，而应更好地鼓励、支持、引导非公有制经济发展，充分调动社会各方面的积极性，更好激发非公有制经济活力和创造力，一方面，要肯定非公有制经济在不断创造社会财富的重要作用，重点鼓励敢于创新创业、辛勤劳动与合法经营的致富带头人，允许一部分人先富起来，同时要强调先富带后富、帮后富；另一方面，支持和引导非公有制经济规范健康发展，及时处理非公有制经济发展过程中暴露出来的劳资问题、体系问题与环境问题等，为资本设置警示机制，依法有效监督，防止资本野蛮生长，推动非公有制经济健康发展。因此，毫不动摇地鼓励、支持、引导非公有制经济发展，这对于推动经济增长、扩大社会就业、增加财政收入、改善人民生活、实现共同富裕具有十分重要的意义。

公有制经济和非公有制经济都是我国经济实现可持续发展的重要基础，也是实现共同富裕的主要动力。二者取长补短、相互促进、互利共赢、共同发展，不仅有利于促进我国产业结构优化升级，形成以大型企业为主导、中小企业为支撑、分工协作为基础的产业集群，推动我国产业走向中高端水平；还有利于我国更好实施创新驱动发展战略和制造强国战略，发挥国有企业的骨干和表率作用，促进科技型中小微企业健康发展，提高我国市场在国际上的竞争力；同时，有利于推进大众创业、万众创新，实现创新支持创业、创业带动就业、就业增加收入的良性互动发展。

## 二、完善收入分配制度是实现共同富裕的重要路径

习近平总书记在党的二十大报告中指出，分配制度是促进共同富裕的基础性制度。坚持按劳分配为主体、多种分配方式并存，构建初次分配、再分配、第三次分配协调配套的制度体系。努力提高居民收入在国民收入分配中的比重，提高劳动报酬在初次分配中的比重。坚持多劳多得，鼓励勤劳致富，促进机会公平，增加低收入者收入，扩大中等收入群体。[①] 按照"数量增长——质量增长——共享增长"的路径实现全体人民共同富裕，走出一条符合中国实际、具有中国特色的共同富裕道路，促进人民在物质与精神上的双重富足，推动人的全面发展与社会的全面进步。

### （一）数量增长：初次分配注重效率

初次分配是指数量增长，要求在高质量发展的前提下继续做大蛋糕，激发全体人民创造财富的动力。初次分配是建立在生产体系和基本经济制度基

---

① 习近平：《高举中国特色社会主义伟大旗帜　为全面建设社会主义现代化国家而团结奋斗——在中国共产党第二十次全国代表大会上的报告》，人民出版社 2022 年版，第 46—47 页。

础上的，由生产体系的功能所决定，是按劳分配和多重要素相结合的一种分配格局。生产首先体现的是生产效率，即"做大蛋糕"。通过不断发展经济，增加就业机会，实现社会和谐与稳定的基础，同时还可以使政府掌握更大的经济调配空间。然而，这种生产要素分配模式在一定程度上拉大了居民收入差距，与"共同"的原则有所出入，但其促进社会财富不断增长的作用不容忽视，即满足了"富裕"的要求。

从时代意义来说，在我国特定的历史时期与发展阶段中，为了摆脱贫困的局面，党带领人们大力发展生产力，克服平均主义的弊端，坚持效率优先兼顾公平的原则，大力发展生产力，让部分地区与一部分人先富起来，把重心放到城市上来，大力发展城市建设，以先富带动后富，就是把社会主义经济"蛋糕"做大，并提高经济效率。经济基础决定着上层建筑的发展，经济的获得是人们得以生存的基础。不断发展经济，不仅可以为人民提供充足的就业机会，保障人们在社会中的生存与发展，还能够提升先发展区域对贫困地区的物质支持，实现区域互助，以城市反哺乡村，从而真正实现共同富裕。

初次分配遵循效率的原则，将国民收入在市场经济体系中按照各种要素在生产中的作用进行分配，比如劳动力、资本、土地和技术等，而取得这些要素必须支付一定的货币，这种货币所得就形成各要素提供者的初次分配收入。按要素分配，就是依据要素所有者提供的要素对生产的贡献度获得报酬的分配方式。其包括几个特征：首先，商品的形成是各种要素相互作用的结果，任何一种要素都是非常重要的；其次，要素所有者对于要素拥有绝对的所有权，因此，各要素的提供者都享受按照要素贡献度获得报酬的权利，其他任何部门与个体都无权进行无理侵占；最后，要素所有者获得报酬数量主要根据要素市场变化来确定，而市场价格由要素的供求关系所决定。这种生产要素分配模式展现了社会主义市场高效的资源配置模式，充分调动了各种生产要素的生产性与积极性，能够不断提升社会生产力水平，从而实现社会总财富的持续增长，以实现共同富裕。

**（二）质量增长：再次分配更加注重公平**

再次分配是指质量增长，更加注重公平，建立科学的公共政策体系，加大财政政策调节力度并提高精准性，扩大中等收入群体比重，形成中间大两头小的橄榄型的收入结构。再分配模式是政府在生产之后利用税收与财政支出在不同收入主体之间进行再分配的过程。主要通过社会保障、公共服务及一些补贴体系等实现收入分配的相互协调。相对于初次分配，它主要体现在非生产阶段。

再分配，主要依靠政府来实施，也就是说，政府通过税收、财政支出调整不同阶层、群体之间的分配水平。可以通过一系列的福利体系、社会保障体系及差别性的补贴政策等在不同经济主体、社会主体之间实现收入分配。再分配主要是政府运用"看得见的手"来分配。制度是城市建设与外来人口权利平衡最基本最有效的保障。政治制度是指社会政治领域中要求各类政治实体加以遵循的相对稳定的行为准则。[1] 它是整个制度体系的一个重要组成部分，结合经济制度、文化制度、社会制度、文化制度一同规范着社会组织与个人的行为，从而保障社会的和谐稳定与长远的发展。

二次分配具有公平的属性，其通过转移支付等形式使得社会总体财富得以再次分配，在一定程度上解决了现阶段的基本矛盾问题，即发展的不平衡和不充分问题。并一定程度上缩小了收入差距、地区差距等。同时，二次分配也具有效率的属性。初次分配实际上也是市场配置资源的一种形式，那么市场这只"无形的手"往往会出现部分失灵，降低了一部分效率，这就需要政府这只"有形的手"进行干预，即通过财政收支进行转移支付，引导要素

---

[1]　浦兴祖编：《当代中国政治制度》，复旦大学出版社 1999 年版，第 1 页。

提供者将要素投向效率更高的部门，从而提高资源配置的整体效率，对初次分配进行补充，以共同促进财富的不断增长，符合共同富裕的生产力要求。尽管二次分配兼顾公平和效率，但其更多的是发挥促进分配公平的作用，其在一定程度上不断地缩小分配的各种差距，符合"共同"二字的要求，即满足共同富裕的生产关系要求。

党的十九大报告指出，我国的经济发展已经由高速增长阶段走向高质量发展阶段，在未来的攻关期内，应集中优化经济发展结构、转变发展方式，转换增长的动力，以建设成为现代经济体系强国。[①] 经济发展是政治运行、社会和谐、文化发展的基础，不断优化经济发展结构，转变经济发展方式，保障各主体间的资源相对平等，创造公平正义的经济运行环境，才能促进经济的可持续发展，为城市的和谐与社会的稳定打下坚实的物质基础。在城市经济的发展过程中，政府应当严格遵循平等与公平的原则，在保障人民拥有平等就业机会的基础上，为弱势群体积极开展职业技术培训，为其提供免费教育、就业培训与技能培训的课程，提升其工作能力，提高相应的收入水平，以坚实其在城市中的经济基础与物质条件。

**（三）共享增长：三次分配鼓励回报社会**

三次分配是共享增长，鼓励高收入人群和企业更多回报社会，形成和谐互助的良好氛围，增强人民群众的幸福感。"三次分配"成为调节收入分配、实现共同富裕的重要方式。三次分配不同于初次分配与再次分配，主要由高收入人群在自愿基础上，以捐赠、慈善与资助等公益方式对社会资源和社会财富进行重新分配，是对初次分配和再分配的有益补充，其在一定程度上能够缩小社会差距，实现更合理的收入分配模式。三次分配是对初次分配与再

---

① 《决胜全面建成小康社会　夺取新时代中国特色社会主义伟大胜利——在中国共产党第十九次全国代表大会上的报告》，《人民日报》2017 年 10 月 28 日。

次分配的补充和完善，因为初次分配属于市场调节的范畴，二次分配属于政府调节的范畴，如果说二次分配弥补了初次分配造成的部分市场失灵，那么三次分配则可以同时弥补市场失灵和政府失灵，从而实现更为合理的财富分配格局，进而有利于实现"共同富裕"大目标。未来，初次分配、再分配、三次分配协调配套将成为我国新的分配基础性制度。

三次分配是高收入群体通过慈善公益方式实现对于低收入群体的帮扶。三次分配离不开两大体系。一是激励体系，包括社会道德舆论、税收体系，特别是财产税、遗产税和捐赠税收减免政策等；二是保障体系，需要政府形成有效的信托法律制度，同时，还要有一些非营利性法人，特别是慈善团体承担慈善捐赠的收集、转移和分配等活动。实现有效的三次分配，应当符合以下几个方面：首先，三次分配应当满足自愿与公平的原则，在政府的政策下积极引导高收入群体与资本得利者等参与社会公益行动，做到这部分群体的积极性。其次，第三次分配对相应的激励体系、慈善政策、税收政策及法律保障机制提出了更高的要求，在税收方面，完善相应的累进所得税、财政税、税收减免等措施，并完善相应的激励体系。同时，需要进一步弘扬公益慈善文化，在全社会营造浓郁的人文关怀氛围，从道德层面加强对践行社会责任优良传统的传承发扬。习近平总书记在《扎实推动共同富裕》中指出，坚持以人民为中心的发展思想，在高质量发展中促进共同富裕，正确处理效率与公平的关系，构建初次分配、再分配、三次分配协调配套的基础性制度安排，加大税收、社保、转移支付等调节力度并提高精准性，扩大中等收入群体比重，增加低收入群体收入，合理调节高收入，取缔非法收入，形成中间大、两头小的橄榄型分配结构，促进社会公平正义，促进人的全面发展，使全体人民朝着共同富裕目标扎实迈进。①

---

① 习近平：《扎实推动共同富裕》，《求是》2021年第20期。

## 三、促进区域协调发展是推动共同富裕的主要环节

进入社会主义新时代，我国社会的主要矛盾已经转化为人们日益增长的美好生活需要和不平衡不充分发展之间的矛盾。习近平同志指出："当前，我国发展不平衡不充分问题仍然突出，城乡区域发展和收入分配差距较大，促进全体人民共同富裕是一项长期任务，但随着我国全面建成小康社会、开启全面建设社会主义现代化国家新征程，我们必须把促进全体人民共同富裕摆在更加重要的位置，脚踏实地，久久为功。"[①] 区域差距、城乡差距以及居民收入的差距等体现的不平衡问题日益突出。党领导人民打赢脱贫攻坚战，全面建成小康社会，为实现共同富裕创造了前所未有的条件。

**（一）区域协调**

国家十四五规划中关于二〇三五基本实现社会主义现代化远景目标对基本实现公共服务均等化提出了具体要求，如"城乡区域发展差距和居民生活水平差距显著缩小""人民生活更加美好，人的全面发展、全体人民共同富裕取得更为明显的实质性进展"。习近平总书记在党的二十大报告中也强调促进区域协调发展，深入实施区域协调发展战略、区域重大战略、主体功能区战略、新型城镇化战略，优化重大生产力布局，构建优势互补、高质量发展的区域经济布局和国土空间体系。[②] 现阶段我国的发展不平衡不充分问题仍然突出，经济发展面临巨大压力，改革发展稳定任务艰巨繁重。需要坚持走中国特色社会主义发展道路，缩小区域发展差距，把促进全体人民共同富裕摆在更加重要的位置，推动社会全面协调可持续的发展。

---

[①] 《中共中央关于制定国民经济和社会发展第十四个五年规划和二〇三五年远景目标的建议》，《人民日报》2020 年 11 月 4 日。

[②] 习近平：《高举中国特色社会主义伟大旗帜　为全面建设社会主义现代化国家而团结奋斗——在中国共产党第二十次全国代表大会上的报告》，人民出版社 2022 年版，第 31—32 页。

在高质量发展中解决区域发展不平衡不充分的问题，是实现国家富强与经济腾飞的重要举措、内在要求和应有之义，不仅关系到人民的生活质量与社会条件提升，更是国家关心的重大政治问题，关系到共同富裕这个重要战略目标的实现。现阶段，我们应当充分认识到，区域发展不平衡是我国的基本国情。近年来，我国对欠发达地区的扶持力度不断加大。中央加快对革命老区、民族地区、边疆地区、贫困地区的经济支持，引导发达地区通过对口支援、社会捐助等方式帮扶欠发达地区。同时，我国中西部地区虽然在投资规模、经济增长速度等方面高于全国平均水平，但是地区发展差距依然较大，中西部地区经济持续增长的基础仍然比较脆弱，在经济增长的质量和效益、社会发展指标、生态环境等方面与东部地区还存在很大差距。解决好区域问题，不仅关系到不同地区比较优势的发挥，关系到宏观经济的稳定性和协调性，而且关系到中华民族的向心力与凝聚力，加大对欠发达地区扶持力度，充分发挥我国社会主义制度的优越性，保证人民群众共享改革发展成果，逐步实现共同富裕。

区域自然条件和资源禀赋差异较大、发展不平衡不充分是我国的基本国情，其中，区域经济差距成为发展不平衡不充分的主要表现之一。东西部、南北方地区经济分化呈现逐渐加大趋势，成为当前我国区域发展需要关注的新问题。推动东西部、南北区域经济协调发展，有利于缓解区域分化日趋严重的局面，实现更大范围、更深层次的均衡发展，这正是推动改革发展成果更多更公平惠及全体人民的题中之义，也是建设国民经济现代化体系的重大举措。在当前我国经济由高速发展转向高质量发展阶段，实施区域经济协调发展，不仅有利于促进生产要素自由流动，提升区域间互联互通、充分发挥比较优势，进而实现更高质量、更高效率、更可持续的发展；还是共建统一大市场构建新发展格局的客观需要，有利于打通制约经济循环的关键堵点，促进商品要素资源在更大范围内畅通流动和优化配置，加快建设高效规范、公平竞争、充分开放的市场体系，服务构建我国高水平社会主义市场经济体制。

**（二）城乡共建**

中国特色社会主义进入新时代最大的发展不平衡是城乡发展不平衡，最大的发展不充分是农业农村发展不充分。2013年，习近平总书记在十八届三中全会上指出，城乡二元结构是制约城乡发展一体化的主要障碍。必须健全体制机制，形成以工促农、以城带乡、工农互惠、城乡一体的新型工农城乡关系，让广大农民平等参与现代化进程、共同分享现代化成果。<sup>①</sup> 就现实条件来讲，城市作为资源的集中地与经济建设的中心，在历史发展中发展城市建设具有一定的先行性。城市作为国家发展与经济建设的重要支柱，在一定程度上代表了国家的发展水平与经济水平的高度。实现共同富裕需要加快完善城乡发展一体化体制机制，促进城乡要素平等交换和公共资源均衡配置，形成以工促农、以城带乡、工农互惠、城乡一体的新型工农、城乡关系。

共同富裕是城市与乡村的共同富裕。中国特色社会主义进入新时代，而我国城乡区域发展和收入分配差距仍然较大，统筹推进城乡一体化是共同富裕的应有之义，也是创新和完善乡村治理的重要举措。推动城乡一体化需要统筹布局城市与乡村之间的合作发展模式，从多层次多方面加以推进。乡村发展是我国全面发展的重要方面。解决好乡村发展问题，就抓住了城乡关系矛盾解决的关键。胡锦涛同志在十八大报告中指出，共同富裕是中国特色社会主义的根本原则。走上共同富裕道路的重心在于农村发展，指出解决好农业农村农民问题是全党工作的重中之重。引导和帮助农民走上共同富裕的道路，是发展经济问题的重要方面。要加大统筹城乡发展力度，增强农村发展活力，逐步缩小城乡差距，促进城乡共同繁荣。在新民主主义革命时期，反

---

① 《中共中央关于全面深化改革若干重大问题的决定》，《人民日报》2013年11月13日。

动派力量薄弱的农村成为中国共产党立足、发展的根据地，农民是武装革命的基本力量；社会主义革命和建设时期，中国共产党进一步推进马克思主义城乡关系理论中国化，缓和城乡矛盾，改善城乡关系，实施城乡兼顾，将解决乡村发展问题作为全党工作的重中之重，通过新农村建设、脱贫攻坚和乡村振兴战略实施等，"强化以工补农、以城带乡，推动形成工农互促、城乡互补、协调发展、共同繁荣的新型工农城乡关系，加快农业农村现代化"，既充分肯定和尊重中国农民为国家工业化、城镇化作出的巨大牺牲和贡献，同时又始终坚持新型城镇化方向和目标，走出了一条"农村支撑城市—城乡统筹发展—城市反哺农村—城乡融合一体"的城乡关系发展之路。

中国共产党始终围绕中华民族伟大复兴战略全局处理城乡关系，服务站起来、富起来、强起来的阶段性目标任务。推进城乡共建应当始终坚持党的领导。中国共产党的领导是我国特色社会主义最本质的特征，也是促进我国城乡共建的坚实保障。在革命战争年代，党根据国家需要，在城市与农村发动广大工人与农民积极参与革命斗争，组织武装起义，为国家发展打下了坚实的群众基础，走出农村包围城市，武装夺取政权的革命奋斗之路；在社会主义建设时期，党带领人民积极参与到生产建设中来，为生产发展奠定了坚实的经济基础。同时，党不断提升组织力，在城市与农村建立健全基层党组织，确保了党中央决策部署贯彻落实和城乡社会的稳定；到了改革开放时期，党领导人民从农村起始，然后逐步延伸到城市地区，进行了全方位、多层次与体系化的改革，逐步调整完善了城乡关系；党的十八大以来，党依靠上下贯通、执行有力的组织体系，层层落实，确保脱贫攻坚、消除绝对贫困、全面建成小康社会第一个百年奋斗目标的实现，并有效衔接乡村振兴战略实施，城乡共建得到进一步的贯彻与落实。

推进城乡共建，首先，应贯彻落实共同富裕的发展战略，推动城乡、区域与居民间的共同富裕，缩小社会差距，防止社会两极分化；其次，促进城乡联动发展，推进村域共治，统筹布局县城、中心城镇与行政村的公共基础设施建设，并逐渐完善城乡居民基本医疗保险制度、基本养老保险制度、最低生活保障制度与社会服务体系等；再次，加快打通人才、资本、信息、科技等要素在城乡间双向流动和平等交换，激活乡村振兴的内在活力，创新农业生产模式，推动城乡一体化建设；最后，建立多层次的乡村社区公共服务保障体系，加强城市社区与乡村社区的合作与交流，推动公共服务延伸到村组、家庭，提升乡村社区公共服务的广泛性与可及性。

共同富裕是全体人民的共同富裕，而不是少数人的富裕，也不是片面的平均主义。随着时代的发展与科技的进步，尤其是产业化时代变革推动了经济的快速发展，使得我国经济形态呈现快速腾飞的一面，由此也带来了一些负面影响，区域之间的发展失衡、城乡之间的分离以及收入分配差距的加大在一定程度上阻碍了共同富裕的实现路径。坚持在贯彻新发展理念、构建新发展格局、实现高质量发展的基础上，推动共同富裕取得更为明显的实质性进展。

共同富裕是全体人民的富裕，是人民群众物质生活和精神生活富裕。坚持物质富裕与精神富裕统一推进，人民对美好生活的向往涵盖了经济、政治、文化、社会、生态等各个方面。要在缩小城乡、区域、居民收入差距、提高城乡居民收入的同时，不断满足人民群众多样化、多层次、多方面的精神需求，树立社会主义道路自信、理论自信、制度自信和文化自信。同时，我们要充分认识促进共同富裕的重大意义，推动共同富裕持续取得新进展，为全面建设社会主义现代化强国奠定坚实基础。

# 第五章　新时代实现共同富裕的政治保障

习近平总书记指出，共同富裕"不仅是经济问题，而且是关系党的执政基础的重大政治问题"①。党的十九届五中全会把"人民生活更加美好，人的全面发展、全体人民共同富裕取得更为明显的实质性进展"作为 2035 年基本实现社会主义现代化远景目标的重要内容。党的二十大又将共同富裕纳入中国式现代化的目标特征、本质要求与战略部署之中。以习近平同志为核心的党中央从坚持和发展中国特色社会主义、全面建设社会主义现代化国家、建设长期执政的马克思主义政党的高度，深刻阐明了实现共同富裕的极端重要性。对于共同富裕这一重大政治问题，应当从政治上统筹考虑和协同推进，主要包括：加强理念指引，为实现共同富裕提供基本遵循；发挥制度优势，为实现共同富裕提供有力支撑；优化政策措施，为实现共同富裕提供科学路径；强化自我革命，为实现共同富裕提供政治保障。

## 一、加强理念指引，为实现共同富裕提供基本遵循

理念是行动的先导，不仅规定着行动的起点和方向，而且也持续激发着组织的内在动力。作为中国共产党的一项政治承诺和持续推进的一项历史进

---

① 习近平：《论把握新发展阶段、贯彻新发展理念、构建新发展格局》，中央文献出版社 2021 年版，第 9 页。

程，实现共同富裕必须要加强理念指引。具体来看，"为人民谋幸福，为民族谋复兴"的初心使命、以人民为中心的发展思想和新发展理念构成推进共同富裕所必需的三大主要理念，它们为实现共同富裕提供了基本遵循。

**（一）践行党的初心使命**

初心是指做某事的最初原因和愿望。其实，每个人都有一颗初心的种子，组织也不例外。中国共产党一经成立，便将"为人民谋幸福，为民族谋复兴"确立为自己的初心使命。它是党的性质宗旨、理想信念、奋斗目标的集中体现，回答了中国共产党"从哪里来、到哪里去""为什么人，做什么事"的问题。一百年来，中国共产党不忘初心、牢记使命，始终为实现国家繁荣富强、人民共同富裕而不懈奋斗。

新民主主义革命时期，党领导人民浴血奋战、百折不挠，反对帝国主义、封建主义、官僚资本主义，争取民族独立、人民解放，实现了中国从几千年封建专制政治向人民民主的伟大飞跃。社会主义革命和建设时期，党领导人民解放思想、锐意进取，实现从新民主主义到社会主义的转变，进行社会主义革命，推进社会主义建设，实现了中华民族有史以来最为广泛而深刻的社会变革，实现了一穷二白、人口众多的东方大国大步迈进社会主义社会的伟大飞跃。改革开放和社会主义现代化建设新时期，党领导人民自力更生、发愤图强，继续探索中国建设社会主义的正确道路，解放和发展社会生产力，使人民摆脱贫困、尽快富裕起来，实现了人民生活从温饱不足到总体小康、奔向全面小康的历史性跨越，推进了中华民族从站起来到富起来的伟大飞跃。中国特色社会主义新时代，党领导人民自信自强、守正创新，实现了第一个百年奋斗目标，在中华大地上全面建成了小康社会，历史性地解决了绝对贫困问题，正在意气风发向着全面建成社会主义现代化强国的第二个百年奋斗目标迈进，中华民族迎来了从站起来、富起来到强起来的伟大飞跃。

促进全体人民共同富裕是党的初心使命在中国特色社会主义新时代的继承延续和集中体现。党秉承初心使命，向人民兑现了全面小康的政治承诺，也一定能够继续守初心、担使命，顺利实现共同富裕的奋斗目标。这就要求我们党时刻将促进全体人民共同富裕作为新时代新征程上为人民谋幸福的着力点，逐步构建不忘初心、牢记使命的制度。一方面要将制度内化于心，遵守党章、恪守信念。坚持用共产主义远大理想和中国特色社会主义共同理想凝聚全党、团结人民，用习近平新时代中国特色社会主义思想武装全党、教育人民、指导工作，夯实党执政的思想基础。把不忘初心、牢记使命作为加强党的建设的永恒课题和全体党员、干部的终身课题。坚持不懈锤炼党员、干部忠诚干净担当的政治品格。另一方面要将制度外化于行，全面贯彻共同富裕方针政策，更加自觉主动地解决地区差距、城乡差距、收入差距等问题，推动社会全面进步和人的全面发展，促进社会公平正义，让发展成果更多更公平惠及全体人民。

### （二）坚持以人民为中心的发展思想

习近平总书记强调，要坚持以人民为中心的发展思想，在高质量发展中促进共同富裕。这一重要论述指出了以人民为中心的发展思想对于实现共同富裕的重要性。作为指引性的思想理念，以人民为中心不仅规范着共同富裕的目标内涵，同时也充当了这一历史进程的内在动力。

历史唯物主义强调的是一种群众史观，即人民是历史的真正创造者，群众是真正的英雄，是推动历史前进的真正动力。2015 年 10 月在北京召开的党的十八届五中全会，通过了《中共中央关于制定国民经济和社会发展第十三个五年规划的建议》。《建议》强调，必须坚持以人民为中心的发展思想，把增进人民福祉、促进人的全面发展作为出发点和落脚点，发展人民民主，维护社会公平正义，保障人民平等参与、平等发展权利，充分调动人民积极性、主动性、创造性。由此，以人民为中心的发展思想首次被提出来，并在后续的政治局集体学习、领导人公开讲话、十九大政治报告、法规政策文件中均有所体现。在党的二十大报告中，以人民为中心正式成为全面建设社会主义现代化国家必须牢牢把握的五项重大原则之一。以人民为中心的发展思想是新时代坚持群众史观的具体体现。

马克思主义政治经济学认为经济发展不只是经济问题，同时也是政治问题。谁之发展，为谁发展，靠谁发展，是必须要首先确定好的。资本主义追求的是一种以资本为中心的经济发展，而社会主义应该追求一种以人民为中心的经济发展，这是马克思主义政治经济学的根本立场。一百多年来，党团结带领人民进行革命、建设、改革，就是为了民富国强。比如改革开放之初，允许一部分人先富起来，先富带动后富、最终实现共同富裕。共同富裕是全体人民的富裕，不是少数人的富裕；是人民群众物质生活和精神生活协调富裕，不是仅仅物质上富裕而精神上空虚；是仍然存在一定差距的共同富裕，不是整齐划一的平均主义同等富裕。正是坚持了以人民为中心的发展思想，我国经济社会发展取得辉煌成就的同时，人民生活也发生了翻天覆地的变化。

由此论之，作为一项政治经济历史进程，扎实推进共同富裕必须坚持以人民为中心的发展思想，这既是历史唯物主义的必然逻辑，也是马克思主义政治经济学的内在要求，既体现了中国特色社会主义制度的政治底色，也反映了我们党一贯坚持的性质宗旨。在推进共同富裕中，坚持以人民为中心的发展思想，就要求我们党必须全心全意为人民服务，把以人民为中心贯彻到政治经济工作的全过程。维护好、发展好、实现好人民的切身利益，不断提高人民生活水平，满足人民群众对美好生活的向往。把增进民生福祉作为发展的根本目的。践行全过程人民民主，切实保障人民当家作主。走好群众路线，通过组织群众、宣传群众、凝聚群众、服务群众来推进共同富裕。大力培育和践行凝结着全体人民共同价值追求的社会主义核心价值观，逐步实现群众精神上的"富足"。

**（三）贯彻新发展理念**

习近平总书记指出："发展理念是否对头，从根本上决定着发展成效乃至成败。实践告诉我们，发展是一个不断变化的进程，发展环境不会一成不变，发展条件不会一成不变，发展理念自然也不会一成不变。"①2015 年 10 月，习近平总书记在党的十八届五中全会上提出了创新、协调、绿色、开放、共享的新发展理念。党的二十大报告指出，"贯彻新发展理念是新时代我国发展壮大的必由之路。"② 新发展理念是我们党在深刻总结国内外发展经验教训的基础上形成的规律认知，也是我国进入新发展阶段后发展思路、发展方向、发展着力点的集中体现。全体人民共同富裕是新发展阶段所要实现的重要目标，因此必须要贯彻新发展理念。

创新为共同富裕解决发展动力问题。促进收入增长、推进共同富裕的基础是经济发展，经济发展的速度、效能和可持续性则依赖于发展的动力，而创新是引领发展的第一动力。这就要求我们一方面通过理念创新、科技创新、机制创新等一系列创新，更好地发挥创新对于促进高质量经济增长、高质量就业、扩大中等收入群体规模的重要作用；另一方面，要把创新思维贯穿于共同富裕的各个环节、各个方面，坚持创新驱动发展战略不动摇。

协调为共同富裕解决发展不平衡问题。协调是经济社会健康发展的内在要求，推动物质文明、政治文明、精神文明、社会文明、生态文明全面协调发展是新时代共同富裕的基本内涵。这就要求我们正确处理经济发展中的重大关系，重点推动区域、城乡以及社会各阶层、各行业之间协调发展，综合

---

① 习近平：《论把握新发展阶段、贯彻新发展理念、构建新发展格局》，中央文献出版社 2021 年版，第 39 页。

② 习近平：《高举中国特色社会主义伟大旗帜　为全面建设社会主义现代化国家而团结奋斗——在中国共产党第二十次全国代表大会上的报告》，人民出版社 2022 年版，第 70 页。

推进教育就业、医疗卫生、社会保障、文化权益等领域的普遍进步。此外，还需要通过进一步优化和完善分配体系，提升初次、再次、三次分配协调程度。

绿色为共同富裕擘画人与自然和谐发展之路。人与自然和谐共生是关系人类永续发展的重大问题。工业文明给人类带来了巨大的经济财富，但是也破坏了生存和发展所依赖的自然环境，美好生活愿景折损。我们所追求的共同富裕是不以牺牲环境为代价的富裕，是一种人富景美的美好生活。这就要求我们牢固树立绿色发展思想，坚定不移推进生态文明建设，坚持可持续发展，坚定走生产发展、生活富裕、生态良好的发展道路，加快建设资源节约型、环境友好型、绿色低碳型社会，构建政府主导、企业主体、社会组织和公众共同参与的环境治理体系，切实推动社会生产和人民生活的绿色转型，努力实现"2030 碳达峰"和"2060 碳中和"的愿景目标。

开放为共同富裕构建国内国际双循环相互促进的发展格局。中国经济持续发展，居民财富不断增加，一个重要原因就是全球化。当前，我国经济已经深度融入世界经济体系之中，"你中有我，我中有你"的经济格局已经形成。共同富裕当然也要在这种格局中实现。因此要求我们构建以国内大循环为主体、国内国际双循环相互促进的新发展格局，坚持开放的基本国策不动摇，维护贸易多边主义，促进贸易和投资自由化便利化，维护全球产业链供应链顺畅稳定，大力培育我国参与国际合作和竞争的新优势，为推动全体人民实现共同富裕贡献"开放"的力量。

共享为实现共同富裕指明路径。习近平总书记指出："共享理念实质就是坚持以人民为中心的发展思想，体现的是逐步实现共同富裕的要求。"[1] 我

---

① 习近平：《论把握新发展阶段、贯彻新发展理念、构建新发展格局》，中央文献出版社 2021 年版，第 95 页。

国的共同富裕是建立在党的坚强领导下，以人民为中心，坚持全民共享、全面共享、共建共享基础上的共同富裕，是通过不断实现、保障、发展最广大人民的根本利益得以实现的共同富裕。这就要求我们必须充分发挥市场在资源配置中的决定性作用，不断把"蛋糕"做大。同时也要更好发挥政府作用，进一步加强公共事业建设，巩固实现共建共享的软硬件基础，扩大公共消费规模，提高公共消费质量，着力解决落后地区和薄弱领域的公共基础设施和公共服务体系短板问题。此外，还要积极倡导社会力量参与其中，鼓励由高收入人群在自愿基础上，以募集、捐赠和资助等慈善公益方式对社会资源和社会财富进行第三次分配。通过共享发展使全体人民有更多的获得感，促进社会公平正义，凝聚社会共同体。

## 二、发挥制度优势，为实现共同富裕提供有力支撑

共同富裕是一个具有长期性、艰巨性、复杂性的历史任务，是一项系统性工程。要实现这个宏伟目标，就必须具备既有活力又持久稳定的制度作为支撑条件。我国社会主义制度具有非凡的组织动员能力、统筹协调能力、贯彻执行能力，能够集中力量办大事、办难事。发挥我国的制度优势，就能为实现共同富裕提供有力支撑。具体来看，主要包含三方面：加强党的领导、完善国家制度和治理体系、探索共同富裕制度化路径。

### （一）加强党对推进共同富裕的领导

中国共产党领导是中国特色社会主义最本质的特征，是中国特色社会主义制度的最大优势。党是最高政治领导力量，是中国特色社会主义事业的领导核心。作为一项具有重大意义的政治事业，推进共同富裕必须坚持党的领导。

加强党的集中统一领导确保共同富裕高效推进。事在四方，要在中央。中国的共同富裕是一个由 9000 多万党员组成的政党带领 14 亿多人口开创的

人类历史上最为宏大、最为复杂、最为迷人的事业之一。这项伟大事业必须要有一个统一的、权威的指挥系统，而党中央的角色正好契合了这个要求。党中央的集中统一领导使得全党在推进共同富裕这项事业上思想更加统一、政治更加团结、行动更加一致，党的政治领导力、思想引领力、群众组织力、社会号召力显著增强。总而言之，有了党中央集中统一领导，才会集中力量推进共同富裕。因此，必须增强"四个意识"、坚定"四个自信"、做到"两个维护"。建立党中央领导共同富裕的体制机制，必要时可设立专门的决策议事协调机构，保证共同富裕顶层设计、总体布局、统筹协调、整体推进、督促落实。

加强党的全面领导确保共同富裕协调有序。党政军民学、东西南北中，党是领导一切的。党始终处于总揽全局、协调各方的地位，发挥着把方向、谋大局、定政策、促改革的作用。共同富裕涉及领域多、范围广、人口众，必须加强党的全面领导，依靠政治力量号令四面、组织八方，充分协调中央与地方、全局与局部、整体与个体的关系，合力调配各种政策、资源、要素、力量，做到总体把握、一体推进、精准施策，加快解决发展不平衡不充分问题。因此人大、政府、政协、监察机关、审判机关、检察机关、武装力量、人民团体、企事业单位、基层群众自治组织、社会组织等要在党的领导下分工负责，协同合作，一体推进；统筹推进"五位一体"总体布局、协调推进"四个全面"战略布局；践行群众路线，为了群众、相信群众、依靠群众、引领群众，深入群众、深入基层，把尊重民意、汇集民智、凝聚民力、改善民生贯穿到推进共同富裕工作之中，提高党带领群众走共同富裕之路的能力和水平；协调政策、物力、财力等资源的同时，注重发挥党管人才的组织引领作用，始终把选拔任用各级党组织中的"关键少数"抓好抓实，及时发现、科学选拔出德才兼备的好干部，强化基层党组织的战斗堡垒作用，发挥出好干部的模范带头作用，久久为功，确保共同富裕协调有序。

### （二）以完善国家制度和治理体系促进共同富裕

2013 年 11 月召开的党的十八届三中全会，明确提出全面深化改革的总目标是完善和发展中国特色社会主义制度、推进国家治理体系和治理能力现代化。这被学界认为是中国的"第五个现代化"[1]。六年之后，党的十九届四中全会就此重大命题进行了专门研究，并通过了《中共中央关于坚持和完善中国特色社会主义制度　推进国家治理体系和治理能力现代化若干重大问题的决定》。《决定》提出要坚持和完善中国特色社会主义制度、推进国家治理体系和治理能力现代化，到 2035 年，各方面制度更加完善，基本实现国家治理体系和治理能力现代化；到新中国成立 100 年时，全面实现国家治理体系和治理能力现代化，使中国特色社会主义制度更加巩固、优越性充分展现。由此可见，实现共同富裕的进程是与第五个现代化的进程相一致的，或者从某种程度上来讲，实现共同富裕要依托于完善国家制度和治理体系这一进程。经过新中国成立以来的制度建设，我国已形成由根本制度、基本制度、重要制度构成的制度体系，为推动共同富裕提供了可靠的制度保障。

根本制度是在中国特色社会主义制度体系中起着奠基础、定方向、管全局作用的制度，在推进共同富裕进程中不能有丝毫动摇，包括人民代表大会制度这一根本政治制度、马克思主义在意识形态领域指导地位的根本制度以及党的领导制度这一根本领导制度。它们在根本上反映着共同富裕的规定性。

基本制度是从不同领域和方面维持并推动着制度体系正常运行的制度群。包括基本经济制度、基本政治制度和其他领域的基本制度。我国基本经济制度坚持公有制为主体、多种所有制共同发展，这是推动共同富裕的所有

---

[1]　李景鹏：《关于推进国家治理体系和治理能力现代化——"四个现代化"之后的第五个"现代化"》，《天津社会科学》2014 年第 2 期。

制基础。实行按劳分配为主体、多种分配方式并存，这是推动共同富裕的分配制度基础。尤其是分配制度在新时代愈加受到重视，扩展了社会主义基本经济制度的内涵，这也是推进共同富裕的应有之义。党的二十大报告强调，"坚持按劳分配为主体、多种分配方式并存，构建初次分配、再分配、第三次分配协调配套的制度体系。"[①] 基本政治制度包括中国共产党领导的多党合作和政治协商制度、民族区域自治制度以及基层群众自治制度等。它们能够集聚各方力量推进共同富裕，同时提供稳定的政治环境。除基本经济制度、基本政治制度以外，推进共同富裕还要坚持党的领导基本制度和基本文化制度、基本社会制度、基本生态文明制度、基本军事制度、基本外事制度等，它们为实现共同富裕提供基本的外部支撑。

重要制度是在根本制度、基本制度统领下保障制度正常运转和有效发挥作用的具体制度及相应的体制机制、法律法规安排等。它涵盖党的领导、政治、法治、行政、经济、文化、民生、社会、生态、军队、国家统一、外交、监督等国家治理和社会生活的方方面面，而且在每一方面又都涉及不同领域、不同层次。重要制度在实践上对推进共同富裕有更强的指导性。习近平总书记指出："制度更加成熟更加定型是一个动态过程，治理能力现代化也是一个动态过程，不可能一蹴而就，也不可能一劳永逸。"[②] 因此，要以全面深化改革为动力，不断完善国家制度和治理体系，发挥社会主义制度优势，为实现共同富裕创造有利条件。

**（三）探索共同富裕的制度化路径**

习近平总书记指出："以实践基础上的理论创新推动制度创新，坚持和完善现有制度，从实际出发，及时制定一些新的制度，构建系统完备、科学

---

① 习近平：《高举中国特色社会主义伟大旗帜　为全面建设社会主义现代化国家而团结奋斗——在中国共产党第二十次全国代表大会上的报告》，人民出版社 2022 年版，第 47 页。

② 《习近平谈治国理政》第 1 卷，外文出版社 2018 年版，第 74 页。

规范、运行有效的制度体系。"①实践与制度的相互建构与良性循环集中体现了中国特色社会主义制度的生命力。党的十八大以来，我们党积累了实践中的好经验、好做法，并将其常态化、长效化，建构起了新的制度，如全面从严治党制度、"不忘初心、牢记使命"制度、党史学习教育制度等。作为一项长期工作，推进共同富裕也需要在积累好的经验做法的基础上建立相应制度，引导规范各方的行为，保障共同富裕目标的实现。

2021年12月8—10日召开的中央经济工作会议，习近平总书记提出了需要正确认识和把握的五个重大理论和实践问题，而共同富裕被放置在首位。会上习近平总书记关于共同富裕的重要讲话为构建共同富裕制度提供了总体框架。

一是要正确认识和把握实现共同富裕的战略目标和实践途径。实现共同富裕是在党领导全国人民"全面实现第一个百年奋斗目标"基础上"开启实现第二个百年奋斗目标"的重要内容之一。二是在我国社会主义制度下，既要不断解放和发展社会生产力，不断创造和积累社会财富，又要防止两极分化。三是实现共同富裕目标，要通过全国人民共同奋斗把"蛋糕"做大做好，通过合理的制度安排把"蛋糕"切好分好。四是共同富裕是一个长期的历史过程，要稳步朝着这个目标迈进。中国特色共同富裕的实践、制度、道路并不是一蹴而就的，而是寓于新时代全面建设社会主义现代化国家和全面推进乡村振兴伟大实践的整个过程和整个时期。五是要在推动高质量发展中强化就业优先导向，提高经济增长的就业带动力。劳动致富是共同富裕的重要路径，这主要取决于就业岗位的提供，就业岗位的提供又以经济社会发展为前提。六是要发挥分配的功能和作用，坚持按劳分配为主体，完善按要素

---

① 习近平：《紧紧围绕坚持和发展中国特色社会主义学习宣传贯彻党的十八大精神——在十八届中共中央政治局第一次集体学习时的讲话》，人民出版社2012年版，第5页。

分配政策，加大税收、社保、转移支付等的调节力度。改革开放以来，初次分配和再次分配为推进共同富裕做出了巨大贡献，同时我们也积累了不少有益经验。七是支持有意愿有能力的企业和社会群体积极参与公益慈善事业。完善第三次收入分配制度，是推进共同富裕道路上必须要加以重视的课题。八是要坚持尽力而为、量力而行，完善公共服务政策制度体系，在教育、医疗、养老、住房等人民群众最关心的领域精准提供基本公共服务。

### 三、优化政策措施，为实现共同富裕提供科学路径

中国特色社会主义制度为实现共同富裕提供了有力支撑，其在宏观层面发挥着重要作用。然而在实践中推进共同富裕，还必须在政策措施上进行优化，将制度优势真正转化为共同富裕的效能。在坚持和完善中国特色社会主义制度，推进国家治理体系和治理能力现代化的进程中，坚持长期战略、中期规划与短期策略相统一，宏观指导、示范引领与因地施策相结合，政策制定、政策执行与政策评估相衔接，这些是实现共同富裕的科学路径。

#### （一）长期战略、中期规划与短期策略相统一

共同富裕是一个总体概念，不仅面向全体人民，而且也涉及经济、政治、文化、社会和生态"五位一体"总体布局。对于实现共同富裕这项长期性和系统性的历史工程，习近平总书记强调"要深入研究不同阶段的目标，分阶段促进共同富裕"[①]。因此，共同富裕是阶段性目标和最终目标的有机结合，应该在尊重经济社会客观发展规律的基础上，按照循序渐进、尽力而为、量力而行的原则稳妥地推进共同富裕。从时间上看，共同富裕不是所有人都同时富裕，而是先富人群带动后富人群；从空间上看，共同富裕不是所有地区同时达到一个相同的富裕水准，而是先富地区带动后富地区；从程度

---

① 习近平：《扎实推动共同富裕》，《求是》2021 年第 20 期。

上看，共同富裕不是所有人无差别的同等富裕，而是不同人群实现富裕的程度有高有低。

党的十九大以来，以习近平同志为核心的党中央对实现共同富裕作出了总体部署，可划分为短期、中期与长期三个阶段。短期来看，到 2025 年，促进共同富裕的体制机制初步建立，全体人民共同富裕迈出坚实步伐。具体如：就业收入、民生福祉、人居环境、预期寿命达到新水平。初次分配中劳动者报酬占比提高，中等收入群体规模扩大，基本公共服务均等化水平提高，多层次社会保障体系更加健全。居民人均可支配收入增长与国内生产总值增长基本同步，市场主体活力、技术数据等要素潜力、创新创业动力显著增强。共同富裕政策体系基本健全。脱贫攻坚成果巩固拓展，税收和转移支付体系更加合理，户籍改革和社会保障统筹取得实质性进展。中期来看，到 2035 年，人均国内生产总值达到中等发达国家水平，促进共同富裕的体制机制基本确立，基本公共服务实现均等化，人的全面发展、全体人民共同富裕取得更为明显的实质性进展。具体如：收入水平、幸福指数、国民素养有了明显的进步，形成人与自然和谐发展的格局。中等收入群体在总人口中占多数，城乡区域发展差距和居民生活水平差距显著缩小。人民平等参与、平等发展和财产权利得到公平充分保障，各类要素参与分配的市场化机制全面完善。与现代化相适应的税收和转移支付体系全面建立。长期来看，到 2050 年，我国综合国力领先，实现共同富裕的体制机制全面建立，全体人民共同富裕基本实现。城乡差距消失，区域差距显著缩小，全民富裕生活达到新层次，人民共享更加幸福安康的生活。按照长期目标，当前推进共同富裕需要实施若干重大战略，如创业就业促进战略、全民全生命周期人力资本提升战略、创新驱动发展战略、产业高质量发展战略、区域协调发展和城乡融合发展战略、乡村振兴战略、生态文明建设等。

**（二）宏观指导、示范引领与因地施策相结合**

我国是一个统一的、多民族的、单一制的社会主义国家。国家的大政方针、重大战略、法规政策等都由中央来统一制定。因此，对于共同富裕这项国家重大战略，中央起着宏观指导的作用。不过，中国地方差异较大是一个不争的事实，而且共同富裕也是一条"前人没有走过的路"，因此地方自主性就显得十分必要了。研究中国政治经济学的德国学者韩博天（Sebastian Heilmann）将"政策试点"视为中国独特的治理和制度创新[①]，在新中国成立以来为推动经济社会发展发挥了巨大作用。对于共同富裕而言，有必要发挥政策试点的制度优势，创建共同富裕示范引领区，创新做法、积累经验，最终上升到国家政策，进行推广扩散，这也是循序渐进推进共同富裕的科学路径。当然，基层是推进共同富裕最直接的参与者、最广泛的行动组织，也是差异性最大的单元。因此，必须坚持实事求是，重视基层，尊重差异，保护创新，鼓励因地施策。

在宏观指导方面，党中央集中统一领导，国务院统筹决策。习近平总书记就扎实推动共同富裕发表了一系列重要论述，为促进全体人民共同富裕提供了根本遵循和行动指南。国务院制定统一政策，出台《促进共同富裕行动纲要》，各部门抓好落实。

在示范引领方面，扎实推动浙江示范区建设。2021年6月，《中共中央 国务院关于支持浙江高质量发展建设共同富裕示范区的意见》发布，正式开启了共同富裕政策试点的历程。选定浙江省为共同富裕示范区，因为该省在探索解决发展不平衡不充分问题方面取得了明显成效，具备开展共同富裕示范区建设的基础和优势，也存在一些短板弱项，具有广阔的优化空间和发展潜力。意见对推进共同富裕指导思想、工作原则、战略定位、发展目标、实践

① ［德］韩博天：《红天鹅：中国独特的治理和制度创新》，石磊译，中信出版社2018年版。

路径、保障措施等进行了规定，为浙江先行先试共同富裕之路提供了方向。一个月后，《浙江高质量发展建设共同富裕示范区实施方案（2021—2025年）》公布，这走出了共同富裕先行先试的第一步。接下来，中央应该统筹协调相关部门和单位进一步形成合力，建立健全上下联动、高效协同的抓落实机制，聚焦重点问题和关键环节，加快专项领域的政策文件出台，不断完善"1+N"的政策体系。会同浙江省和有关部门建立健全示范推广机制，协调推进相关的重大任务举措，及时总结示范区建设的好经验好做法，归纳提炼体制机制创新成果，发挥好对全国其他地区的示范带动作用。

在因地施策方面，让各地精准致富。坚持从实际出发，摸清家底，寻找优势，查找不足，精准发力。尊重底层创新，发挥基层群众的能动性，激发小微企业的积极性，调动公益力量的参与性。在充分探索、调查、学习、研究的基础上，形成科学有效、新颖独特的致富之路，为其他基层地区提供直接的经验借鉴。

**（三）政策制定、政策执行与政策评估相衔接**

科学的政策对于实现共同富裕至关重要，发挥着引导、杠杆、聚合等作用。政策作用的有效发挥仰赖于政策制定、政策执行、政策评估等整套流程，三者缺一不可。只有做好每一步，才能切实把政策含金量转化为群众获得感，才能推动共同富裕取得实质性进展。

政策制定方面，要全面、实际、科学、具体。建立高效、精准、规范、透明的二次分配体系。健全能够调节收入和财富差距、有利于共同富裕的税种体系；根据现金往来大幅度减少的实际情况和趋势，充分利用大数据技术，建立精准、高效的税收征缴和转移支付体系；建立公职人员财产申报和公开制度，堵塞权力寻租谋取违法收入和财富的途径。建立基于多维减贫理念的基本公共服务兜底政策体系。随着发展阶段提升拓宽贫困度量的维度，明确政府承担兜底责任的基本公共服务项目及待遇水平，对相对贫困人口进行多维帮扶，并把解决城市相对贫困问题提上日程。健全促进共同富裕的软基础设施。在健全税收征管体系的同时，特别要注重加强没有纳税记录的低收入人口信息系统建设，收集社保缴费和扶贫走访记录等信息，发挥大数据的交叉验证功能，进行动态更新，提高社区基层服务精准度以及转移支付与财政资金使用效率，提高紧急情况下政府救助速度和精准性。健全党领导下的对口帮扶机制。发挥党统揽全局的体制优势，针对发展滞后的地区和人群，协调各方，科学配置资源，提高帮扶针对性和有效性，着力提高帮扶对象自我发展、持续发展的动力和能力，实现先富带后富、先富帮后富。持续提升宏观调控水平，形成合理的相对价格和大体稳定的价格总水平。把握好财产性收入和一般劳动收入的关系，降低供给弹性较小的产品和要素相对供给弹性很大的产品、要素的价格水平，强化对创新和劳动的激励。

政策执行方面，要建立纵向到底、横向到边、责任到人的政策执行体系，确保共同富裕政策落实落细。领导干部尤其是"一把手"要高度重视、高位推动，确保共同富裕政策得到完整全面准确的贯彻。要积极利用信息化手段，提高共同富裕政策的执行效率。政策执行要尽力而为、量力而行，更加注重向农村、基层、欠发达地区和困难群众倾斜。

政策评估方面，要保障共同富裕真实有效。加快构建推动共同富裕的综合评价体系，建立评估机制，坚持定量与定性、客观评价与主观评价相结合。比如国民人均收入、基尼系数、恩格尔系数等认可度比较高的客观指标。小康不小康，关键看老乡，同理，生活富不富，人民说了算。因此，政策评估不能少了人民幸福感指数。此外，还要加强监测分析和动态调整。将推动共同富裕有关目标要求纳入党政领导班子和领导干部综合绩效考核，提高考核工作质量。建立定期督查机制，创新完善督查方式，完善问题反馈整改机制。

## 四、强化自我革命，为实现共同富裕提供政治保障

中国共产党是推进共同富裕的核心力量，党的领导是实现共同富裕的制度优势。为了确保我们党始终能够担负历史重任，制度优势能够长期有效，就必须强化自我革命。勇于自我革命是中国共产党区别于其他政党的显著标志，它为实现共同富裕提供了政治保障，其实践逻辑包括：全面从严治党，以自我革命引领共同富裕；全面深化改革开放，破除共同富裕道路上的障碍；发扬斗争精神，敢于取得共同富裕最终胜利。

### （一）全面从严治党，以自我革命引领共同富裕

习近平总书记指出："办好中国的事情，关键在党，关键在坚持党要管党、全面从严治党"①，"全党必须牢记，全面从严治党永远在路上，党的自我革命永远在路上，决不能有松劲歇脚、疲劳厌战的情绪，必须持之以恒推进全面从严治党，深入推进新时代党的建设新的伟大工程，以党的自我革命引领社会革命。"② 实现共同富裕不仅是经济目标，更是一场社会革命。因此，推进共同富裕，不仅要坚持中国共产党的领导，还必须坚持全面从严治党。此外，全面从严治党能够塑造良好的政治生态、廉洁高效的政府队伍、公平普惠的服务体系等，这也是共同富裕社会的重要特征。总之，全面从严治党，是共同富裕社会的目标特征，也是推进共同富裕的实践要求。

推进共同富裕，坚持全面从严治党，基础在全面，关键在严，要害在治，融入党的政治建设、思想建设、组织建设、作风建设、纪律建设，贯穿到党的制度建设之中。具体做到：必须以党的政治建设为统领，确保全党坚

---

① 习近平：《论把握新发展阶段、贯彻新发展理念、构建新发展格局》，中央文献出版社2021年版，第297页。

② 习近平：《高举中国特色社会主义伟大旗帜　为全面建设社会主义现代化国家而团结奋斗——在中国共产党第二十次全国代表大会上的报告》，人民出版社2022年版，第64页。

决捍卫"两个确立"、坚决做到"两个维护"。落实全面从严治党主体责任、监督责任，着力打造干部清正、政府清廉、政治清明、社会清朗的清廉中国，营造风清气正的政治生态。必须坚持把思想建设作为党的基础性建设，凝聚起全党领导人民实现共同富裕的强大精神力量。必须坚决贯彻落实新时代党的组织路线，筑牢党的建设的组织基础，确保德才兼备的人来推进共同富裕。必须坚持把正风肃纪、反腐倡廉摆在重要位置来抓，始终保持党的先进性和纯洁性。统筹推进清廉单元建设，打造清廉机关、清廉村社、清廉学校、清廉医院、清廉国企、清廉民企、清廉交通等一批清廉标杆。持之以恒加强作风建设。党要厚植执政基础必须作风过硬。要巩固拓展落实中央八项规定精神成果，继续整治"四风"突出问题，使党员干部习惯在受监督和约束的环境中工作生活。必须坚持制度治党、依规治党，不断提高党的建设科学化、制度化、规范化水平。健全大监督工作格局，完善纪律、监察、派驻、巡视"四项监督"统筹衔接制度，强化纪检监察与组织、司法、财会、审计、统计、群众等监督的贯通协同，探索建立公权力大数据监督应用，构建权责透明、权责统一的体制机制，让党和国家监督体系为共同富裕保驾护航。

**（二）全面深化改革开放，破除共同富裕道路上的障碍**

《中共中央关于党的百年奋斗重大成就和历史经验的决议》指出，要"全面深化改革开放，促进共同富裕"。因此，全面深化改革开放与共同富裕有着深刻的逻辑关系。共同富裕是一项全新的事业，在推进之路上需要新理念、新机制、新政策、新实践，然而现实中不可避免的存在一些困境、问题、挑战等，它们是共同富裕之路上的障碍，只有破除这些障碍，才能顺利推进共同富裕。破除这些障碍，也只能依靠全面深化改革开放。因此，全面深化改革开放是促进共同富裕的必然路径。

改革开放是党在新的历史条件下领导人民进行的新的伟大革命，是决定当代中国命运的关键抉择。在四十多年的改革开放进程中，中国共产党团结带领人民创造了辉煌的成就。党的十八大以来，中国特色社会主义进入新时代。我国坚持全面深化改革，不断完善中国特色社会主义制度，经济社会发展取得了举世瞩目的新成就。2022 年，国内生产总值超 121 万亿元，人均国内生产总值突破 1.27 万美元，已超过世界平均水平。同时，第一个百年奋斗目标已经实现，在中华大地上全面建成了小康社会，历史性地解决了绝对贫困问题，为逐步实现共同富裕奠定了良好的基础。但也要看到，实现共同富裕还面临一些挑战，主要是发展不平衡不充分问题仍然突出，具体表现为：一是城乡、区域发展和收入分配差距较大。城乡人均可支配收入比虽然近年逐年下降，但仍然处于高位；二是城乡居民内部的收入差距较大；三是中等收入群体比重过小；四是教育、医疗和社会保障等享有不平衡；五是当前经济发展还面临需求收缩、供给冲击、预期转弱三重压力。这说明，扎实推进共同富裕是一项长期任务。

在新的征程上，要更好满足人民日益增长的美好生活需要，逐步实现全体人民共同富裕，必须进一步全面深化改革，这肯定会涉及一些深层次问题。要在改革实践中坚持和完善社会主义基本经济制度，推动科技自立自强，依靠创新驱动经济社会发展。深化社会保障制度改革和各领域配套改革。改革共同富裕之路上的体制机制，破除既得利益的藩篱。深化宏观领域改革尤其是转变政府职能，提高政府效率，建设有为政府，更好发挥政府作用。实行高水平对外开放、建设更高水平开放型经济新体制。在全面深化改革开放过程中，还要增强改革与发展、改革与安全的平衡性、协调性，增强区域和城乡的平衡性，强化行业的协调性。

**（三）坚持敢于斗争，增强取得共同富裕最终胜利的信心**

习近平总书记在 2019 年秋季学期中央党校（国家行政学院）中青年干部培训班开班式上，郑重告诫全党："当今世界正处于百年未有之大变局，我们党领导的伟大斗争、伟大工程、伟大事业、伟大梦想正在如火如荼进行，改革发展稳定任务艰巨繁重，我们面临着难得的历史机遇，也面临着一系列重大风险考验。胜利实现我们党确定的目标任务，必须发扬斗争精神，增强斗争本领。"党的十九届六中全会审议通过的《中共中央关于党的百年奋斗重大成就和历史经验的决议》中，将"坚持敢于斗争"概括为党的百年奋斗十条历史经验之一。敢于斗争、敢于胜利，是党和人民不可战胜的强大精神力量。党的二十大报告将"敢于斗争"纳入"三个务必""五项重大原则"之中，充分体现了敢于斗争在新征程中的重要意义。在推进共同富裕的进程中，我们面临的风险考验只会越来越复杂，甚至会遇到难以想象的惊涛骇浪，只有发扬斗争精神，增强斗争本领，摒弃畏难情绪，才能在精神上和策略上战胜所有风险考验，最终取得共同富裕的伟大胜利。

推进共同富裕，要把准斗争方向，坚定斗争意志，增强斗争本领，唱响新时代的奋斗之歌。把准斗争方向，就是要集中精力解决当前社会主要矛盾。当前，我国社会主要矛盾已经转化为人民日益增长的美好生活需要和不平衡不充分的发展之间的矛盾。共同富裕是解决社会主要矛盾的方向，只有把准这个方向，有的放矢，集中精力化解各种问题，才能顺利实现共同富裕。坚定斗争意志，就是以"咬定青山不放松"的执着，在风险挑战中超越自我，埋头苦干、勇毅前行，将个人奋斗的力量融入推进共同富裕的事业上来。没有坚强的斗争意志，一场长达20多年一代人的长跑是会半途而废的。增强斗争本领，就是在斗争实践中加强学习、掌握技巧、汲取智慧，经受住考验，不断取得更大的胜利。推进共同富裕会不断遇到各种艰难险阻，拥有斗争本领，心理才有底气，才不会退缩，而且会敢于迎接胜利。

敢于斗争并不是随意的斗争，是与阻碍共同富裕目标的人、事、物作斗争，防止共同富裕之路上的胡作非为。不过，共同富裕是一项新的事业，是一个"摸着石头过河"的进程，需要有一些敢为人先、务实肯干的作为，这也是一项斗争本领的体现。因此，在坚持敢于斗争的同时，还要以正确用人导向引领干部干事创业，加强对敢担当善作为干部的激励保护，做好容错纠错工作，落实"三个区分开来"要求，即把干部在推进改革中因缺乏经验、先行先试出现的失误和错误，同明知故犯的违纪违法行为区分开来；把上级尚无明确限制的探索性试验中的失误和错误，同上级明令禁止后依然我行我素的违纪违法行为区分开来；把为推动发展的无意过失，同为谋取私利的违纪违法行为区分开来。这样才能最大限度调动广大干部推进共同富裕的积极性、主动性、创造性。

实现共同富裕不仅是经济问题，而且是关系党的执政基础的重大政治问题。作为最高的政治领导力量，中国共产党将实现共同富裕作为重大政治问题加以解决，为共同富裕提供了光明前景和实践路径。首先是加强理念指引。党的初心使命、以人民为中心的发展思想、新发展理念等为实现共同富裕提供基本遵循；其次是发挥制度优势。加强党的领导、完善国家制度和治理体系、探索共同富裕制度化路径为实现共同富裕提供有力支撑；再次是优化政策措施。坚持长期战略、中期规划与短期策略相统一，宏观指导、示范引领与因地施策相结合，政策制定、政策执行与政策评估相衔接，为实现共同富裕提供科学路径；最后是强化自我革命。全面从严治党，以自我革命引领共同富裕；全面深化改革开放，破除共同富裕道路上的障碍；发扬斗争精神，敢于取得共同富裕最终胜利，为实现共同富裕提供政治保障。

# 第六章　新时代实现共同富裕的法治条件

共同富裕，是马克思主义的一个基本目标，是社会主义的本质要求，是中国式现代化的重要特征，是中国共产党的伟大使命。马克思在《政治经济学批判（1857—1858 年手稿）》中指出，未来社会主义，社会生产力将迅速发展，"生产将以所有的人富裕为目的"。[①] 列宁强调，只有社会主义才能让所有劳动者过最美好最幸福的生活。[②] 习近平总书记强调，我们追求的富裕，"是全体人民共同富裕"，要让"发展成果更多更公平惠及全体人民"，不断促进人的全面发展。实现共同富裕，需要大力发展社会主义市场经济，解放和发展生产力，先把"蛋糕"做大，再通过合理的制度安排把"蛋糕"分好，切实保障人民权益，让发展成果更多更公平惠及全体人民，让人民群众过上美好生活。全面推进依法治国，能为实现共同富裕保驾护航。

## 一、法治能为实现共同富裕保驾护航

加强社会主义法治建设，能为发展社会主义市场经济、优化收入分配体系、依法保障人民权益提供法治保障。习近平强调，"社会主义是干出来的，

---

① 《马克思恩格斯全集》第 46 卷（下册），人民出版社 1980 年版，第 222 页。
② 《列宁选集》第 3 卷，人民出版社 1995 年版，第 546 页。

幸福是奋斗出来的。"① 共同富裕不会从天而降，绝不是轻轻松松、敲锣打鼓、喊喊口号就能实现的，需要依靠全国人民的共同奋斗，坚持以经济建设为中心，大力发展社会生产力，以夯实共同富裕的物质基础。改革开放以来，我国经济持续快速发展，综合国力显著增强。党的十八大以来，我国稳居世界第二大经济体，打赢了脱贫攻坚这场硬仗，历史性解决了绝对贫困问题，完成全面建成小康社会的奋斗目标，在实现共同富裕的道路上迈出了坚实的一大步。我国经济发展取得巨大成就，关键因素之一就在于在社会主义条件下发展市场经济。目前我国仍处于并将长期处于社会主义初级阶段，发展质量和效益还不高，创新能力不够强，城乡区域发展和收入分配差距依然较大，需要大力推动我国经济持续高质量发展。我们要进一步深化社会主义市场经济体制改革，进一步坚持和完善社会主义基本经济制度。而这就需要加强社会主义法治建设，全面推进依法治国，建设中国特色社会主义法治体系，建设社会主义法治国家。

**（一）法治保障市场经济健康发展**

市场经济本质上是法治经济。发展市场经济，充分发挥价值规律、竞争规律、供求规律的作用，能促进资源配置优化，充分调动各方积极性，提升经济效率。习近平指出："理论和实践都证明，市场配置资源是最有效率的形式。市场决定资源配置是市场经济的一般规律，市场经济本质上就是市场决定资源配置的经济。"② 但单一的市场机制调节也会存在"市场失灵"的弊端，导致诸多问题，比如收入与财富分配不公、外部负效应问题、竞争失败和市场垄断的形成、失业问题、区域经济不协调问题、公共产品供给不足、公共资源的过度使用，等等。解决市场困境，需要法律规范。马克思早就指

---

① 王建宏、张文攀、张胜、王斯敏：《社会主义是干出来的，幸福是奋斗出来的》，《光明日报》2020 年 6 月 15 日。

② 《十八大以来重要文献选编》（上），中央文献出版社 2014 年版，第 499 页。

出，"契约这样的法的形式"是"通过交换和在交换中才产生"①。恩格斯也认为，"法律"是在"生产、分配和交换产品"的过程中产生的使"个人服从生产和交换的一般条件"的"规则"体系。② 他还强调，"经济事实要以法律的形式获得确认"。③ 因而市场经济则需要法治来支撑，法治是市场经济发展的内在要求，完善的市场和经济运行需要营造良好的法治环境，通过法治化轨道，既发挥市场规律的积极作用，也在各个领域改变人们的观念，养成各社会主体依法行事的习惯，实现公平竞争、等价交换，做到诚实守信，从而促进社会经济持续稳定健康发展。具体而言，法治对市场经济健康发展的保障作用主要体现在以下几个方面：

第一，确立各类市场主体的平等地位。所谓市场主体，简言之，就是市场上从事交易活动的组织或个人，既包括自然人，也包括法人，既包括营利性组织，也包括非营利性组织。习近平强调："市场主体是经济的力量载体，保市场主体就是保社会生产力。"④ 而法治是"保市场主体"的根本力量。一方面，各主体在市场经营活动中，需自主经营、自负盈亏、自我约束、自我发展，从而享受权利，承担义务。这需要通过法治方式，确认市场主体资格，明确产权，依法保护市场主体的财产权和其他合法权益，以保障各类市场主体的独立性，使市场主体产生谋求发展的不竭动力。另一方面，市场主体平等是其保持独立性的根本要求，是价格机制充分发挥作用的必要条件。维护市场主体的平等地位是市场关系正常进行的前提，也是市场经济的基石，市场经济的核心在于交易各方的地位平等和竞争公平。马克思指出，在

---

① 《马克思恩格斯全集》第 19 卷，人民出版社 1974 年版，第 423 页。
② 《马克思恩格斯全集》第 18 卷，人民出版社 1974 年版，第 347 页。
③ 《马克思恩格斯选集》第 4 卷，人民出版社 1995 年版，第 253 页。
④ 习近平：《在企业家座谈会上的讲话（2020 年 7 月 21 日）》，载新华网，https://baijiahao. baidu.com/s?id=1672838953450500876&wfr=spider&for=pc，2020 年 7 月 21 日。

商品经济条件下，生产者之间是地位平等的自由竞争关系，"社会分工则使独立的商品生产者互相对立，他们不承认任何别的权威，只承认竞争的权威，只承认互相利益的压力加在他们身上的强制。"[①] 只有法律地位平等，市场主体才能自主自由地进行交易和竞争，由此产生有效的价格信号，提高市场在资源配置中的效率。应通过法治方式强化市场主体法律地位平等原则，创设各主体平等竞争的法律环境。我国民法典将平等原则作为基本原则之一，明确所有民事主体在民事活动中法律地位一律平等。除了自然人和法人外，民法典将包括个人独资企业、合伙企业、不具有法人资格的专业服务机构等在内的非法人组织创设为民事主体，赋予了他们从事市场经济活动的法律资格。同时，将法人划分为营利法人、非营利法人、特别法人三种类型，完善了法人制度，拓展了参与市场经济活动的主体范围，有助于增加市场活动，释放经济发展潜力。

第二，促进形成公平竞争的市场环境。所谓市场竞争，是指各市场主体在经济活动中受物质利益的驱动，为了获得优势地位和有利条件而展开的较量。市场竞争是市场经济的基本特征，是市场经济最重要的运行机制。市场秩序和市场竞争的状态直接影响到经济能否健康发展。没有竞争，市场就没有活力。市场竞争越充分，生产要素的流动性就越好，价格越能反映资源的稀缺程度和使用成本。竞争也会推进企业技术创新和进步。在经济活动中，有些市场主体为片面追求自己的利益，不惜损害国家利益、社会公共利益或者他人合法权益，存在价格欺诈、格式条款、制假售假、垄断以及虚假宣传、虚假广告、侵犯商业秘密等不当或违法行为。这些行为，影响商业信用，造成权力寻租，产生腐败，导致市场混乱。为解决这些问题，必须强化法治，制定规则，形成公平竞争的市场环境。习近平指出，"法治是最好的

---

① 《马克思恩格斯全集》第23卷，人民出版社1974年版，第394页。

营商环境。"① 他还强调，"发挥市场经济固有规律的作用和维护公平竞争、等价交换、诚实守信的市场经济基本法则，需要法治上的保障。"② 当前，我国通过法治保障各类市场主体公平竞争，主要应把握以下三个方面。一是严格落实公平竞争审查制度，坚决清理废除歧视、妨碍各类市场主体与市场经济活动的政策和法规，为各类市场主体提供公平竞争的制度保障；二是深入推进反垄断、反不正当竞争执法；三是规范平台不正当价格行为。③

第三，规范政府宏观调控的重要手段。所谓宏观调控，是指政府对国民经济的总体管理，它是国家在经济运行中，通过行政手段、经济手段（主要是财政手段）以及法律手段，对社会经济总体的调节与控制。政府宏观调控对于促进市场发育、规范市场运行、发挥市场机制的有效作用，实现经济结构平衡与经济可持续发展具有重要作用。解决市场失灵问题，需要将市场这只"看不见的手"和政府这只"看得见的手"有机结合、协同发力。但是政府的宏观调控如果没有规范，将导致政府对经济活动的不当干预，侵犯市场主体的权利和利益，影响市场经济的正常运行和健康发展，因而需要以法治思维加强和改善宏观调控，将政府宏观调控行为纳入法治框架，这有助于优化调控制度、程序和方式，稳定社会预期，增强调控效果。一方面，宏观调控的权力和管制措施需要得到法律的明确授权，另一方面，依法平等对待不同所有制、不同规模的企业。我国实行的是社会主义市场经济体制，需要正确处理好政府和市场的关系，既要发挥市场在资源配置中的决定性作用，也要发挥好政府作用。当前，适应和引领经济发展新常态，需要"将发展理念

---

① 《习近平主持召开中央全面依法治国委员会第二次会议并发表重要讲话》，载中国政府网，http://www.gov.cn/xinwen/2019-02/25/content_5368422.htm?cid=303，2019 年 2 月 25 日。

② 习近平：《市场经济必然是法治经济（2006 年 5 月 12 日）》，载浙江在线，https://zjnews.zjol.com.cn/system/2015/05/23/020665303.shtml，2015 年 5 月 26 日。

③ 《如何保障各类市场主体公平参与竞争？市场监管总局回应》，载中国新闻网，https://baijiahao.baidu.com/s?id=1701356448007155440&wfr=spider&for=pc，2021 年 6 月 1 日。

与法治精神相结合，加强宏观调控立法"①，创新和完善宏观调控，依法有效实施宏观调控，使政府在"保持宏观经济稳定，加强和优化公共服务，保障公平竞争，加强市场监管，维护市场秩序，推动可持续发展，促进共同富裕，弥补市场失灵"②等方面更好发挥作用，实现"有效市场"和"有为政府"的有机统一，有效统筹效率与公平。

### （二）法治助力优化收入分配体系

共同富裕包括"富裕"和"共同"两个层面，体现了生产力与生产关系的有机统一，"富裕"讲的是生产力发展，要求把社会财富的"蛋糕"做大做好，"共同"体现生产关系的发展，也就是社会的利益分配关系和分配秩序，要求切好分好社会财富"蛋糕"。在法治的轨道上发展市场经济，要求等量资本获取等量利润，体现生产要素分配的公平。可是，在市场经济中，价值规律的作用必然导致资本回报率过高，劳动力回报率过低，而且，"资强劳弱"的差别将随着市场经济发展而不断扩大。这种差别单纯依靠市场机制是无法调整和解决的。在社会主义市场经济条件下，国家需要依法优化收入分配格局，构建科学合理、公平公正的社会主义收入分配体系，切实改变收入和财富分配不公的状态，体现出社会主义的优越性。现阶段，我国收入分配领域存在着诸多问题，亟待在法治轨道上进一步优化收入分配体系。

第一，收入分配差距处于高位。首先，我国居民收入基尼系数多年以来均超过国际"警戒线"。基尼系数是国际上通用的用来综合考察一个国家或地区居民收入差距的常用指标，通常把 0.4 作为收入分配差距的"警戒线"。按照国家统计局公布的数据，自 2003 年到 2021 年，我国居民收入基尼系数均超过 0.46，2008 年达到 0.491，此后逐年下降，2015 年下降为 0.462。但

---

① 张守文：《在法治框架内加强和改善宏观调控》，《人民日报》2016 年 9 月 13 日。

② 《中共中央关于全面深化改革若干重大问题的决定》，载国务院新闻办公室网站，http://www.scio.gov.cn/zxbd/nd/2013/document/1374228/1374228.htm，2013 年 11 月 15 日。

是从 2016 年到 2021 年，我国居民收入基尼系数均高于 2015 年，分别为：0.465、0.467、0.468、0.465、0.465、0.466。其次，城乡居民收入差距仍然较大。近年来，随着乡村振兴战略的实施，我国农业农村发展取得了显著进步，农村居民收入明显提升。但仍然存在显著的城乡二元结构，城市远比农村经济发达，城乡居民收入比从 1978 年的 2.36∶1 扩大到 2009 年的 3.33∶1。2012 年城乡居民收入比为 2.88∶1，"2019 年城镇农村人均可支配收入之比仍高达 2.64 倍，城镇居民工资性收入是农村居民的 3.88 倍，财产净收入是农村居民的 13.08 倍。"[1]2021 年，全国城乡居民收入比有所下降，但仍然为 2.5∶1。再次，区域收入差距依然凸显。我国东部地区凭借地缘优势与政策优惠，吸引并留住优秀人才，发展势头迅猛，中西部特别是西部地区发展相对滞后，区域经济增长格局显现出"东高西低"的不均衡特征，"居民人均可支配收入呈现从东部地区向东北地区、中部地区、西部地区依次递减的态势。"[2] 如果贫富差距长期过大，会影响经济持续快速发展和共同富裕的实现，甚至可能陷入中等收入陷阱，引发社会矛盾，导致社会动荡，拉美和东南亚国家就是例证。

第二，收入分配结构不够合理。当前，我国低收入群体比重大、中等收入群体比重偏小，收入分配格局呈现出"葫芦型"，[3] 和理想的"两头小、中间大"的"橄榄型"现代社会收入分配结构有很大差距。我们可以运用经济学家厉以宁[4] 于 1994 年提出的三次分配的相关理论予以分析。初步分配由市

---

[1] 杨灿明：《构建现代财税金融体制对优化收入分配格局的启示与意义》，《经济学动态》2021 年第 9 期。

[2] 罗娟、彭伟辉：《共同富裕目标下我国收入分配结构优化路径》，《经济体制改革》2022 年第 1 期。

[3] 陈宗胜、康健：《中国居民收入分配"葫芦型"格局的理论解释——基于城乡二元经济体制和结构的视角》，《经济学动态》2019 年第 1 期。

[4] 厉以宁：《股份制与现代市场经济》，江苏人民出版社 1994 年版。

场主导，劳动力、土地、资本、知识、技术和管理等生产要素在市场中按效率原则进行配置并按各自贡献获取回报，重在激发市场主体创造财富的积极性。再分配由政府主导，按兼顾公平和效率并侧重公平的原则进行分配，包括基本社会保障、税收和财政转移支付等方式，重在纠正一次分配所导致的马太效应，以实现基本公共服务均等化。三次分配由社会主导，依靠自愿原则进行分配，引导个人公益慈善捐赠，实现社会财富全社会共享。

当前中国的三次分配都存在着影响共同富裕实现的亟待解决的问题。在初次分配方面，劳动者报酬占比过低，资本所得相对偏高，企业竞争不充分，统一市场未完全形成。基于国家统计局公布的资金流量表，2018 年，居民、企业和政府三部门再分配后可支配收入占国民可支配收入比重分别为59.43%、21.84% 和 18.73%。1992 年至 2018 年，居民可支配收入占比基本呈现“微笑”曲线，从 1996 年的高点 65.47% 降至 2008 年的低点 56.99%，再回升至 2018 年的 59.43%。目前居民收入占比，与 20 世纪 90 年代初相比偏低，与全球 16 个主要经济体相比，仍处于国际偏低水平，低于美国（75.9%）、英国（66.5%）等，略高于日本（57.2%）。[1] 在再分配方面，我国社会保障体系仍存在不足，主要表现在：制度整合没有完全到位，制度之间转移衔接不够通畅；部分农民工、灵活就业人员、新业态就业人员等人群没有纳入社会保障，存在“漏保”“脱保”“断保”的情况；政府主导并负责管理的基本保障“一枝独大”，而市场主体和社会力量承担的补充保障发育不够；社会保障统筹层次有待提高，平衡地区收支矛盾压力较大；城乡、区域、群体之间待遇差异不尽合理；社会保障公共服务能力同人民群众的需求还存在一定差距；一些地方社保基金存在“穿底”风险。[2] 在税收

---

① 《中国居民收入分配占比呈“微笑曲线”，劳动报酬占比待提升》，载第一财经，https://baijiahao.baidu.com/s?id=1711063282977318211&wfr=spider&for=pc，2021 年 9 月 16 日。

② 习近平：《促进我国社会保障事业高质量发展、可持续发展》，《求是》2022 年第 8 期。

制度方面，我国直接税所占比重仍然偏低，其中劳动报酬的最高边际税率又高于资本所得税率，且我国的直接税种中，目前主要针对流量收入，调节存量财产差距的房产税、遗产税、赠与税等多年酝酿，未见出台。[①] 在三次分配方面，我国慈善捐赠总规模与国际水平相比，仍有很大提升空间；我国参与第三次分配的主体仍然是民企和国企，个人捐赠占比较低；我国慈善捐赠关注的主要是教育、医疗健康和扶贫领域，对于科学、文化、卫生等领域的关注不够；中国第三次分配缺乏持续稳定的资金来源和资金基础。[②]

第三，收入分配的法治化不足。法治对于构建初次分配、再分配、三次分配协调配套的基础性制度安排起着非常重要的作用。我国宪法规定社会主义制度是我国的根本制度，并规定了我国的基本经济制度和其他基本制度，规定了我国的经济体制、分配制度和社会保障制度，这为实现共同富裕这一社会主义的本质要求提供了根本的宪法保障。我国民商法，有助于保障一次分配正义，经济法，有助于解决二次分配争议，社会法，有助于保障三次分配正义。但我国收入分配的法治化建设仍存在很多不足，这也是导致我国收入分配领域存在上述问题的重要因素。就初次分配而言，在最低工资的保障方面，目前涉及该制度的法律只有《劳动法》《劳动合同法》，《最低工资规定》等部门规章的约束力不强。全国各地最低工资的计算标准不一致，缺乏有效的监督机制和法律责任。在就业保障方面，我国现行法律缺少对就业歧视的界定和有效制约。反垄断立法和土地立法方面也存在相应问题。就再分配而言，个人所得税对高收入者的税收调节和监管不够有力，房地产税立

---

① 宋晓梧：《如何构建初次分配、再分配、三次分配协调配套的基础性制度安排》，《光明日报》2021年10月10日。

② 苏京春：《什么是第三次分配？我国第三次分配存在哪些问题？》，载界面新闻，https://baijiahao.baidu.com/s?id=1708420045331277775&wfr=spider&for=pc，2021年8月18日。

法进程缓慢，消费税征税幅度明显偏低且范围较窄，"医疗保障法"立法进程迟缓。就三次分配而言，慈善组织权利较少但义务较重，慈善组织的资金使用缺乏透明度，对慈善机构的运行监管不足，慈善组织的税收优惠未依法享受。①

因此，我们必须加强收入分配领域的法治化建设，调整收入分配格局，"规范收入分配秩序，完善收入分配调控体制机制和政策体系，建立个人收入和财产信息系统，保护合法收入，调节过高收入，清理规范隐性收入，取缔非法收入，增加低收入者收入，扩大中等收入者比重，努力缩小城乡、区域、行业收入分配差距，逐步形成橄榄型分配格局"②，促进全体人民共同富裕。

共同富裕既包括物质生活富裕，也包括精神生活富裕，人民精神生活共同富裕的实现也需要法治保障。习近平强调指出："我们说的共同富裕是全体人民共同富裕，是人民群众物质生活和精神生活都富裕，不是少数人的富裕，也不是整齐划一的平均主义。"③全体人民是共同富裕的主体，共同富裕需要全体人民共同参与、共同创造、共同分配和共同享有。要尊重和发挥人民的主体作用，充分调动人民的主动性、创造性和积极性，增进人民福祉、促进人的全面发展。进入新时代，我国社会主要矛盾已经转化为人民日益增长的美好生活需要和不平衡不充分的发展之间的矛盾。人民对美好生活的需要，不仅对物质文化生活提出了更高要求，而且在民主、法治、公平、正义、安全、环境等方面的要求日益增长，这些都关涉到人民的精神生活需

① 罗娟、彭伟辉：《共同富裕目标下我国收入分配结构优化路径》，《经济体制改革》2022年第1期。

② 《中共中央关于全面深化改革若干重大问题的决定》，载国务院新闻办公室网站，http://www.scio.gov.cn/zxbd/nd/2013/document/1374228/1374228.htm，2013年11月15日。

③ 习近平：《扎实推动共同富裕》，《求是》2021年第20期。

要。民主、法治、公平、正义、安全等，是区分法律是"良法"还是"恶法"的重要标准。同时，更加重视法治、厉行法治，更好发挥法治固根本、稳预期、利长远的保障作用，才能引领整个经济社会高质量发展，不断促进社会公平正义，更好满足人民美好生活需要，促进共同富裕的实现。

## 二、夯实共同富裕的宪法根基建设法治市场

共同富裕是社会主义的应有之义，要达到这一目标，就需要有一套支持实现共同富裕的法律体系。

### （一）夯实共同富裕的宪法根基

宪法是一国根本大法，规定着该国的根本制度。资本主义宪法的根本指导思想在经济上就是为了让资本力量更自由的获取更多利润。作为与资本主义宪法有本质区别的法律制度，"维护社会正义、扶助社会弱者的社会平衡理念……构成社会主义原则的宪法原旨……社会平衡的理念有一个中国表达：共同富裕。"[1]

1955 年，毛泽东同志指出，"现在我们实行这么一种制度，这么一种计划，是可以一年一年走向更富更强的，一年一年可以看到更富更强些。而这个富，是共同的富，这个强，是共同的强，大家都有份。"[2]1979 年邓小平同志也指出："社会主义特征是搞集体富裕。"[3] 在新时代，习近平同志在一系列重要讲话中强调共同富裕问题。我国通过"十四五""十五五"和"十六五"规划，将用十五 年时间逐步实现这一宏大的共同富裕目标。

然而，共同富裕作为社会主义中国发展经济的根本指导思想，在我国

---

[1] 张翔：《"共同富裕"作为宪法社会主义原则的规范内涵》，《法律科学（西北政法大学学报）》2021 年第 6 期。

[2] 《毛泽东文集》第 6 卷，人民出版社 1999 年版，第 495 页。

[3] 《邓小平文选》第 2 卷，人民出版社 1993 年版，第 236 页。

宪法中尚未得到明确体现。中共十八大已经明确："共同富裕是中国特色社会主义的根本原则。要坚持社会主义基本经济制度和分配制度，调整国民收入分配格局，加大再分配调节力度，着力解决收入分配差距较大问题，使发展成果更多更公平惠及全体人民，朝着共同富裕方向稳步前进。"作为国家根本制度，中国宪法也有必要明确体现党的这一明白宣示，在宪法中载明共同富裕是中国特色社会主义的根本原则，是中国社会主义建设的奋斗目标。

在宪法中明确宣示共同富裕是中国经济发展的根本目标、根本原则和指导方针，其作用乃是对整个社会，包括政府、公民、全部经济参与主体经济行为的明确指引。但仅有指引仍然是不够的。要实现某一经济目标，都必须依赖于经济体系运行的逻辑。

在新时代，在宪法中需要明确共同富裕的经济发展逻辑：第一，明确鼓励和发展国有企业和集体所有制企业，同时鼓励私人企业发展以员工共享企业收益的员工持股制度；第二，明确要求财富积累的目标不是让少数人获取超额利润，而是要实现人民共享财富；第三，明确资本运行的方式要以技术进步和勤劳工作为主要手段，不以债务过度扩张和鼓励奢侈消费作为刺激经济的手段。

习近平总书记指出："在共享改革发展成果上，无论是实际情况还是制度设计，都还有不完善的地方。为此，我们必须坚持发展为了人民、发展依靠人民、发展成果由人民共享，作出更有效的制度安排，使全体人民朝着共同富裕方向稳步前进，绝不能出现'富者累巨万，而贫者食糟糠'的现象。"① 真正贯彻习近平总书记的指示，在宪法中对共同富裕的目标、经济发展逻辑予以明示，就是在制度设计上完善共享改革发展成果的关键一步。

---

① 《十八大以来重要文献选编》，中央文献出版社 2016 年版，第 827 页。

**（二）完善统一大市场法律体系**

2022 年 4 月 10 日，《中共中央、国务院关于加快建设全国统一大市场的意见》正式发布，不仅是中国特色社会主义市场经济体制建设新的里程碑，也为共同富裕奠定了坚实的市场基础。社会主义共同富裕是建立在商品经济基础上的。要实现共同富裕，必须有一个社会主义市场经济平台。

从我国社会主义统一大市场要实现共同富裕这一目标的视角去观察，我国社会主义市场经济法律体系仍有大量工作要做，尚需要进一步健全和完善。

我国劳动、资本、土地、技术和数据等各类生产要素仍然不能在全国范围内的国内市场中充分流动，变相提高了交易成本，加重了企业发展的总成本。目前，虽然有《反垄断法》《反不正当竞争法》《劳动法》《破产法》等法律制度，但这些法律制度的具体条文和执行方面都存在不同程度的缺陷，尤其是还有相当数量阻碍市场统一的地方和部门规章制度和政策的存在，客观上限制了生产要素在全国范围内依法依规进行有序而充分的流动。

当前我国社会主义市场经济建设面临着不平衡的问题，这些不平衡问题的存在，需要通过设立专门的法律进行调整规范。比如我们已经立法制定了《乡村振兴促进法》，在此基础上，还需要继续专门立法，如《新型城镇发展促进法》《小企业发展促进法》；此外，我们还要学习发达国家先进经验修订《国家安全法》等法律，对外国资本威胁中国经济安全进行预防性立法。总之，要向共同富裕方向发展的社会主义统一大市场需要新的法律支持，以推动我国市场经济真正成为健康有序、流畅循环的社会主义统一大市场，真正成为有力推动向共同富裕方向发展的社会主义经济平台。

在一个比较完备的资本主义市场经济运行逻辑中，分配体系被划分为初次分配、再分配和第三次分配。按照我国著名经济学家厉以宁的界定，初次分配是在市场主导下，以劳动、资本、土地、技术等生产要素禀赋的贡献程度为基础进行的分配过程。再分配是由政府主导，运用税收、转移支付、社会保障等多种政策手段进行的收入二次分配。第三次分配是一种基于道德信念而进行的收入分配，具有明显的无偿性、公益性与自愿性。在中国，国有企业和集体企业就是中国实现共同富裕的生产环节基础，没有这一基础，共同富裕无法实现。[①]从法律制度建设的角度，立法需要为国有企业和集体企业充分发展保驾护航。

我国已经在 2009 年实施《企业国有资产法》，我国的土地、矿产资源、森林、草原、水等国有资源也分别以立法的方式得到明确保护和规范利用。

尽管《宪法》作出国有财产神圣不可侵犯的明确宣示，国有资产保护的法律条文也有很多，但是国有资产在实践中保护仍然面临困难，因而我国应该建立起多层次的法律保护和救济机制，强化国有资产的保护。

## 三、完善促进共同富裕的收入分配法律制度

实现共同富裕需要宪法保障，也需要在生产领域尤其是所有制领域奠定支撑共同富裕的法律基础，而共同富裕的落实则需要确立相应的收入分配法律制度。面对严重的贫富差距悬殊问题，在新时代，必须加以改革，确立有利于社会主义共同富裕的收入分配法律制度体系。

### （一）要完善初次分配法律制度

马克思的分配观点是，人们的收入分配是按照占有生产资料的一方利益最大化的原则进行的。封建社会按照贵族地主利益的最大化原则进行分配，

---

① 早在 2014 年 8 月 18 日，习近平总书记主持召开中央全面深化改革领导小组第四次会议时，就发表了针对国企改革的重要讲话。他指出："国有企业特别是中央管理企业，在关系国家安全和国民经济命脉的主要行业和关键领域占据支配地位，是国民经济的重要支柱，在我们党执政和我国社会主义国家政权的经济基础中也是起支柱作用的，必须搞好。"参见习近平：《共同为改革想招一起为改革发力群策群力把各项改革工作抓到位》，《人民日报》2014 年 8 月 19 日。

贵族依靠身份而占有生产资料，分配原则就是按身份分配；资本主义社会按照资本家利益最大化原则进行分配，资本家依靠出资占有生产资料，分配原则就是按资分配。因此，在社会主义社会普通劳动者也通过国家占有和控制生产资料而有权利按资分配。通过按资分配，社会主义社会的普通劳动者，才能真正享受到自己作为生产资料占有者应该享有的财产性收入，才最有可能实现共同富裕。

然而，在我国的社会主义性质的法律中，长期以来却缺乏全民分红这样落实生产资料占有者按资分配的制度设计，其中一个原因可能就是在理论上僵化理解按劳分配原则。因此，在新时代，作为实现共同富裕最重要也是最关键的一项法治建设，《全民分红法》的制定和实施应该提上日程，正如程恩富指出的那样："以实施国有资产经营收益向全民分红的全民共享实现方式为导引，落实国有资产全民所有的社会主义公有制属性，打造全民有效监督国有资产经营的平台和渠道，创新符合市场化和法制化要求的全民所有、全民监督、全民共享的责权利体制，为迈向共同富裕伟大目标创设有效制度和实现形式。"① 全民分红是极其必要的，因为它不仅体现了全体人民对国家财富的所有者地位，增加了人民劳动的积极性；而且通过全民分红可以有效缩小贫富差距，使国家财富减少流向少数人的可能性；还可以有效提高国内人民群众的消费能力，使国内生产能力和消费能力形成有效循环，推动内循环经济的形成和健康发展，而不是单纯依赖国际经济大循环，为他人做嫁衣。

如果说，按资分配体现的是社会主义国家人民作为主权者和出资者享有的权利，那么按劳分配体现的则是社会主义国家人民作为劳动者享有的权利。这种劳动者享有的权利根据多劳多得、少劳少得原则分配，主要包含工

---

① 程恩富：《当前共同富裕讨论中须明确的若干主要观点》，《晨刊》2022 年第 2 期。

资、奖励、其他收入以及荣誉和社会便利性等。

从实现共同富裕的角度去看，有限的劳动收入并不能够帮助劳动人民实现共同富裕，但却是劳动人民生存和发展的底线，也是实现共同富裕最基础的基石，因为如果劳动人民连有限的劳动收入都不能保障，共同富裕就无异于天方夜谭了。

我国当前社会中存在着各种各样的就业歧视现象。学历歧视、性别歧视、健康歧视等等各种就业领域的歧视现象以变相或隐性的形式存在着，使得劳动者平等就业和自主择业权利无法得到切实的保障。尽管我国《劳动法》第十二条规定劳动者就业，不因民族、种族、性别、宗教信仰不同而受歧视；《就业促进法》第三条也规定劳动者依法享有平等就业和自主择业的权利，但是这些歧视仍然不能得到有效遏制。实现共同富裕，要求我们不能落下任何一位劳动者，在对共同富裕的追求中，每一位劳动者都有权利通过劳动参与其中。因此，必须要坚决制止各类就业歧视。一方面，要通过立法推动引导形成积极正确的职业观；通过立法改革大学教育制度和强化职业教育与培训制度培养适应社会需求的劳动人才。另一方面，要推进《反就业歧视法》立法，对就业歧视的含义、种类、适用用人单位范围、就业平等权等劳动者权利的内容、责任承担、激励措施、救济途径等作出明确规定，既要切实预防歧视的发生；也要赋予劳动监察机关判断就业歧视的裁量权，以便及时有效地制止就业歧视；还要对就业歧视和受就业歧视的对象分别加大惩罚和救济的力度。

此外，也有必要通过立法和修改现行法律的方式健全初次分配领域的收入机制。首先应该立法应该要求机关事业单位、国企和集体企业建立科学合理的工资分配机制；其次应该修订完善现有法律，增加"工资集体协商"与"最低工资"条款。

还要改善我国劳动者的维权机制。应该重新构建劳动纠纷案件的处理程序。建立强有力的劳动监察体系，以处理绝大多数侵害劳动者权益的案件；从法律上鼓励劳动监察使用简易程序处理案件，以提高案件办理效率。从法律上加重对违法用工行为的打击力度，对于恶意欠薪、不按规定为劳动者缴纳"五险一金"、强迫劳动者加班剥夺劳动者休息权的行为，不仅应当把恶意欠薪的单位及其负责人记入失信企业、失信人员名单，还应给予严厉的行政处罚，情节严重的，追究相关人员的刑事责任。

**（二）要完善税收慈善捐赠制度**

从缩小贫富差距、实现共同富裕的角度出发，需要对我国现有税收制度加以改革。

第一，要开征房地产税。2021 年 10 月 23 日，第十三届全国人民代表大会常务委员会第三十一次会议授权国务院在部分地区开展房地产税改革试点工作。为了更加有针对性地调节高收入，还应该进一步对别墅、高档住宅、高档娱乐场所、高尔夫球场、豪华船舶等奢华场所以更高税率课征房地产税。

第二，改革个人所得税制度。将个人所得税的征收对象由个人转变为对家庭人均收入实行新的累进所得税。适当提高劳动所得的征税起征点，并降低劳动收入所得的税率。同时扩大个人所得税征收范围。应当扩大综合所得范围，将财产转让所得、经营所得以及各种新形式如网络主播、电竞游戏、直播带货、中介机构、美容的财产所得都纳入综合所得；征收累进制的资本利得税，取消对国债利息、个人转让上市公司股票取得的收入、持有期超一年的上市公司股票红利所得的免税待遇，将利息、股息、红利所得、财产租赁所得列入征税范畴，并提高财产性所得的税率。

第三，开征遗产税和赠与税。对富人的财富代际转移加以调节，对个人继承遗产或接受赠予进行征税。

第四，改革消费税制度。对购买高档化妆品、贵重首饰及珠宝玉石、高档手表、高档服装、高档箱包、高档艺术品等消费品，进行高端俱乐部（会所）、高档娱乐、私人游船和飞机等奢侈消费，难以降解的一次性用品、农药及其他高污染产品，含高糖、高盐、高脂肪的非健康食品，征收更高税率的消费税。

第五，加大税收监管和征管力度以及逃税惩罚力度。建立健全党政领导干部财产公开制度，健全所有企业高管和其他高收入人群的财产纳税申报和监督机制，健全居民财产信息登记制度。要加强出境资金的税收征收监管。要严格制定经营所得核定征收的门槛，大幅度缩小核定征收范围，扩大查账征收范围。禁止地方政府违规进行税收返还的行为。

第六，也要注意从推进共同富裕角度，实行各种税收减免，比如要对保障性住房实施税费减免以提高住房保障水平等。改进现有专项附加扣除政策，在赡养老人、子女教育及 3 岁以下婴幼儿照护、继续教育、大病医疗方面给予更大力度的减免。

党的十九届四中全会首次提出"重视发挥第三次分配的作用，发展慈善等社会公益事业"。党的十九届五中全会进一步明确了"要发挥第三次分配作用，发展慈善事业，改善收入和财富分配格局"。我国在 2016 年制定了《慈善法》,《公益事业捐赠法》《基金会管理条例》也已经实施，这些法律法规都是为了鼓励和规范慈善活动。

目前我国慈善事业发展中仍然面临着一些问题，其中主要问题在于，人们对慈善机构存在着不信任态度，进行慈善捐助和志愿服务的意愿不足。造成这种问题的原因众多，从慈善制度角度看：第一，对慈善机构、慈善和志愿服务行为法律支持和规范不足。比如对慈善机构的定位、运行、管理的相关法规不完善，以至于对慈善机构管理的法律法规看起来虽然众多，但都缺针对性。又如目前仅有志愿服务条例，权威性不足，规范性也不够，不利于志愿服务事业的普及和大力发展。

第二，我国志愿服务处于起步阶段，志愿服务的专业性不强，服务性不足，很多志愿服务活动流于形式，有功利化倾向，对志愿服务者的法律保护也不够。

第三，对慈善捐赠的鼓励措施和力度不够。慈善捐赠税前扣除比例较低。《企业所得税》规定，慈善捐赠规模不超过年度利润总额 12% 的部分可以在税前进行扣除，个人所得税规定一般捐赠的税前扣除比例是 30%，特殊捐赠事项才可以享受全额扣除。而企业所得税规定超出 12% 的捐赠额可以在三年内结转，个人所得税超出捐赠限额部分则不能结转。这使得大量的捐赠额无法得到税前扣除。

第四，进行慈善服务存在一定的制度障碍。《企业所得税法》界定了"公益性捐赠"，指的是企业"通过公益性的社会组织或团体以及县级以上人民政府进行的捐赠"，个人所得税对慈善捐赠的认定与其类似。如果企业和个人想要享受慈善捐赠的税收优惠，只能通过特定渠道进行间接捐赠，而更具针对性和便利性的直接捐赠却不能享受税收优惠，就限制了慈善捐赠事业的壮大发展。此外，复杂的申报程序让许多捐赠者望而却步。

针对这些问题，应该改革慈善捐助和志愿服务法律制度。第一，应该制定统一的非营利法人法，让慈善机构能够在统一的法律规定中明确定位，使其在社会中的民事身份得以明确，有利于规范慈善机构的运行和管理。第二，制定《志愿服务法》，鼓励、规范志愿服务行为，维护志愿服务者的合法利益。第三，加大对慈善捐赠的鼓励力度，较大幅度提高慈善捐赠税前扣除比例。第四，在制度上消除慈善捐赠的制度障碍，立法允许和规范个人直接捐赠制度，简化捐赠程序和证明的申报。

共同富裕的法治建设是一个长期过程，不可能一蹴而就。需要根据条件是否具备一步一步去实践和探索。习近平同志曾经提出告诫："不要好高骛远，吊高胃口，作兑现不了的承诺，即使将来发展水平更高、财力更雄厚了，也不能提过高的目标，搞过头的保障，坚决防止落入'福利主义'养懒汉的陷阱。"[①] 共同富裕是社会主义追求的目标，调整收入分配仅仅是避免人们因为贫富差距过大而陷入发展困境，绝不是要走西方资本主义发达国家已经走过的福利社会导致人们好吃懒做、不思进取的老路。我们需要踏踏实实，一步一个脚印，稳步走向共同富裕。

---

① 习近平：《扎实推动共同富裕》，《求是》2021 年第 20 期。

# 第七章　新时代实现共同富裕的精神维度

经过长期努力，中国特色社会主义进入新时代，这是我国发展新的历史方位。党的十八大以来，我国经济社会发展取得历史性成就、发生历史性变革，综合国力大幅增强。这不仅表现为人们的物质生活水平获得前所未有的提升，而且人们的精神文化生活也成为关注的焦点。习近平总书记指出："共同富裕是全体人民共同富裕，是人民群众物质生活和精神生活都富裕，不是少数人的富裕，也不是整齐划一的平均主义。"[1] 这意味着，新时代实现共同富裕需要观照"物质"与"精神"双重层面，从"双富裕"的互促共融上助力人民群众追求美好生活。

## 一、精神生活共同富裕的时代意涵

新时代实现共同富裕的精神维度，实质上就是阐述"精神生活共同富裕"这个核心内容。为了深入探讨精神生活共同富裕，首先需要我们对于其意涵、特征及其层次结构进行阐述，从而为后续研究奠定基础。

### （一）精神生活共同富裕的含义

在新时代，"精神生活共同富裕"之所以成为我们必须直面的问题，主

---

[1]　习近平：《扎实推动共同富裕》，《求是》2021 年第 20 期。

要是因为社会主要矛盾的变化，这是社会发展阶段性划分的重要依据，也是拓展"共同富裕"理论的前提和基础。中国特色社会主义进入新时代，我国社会主要矛盾已经转化为人民日益增长的美好生活需要和不平衡不充分的发展之间的矛盾。人们追求美好生活，本质上既是对物质生活水平提出新的更高要求，又是对包括理想信念、价值观念、道德规范、政治认同、法律信仰以及民主法治、公平正义、社会安全、生态环境等在内的精神生活提出殷切期待。特别是随着我国综合国力迅猛提升，改革开放日益走向"深水区"，社会结构深刻变动、利益格局深刻调整、思想观念深刻变化，必然会反映在价值观念和思想动态层面，亟待要求人们的精神生活随着物质生活水平改善而相应提升。这是因为，物质生活条件的提升主要是在经济领域推进全体成员的共同富裕，努力改善每个阶层"吃穿住行"等最基本的物质需要。但是这并不必然意味着人们的精神生活共同富裕会"自行实现"，更不代表个体和群体具有高度的自觉性和主动性来塑造其精神世界。不可否认，物质生活水平的提高，会促使人们反思关于自身生存状态及其精神需求。正所谓"仓廪实则知礼节，衣食足则知荣辱"。问题在于，物质生活共同富裕，只是为人们提升精神追求提供了可能性，而并非意味着主体的精神生活会获得普遍性满足。实际上，物质生活的改善的确丰富了主体精神生活的范围和能力，但是也使精神生活呈现个性化、多样化、复杂性的特征，甚至囿于主体的认知水平、理解能力、接受态度等存在差异，反而也让各个人或群体的精神生活出现良莠不齐的现象，以至于衍生"价值迷失""道德失范""不良心态"等问题。从这个意义上说，"精神生活共同富裕"涵摄三层意涵：

其一，从指涉领域看，精神生活共同富裕是指物质生活和精神生活"双富裕"。本质上看，这种注重物质生活和精神生活"双富裕"的认识突破了以往将共同富裕局限于经济领域的传统观念。诚然，追求物质生活和精神生活共同提升，已经作为一种文化范式存在人们思想观念中。特别是改革开放之后，我们在思想意识上认识到物质文明和精神文明不可或缺。邓小平指出："我们要建设的社会主义国家，不但要有高度的物质文明，而且要有高度的精神文明……没有这种精神文明，没有共产主义思想，没有共产主义道德，怎么能建设社会主义?"[1]"没有好的道德观念和社会风气，即使现代化建设起来了也不好，富起来了也不好"[2]。物质文明和精神文明被视为一种观念上的理念，存在于人们的认知结构中。然而，对于从"一穷二白和百废待兴"基础上发展而来的中国而言，人民群众急切盼望在经济生活条件上迅速"富起来"，改变落后贫穷的面貌。因此，我们把共同富裕主要聚焦于经济领域，即人们的物质生活的改善和提升。问题在于，今天我们正处于从"站起来""富起来"走向"强起来"的历史交汇点，经过新中国成立以来七十多年特别是改革开放四十多年的迅猛发展，我们的经济建设取得历史性成就、发生历史性变革，人民群众逐渐富裕起来，物质生活条件得到极大改善，共同富裕的物质层面得到前所未有的发展。然而，在此过程中，人们的精神生活和精神世界并未如同物质文明一样充分发展起来，不但各种"道德失范""价值迷失""理想信念淡漠""信仰动摇"等现象层出不穷，而且精神生活的"滞后发展"已经成为进一步改善物质生活的障碍。本质上看，新时代的"美好生活"包括了"物质生活"与"精神生活"双提升。仅仅着眼于共同富裕的物质层面，不仅无法涵盖美好生活追求的全部内容，而且还会囿于缺失精神生活的支撑而使得经济发展也问题频现。"从'共同富裕'到'人民群众物质生活和精神生活都富裕'，反映了中国对社会主义国家性质和中国特色现代化本质的认知的不断

---

① 《邓小平文选》第 2 卷，人民出版社 1994 年版，第 367 页。

② 中共中央文献研究室：《邓小平年谱（一九七五——一九九七）（下）》，中央文献出版社 2004 年版，第 705—706 页。

深化。"①因而"精神生活共同富裕"是相对于物质生活共同富裕而言的，它侧重于人们的理想信念、认知思维、情感体验、道德规范、审美享受等精神文化内容，从而实现人们物质生活和精神生活共同提升，而不是二者的非匹配性发展。

其二，从覆盖面和共享性看，"精神生活共同富裕"是指个体与群体在理想信念、文化生活、精神享受、道德规范、审美情趣等维度上都有获得公平与平等的资源保障、政策供给和发展机会，避免人民群众的精神生活发展程度参差不齐，甚至出现严重的不均衡、不充分发展。"从概念生成与功能透视来看，精神生活共同富裕需要通过精神生产、精神供给、精神交往、精神消费的系统联动与优化调节，使全体人民在心理生活、文化生活、信仰生活三个层面达成共赴美好生活的精神状态、投身中华民族伟大复兴的精神自觉、抒写人类文明新形态的精神图景。"②从这个意义上说，精神生活共同富裕并不是让一部分人获得充分的精神享受和文化生活，另一部分人出现精神生活的萎缩，而是在个性化、多样化、多层次化的前提下促进个体与群体共同选择、追求、创造精神资源，共享公共文化资源和精神文明成果，平等参与、获得精神文化生活的发展机会。促进精神生活共同富裕，目的是实现人的全面而自由的发展，让全体人民群众共享精神富足的状态。这意味着，精神生活共同富裕绝非是要所有的个体和群体无一例外地达到所谓"一致性"的精神富足状态，而是通过各种文化资源和精神成果的普惠性发展为人们精神生活的个性化、多样化提供支撑。因此，我们所追求的精神生活共同富裕，是要整体推进全体人民的精神生活共同发展，以此构建主体的精神世界，从而实现个体与群体获得精神生活上的跃迁和提升。

---

① 傅才武、高为：《精神生活共同富裕的基本内涵与指标体系》，《山东大学学报（哲学社会科学版）》2022 年第 3 期。

② 柏路：《精神生活共同富裕的时代意涵与价值遵循》，《马克思主义研究》2022 年第 2 期。

其三，从主观感受上看，精神生活共同富裕是指满足人们的精神需求，使广大人民群众在精神世界的共同构建中产生较为充分的获得感、幸福感、归属感和安全感。人之为人离不开吃穿住行等物质生产生活。这是因为，"当人们还不能使自己的吃穿住行在质和量方面得到充分保证的时候，人们就根本不能获得解放。"①但是人同时还是一种"精神性存在"，需要精神生活的滋育。个体和群体具有崇高的理想、坚定的信仰、自由的思想、丰富的情感、坚韧的意志、高尚的品行、理性的审美，才能感知美好生活。如果我们的精神生活和精神世界被降低为"物化"的肉体性、低俗性享受，那么就不可能具有充分的获得感、幸福感、归属感和安全感，甚至精神生活还会囿于过度"物化与世俗化"而走向"精神世界的荒芜"。而且，从主体感知视角促进精神生活共同富裕，目的还在于追求人的解放，让全体人民群众共享精神生活发展成果，从而打破"思想束缚"和"精神奴役"，使人们获得精神上的升华。

**（二）精神生活共同富裕特征**

诚然，精神生活共同富裕归根结底受制于物质生产条件制约，与人们的物质生活发展密不可分。但是精神生活共同富裕也具有自身规律，它的存在形态、发展程度、未来走向具有相对独立性，而且能够以自身逻辑反作用于物质生活。精神生活共同富裕具有自身独有的特征，表现如下：

第一，社会历史性。历史唯物主义认为，人们的精神生活和精神世界来源于物质生产生活，发展于物质生活的变迁。尽管主体的精神生活和精神世界可能会超前于或滞后于物质生活具体情境，但是这种独立性仍然被局限于特定范围，而不是没有限度的。这意味着，主体的理想信念、精神信仰、情感体验、价值观念、文化情趣、道德意识、审美享受等精神生活共同富裕

① 《马克思恩格斯文集》第1卷，人民出版社2009年版，第527页。

在不同时期具有不同形态，它们会随着社会变迁和历史发展而呈现为差异性样态。这是因为，不同历史时期，人们精神生活所涵括的基本意涵、内容形态、外在表现等并不相同，而是随着人们物质生活、社会情境、文化氛围、情感需要等的变化而缩减或拓展相应样态。需要指出的是，精神生活共同富裕的社会历史性特征，表明了人们精神生活会随着社会变迁而呈现出的逻辑趋向，并不意味着它只是一种依附性、机械式的精神存在。相反，精神生活共同富裕所衍生的内容形态和基本样态也可能突破特定时空限制，呈现为超越物质生活条件的独立性和延展性。

第二，全民共享性。人民群众是历史的主体，是物质文化和精神文化的真正参与者和创造者。在新时代，我们追求美好生活的具体表征，就是基于物质生活共同富裕促进精神生活的提升和跃迁，让广大人民群众共同参与、共享精神文化发展的机会和成果。我们之所以促进精神生活共同富裕，就是为了让个体和群体共同参与精神生产、精神交往和精神享受。因为精神生活具有鲜明的个性化、主观性、多样化特点，所以精神生活共同富裕绝不是要实现所谓"整齐划一"或"平均主义"的精神富足状态，更不是牺牲大多数人的精神生活参与机会和精神成果享受能力去满足少数人的精神需求，而是让人民群众共享精神文明成果和精神文化资源。同时，精神生活共同富裕，也不是"同步富裕和同等富裕"，而是充分尊重人们的主体性、个性化、创造性和多样性，通过整体提升人们的参与意愿、参与机会、参与能力来实现精神文化资源和精神文化成果的共同享有。

第三，状态的跃升性。精神生活共同富裕的"全面参与"是就覆盖面而言的，而"状态的跃升性"侧重于精神的富足形态。精神生活共同富裕之所以成为经济社会亟待解决的问题，成为人们美好生活的共同追求，就是因为当前人们的精神面貌、精神生活和精神世界还未适应物质丰裕和社会发展的需要。这缘于我们过度聚焦于经济社会发展和物质生活条件改善，相对忽视了人们的理想信念、价值判断、情感态度、精神意志、道德规范、法律信仰、审美取向等精神生活层面，以至于公众的精神生活出现不平衡、不充分发展问题，甚至部分人和部分领域还呈现严重的精神危机。因而促进精神生活共同富裕就是不断满足人民群众丰富多样的精神文化需求，让人们从"理想信念淡漠""价值观扭曲""道德失范""信仰动摇"等精神贫乏和精神颓废状态中解放出来，跃升至"人民在精神生活领域对美好社会的理想信念、向上向善的价值理念、积极健康的道德观念和优秀传统文化的广泛认同并用以指导自身行为的精神状态"①。

第四，需求的个性化。从整体上促进人民群众的精神生活共同富裕，是"在物质生活共同富裕基础上，人民不断选择、追求、创造、共享精神资源以满足多样化、多层次、多方面精神需要，并在国家共同体的高质量发展中实现人的全面发展的精神活动与精神富足状态"②。精神生活共同富裕，从覆盖面和参与度来说是要促进全体人民群众共享精神文化资源和精神发展成果。但是这并不是说它要遮蔽个体的多样化需求和个性化特质。相反，我们基于物质生活基础上促进人民群众的精神生活共同富裕，恰恰是为了丰富人们的精神文化选择，让每个个体可以依据自身需求和群体特点享受多样化、多层次精神产品，在各具特色的个性化精神参与和精神交往中产生主体自身的获得感和幸福感。"每个人的自由发展是一切人的自由发展的条件。"③ 如果精神生活共同富裕不能满足人们的个性化需求，甚至蜕化为千篇一律的模式，那么人的精神生活和精神世界就会成为"一潭死水"。

---

① 辛世俊、王丹：《试论人民精神生活共同富裕的内涵与实践路径》，《社会主义核心价值观研究》2021 年第 6 期。

② 项久雨、马亚军：《人民精神生活共同富裕的时代内涵、层次结构与实现进路》，《思想理论教育》2022 年第 6 期。

③ 《马克思恩格斯选集》第 1 卷，人民出版社 2012 年版，第 422 页。

## （三）精神生活共同富裕的结构层次

精神生活共同富裕聚焦于主体的精神状态及其精神世界构建，虽然它并不像物质生活共同富裕那样具有明确的衡量标准，相对而言更加侧重于人的主观感受，但是其依然含有自身的核心构件及其相互关联，从而形成一个层次严密的结构层次。依据从具体到抽象和由浅入深的分类标准，我们可以将精神生活共同富裕划分为具象化的"感性—可感知的精神文化资源"、认知性和情感性的"知识—情感体验性精神需求"、抽象性的"信仰—价值性精神状态"。

所谓具象化的"感性—可感知精神文化资源"，主要是指在促进精神生活共同富裕过程中，让广大人民群众能够公平参与、平等享受公共性精神文化资源。本质上看，我们要大力推进基本公共服务均等化，不仅拓展精神文化资源的覆盖面、参与度和共享度，而且还要通过政策倾斜、制度供给、资金支持、技术支撑等方式丰富人们的精神文化生活。一般而言，处于这个层次的精神生活共同富裕重点在于促进精神文化资源的普惠性建设，让广大人民群众可以充分享受诸如名胜古迹、博物馆、纪念馆、名人故居、革命遗址、革命旧址、烈士陵园、展览馆、重要会议会址等有形的与可感知的历史文化资源、红色文化资源、社会文化资源，从而让人们能够借助于此丰富自身的生活，构建独特的精神世界。与此同时，对于具象化的"感性—可感知的精神文化资源"，还要关注它们的空间差异、城乡差异、对象差异，最大程度地解决这些资源的不平衡和不充分问题，努力缩小区域差距、城乡差距，从基本公共服务的供给、分配、调节等层面满足广大人民群众对于精神生活共同富裕的强烈愿望，从而构建覆盖面广、参与人群多、标准透明度高，以及公平合理、价值多元、平等普惠的公共性精神文化服务体系。

所谓认知性和情感性的"知识—情感体验性精神需求"，侧重于人们精神生活在知识形态、认知能力、精神生产、情感体验、审美标准等层面的共同需要，它逐渐远离具象化的精神文化资源形态，通过主体的理性思维使人们获得共同的精神性享受。在这个层次上，精神生活共同富裕更多强调各个社会阶层对于精神生产、精神供给、精神交往和精神消费的参与性体验，并且在此过程中满足公众对于知识性、情感性精神生活的享受，从而产生精神需求上的获得感和幸福感。实质上，这是一种主体的主观体验。然而，我们必须要满足人们的"知识—情感体验性精神需求"，为广大人民群众提供共识性的道德要求、法律规范、情绪体验和审美标准。特别需要指出的是，我们要培育自尊自信、理性平和、积极向上的社会心态，防止各种浮躁焦虑、冷漠怨愤等不良心态扭曲人们的认知思维和情绪情感，导致不可忽视的认知扭曲、情感偏见。

所谓抽象性的"信仰—自我实现性精神状态"，指涉精神生活共同富裕的最核心层次，是人们在共享精神文化资源和获得兼具认知性与情感性精神需求的基础上，形成的触及主体价值观与自我追求的思维方式，属于人们信仰领域的高层次精神需求。促进精神生活共同富裕，根本上是要实现人的全面而自由的发展。但是，这种"人的全面而自由的发展"并不会自行实现，它需要人们在精神维度具有崇高的理想信念，从人类共享价值观和社会形态演进视角塑造自身精神世界，以期能够正确地认识包括主体在内的属人世界。因而处于这个层次的精神生活共同富裕，本质上指向人们的价值观念和理想信念，要求各个阶层的广大人民群众以理性的价值认知和自我实现态度追求美好生活，达至精神生活上的升华，从而为实现个性化、多样化和多层次的精神生活共同富裕奠定基础。

## 二、新时代促进精神生活共同富裕的现存困境

习近平总书记指出："让人民群众过上更加幸福的好日子是我们党始终不渝的奋斗目标，实现共同富裕是中国共产党领导和我国社会主义制度的本

质要求。"① 精神生活共同富裕是新时代共同富裕不可或缺的内容，它对于构建人的精神世界至关重要。然而，当前人们在促进精神生活共同富裕还面临不少现存难题，需要我们审慎对待，克服现存困境，不断满足人民日益增长的美好生活需要。

### （一）空间差距与精神生活共同富裕

空间是一个经典的物理学范畴，它表征于运动中的物质以其大小而划定的界限范围及其所处方位的量度。从自然规律来看，自然空间是一种客观存在形式，它不依主体意志的改变而改变。但是在人的世界中还存在社会空间，它往往受到人们思想意识、价值观念、伦理形态、法律规范、宗教信仰等影响。虽然社会空间也有其内在发展规律，但是这种空间离不开人的参与，具有鲜明的主观性色彩。从这个意义上说，促进精神生活共同富裕必须观照精神生活在自然空间和社会空间上的分布、分配、流动、共享维度，从而让广大人民群众能够在空间中获得满足感，大力解决精神文化资源空间发展不平衡不充分问题。不可否认，精神生活资源的自然空间有其客观限制，名胜古迹、革命圣地、会议旧址、名人故居等在空间上通常难以通过调整、位移、搬迁的方式进行分配。所以这种不以人的意志为转移的精神生活自然空间特质，客观上造成了区域、地域、城乡等差距，以至于对精神生活共同富裕带来挑战。

除了精神生活资源的自然空间外，还存在社会空间意义上的精神生活资源。"马克思要求社会空间资源分配的公平、空间生产的规范有序、空间权利和空间利益的合理满足，希望建立自由、平等、发展的空间。"② 问题在于，囿于精神文化资源在空间上的不均衡分布，以及精神生产、精神供给、精

---

① 习近平：《在全国劳动模范和先进工作者表彰大会上的讲话》，人民出版社 2020 年版，第 8 页。

② 孙全胜：《论马克思"空间正义"的理论形态》，《内蒙古社会科学》2021 年第 3 期。

神交往、精神消费受到资本、利益、权力和各种社会关系的束缚，造成精神生活的区域差异、城乡差异，甚至还因为人为阻隔、地方保护主义、利益固化、过度开发、流动限制等问题产生不公平和不平等的共享问题。而且，在一些地方，精神文化资源在社会空间上存在以"物"为中心的拓展逻辑，忽视了人本性、人文性、多样性、公平性、共享性等价值诉求，以致包括儿童、妇女、老年人、伤残病人等在内的弱势群体难以充分享受公共精神文化资源。"空间正义是一定生产方式和特定历史条件的产物，这个历史实践的标准就是生产方式的发展水平。"[①] 受制于经济社会发展水平限制，精神文化资源的空间形态还存在各种形式的不平衡不充分问题，特别是因为人们的收入差距、阶层地位、兴趣爱好等而衍生的知识层次、教育水平差异，一定程度上妨碍了人们对于精神生活的参与意识、享受能力，这无疑需要我们在基本公共服务均等化上下功夫，从而让广大人民群众能够参与和共享精神生活发展成果。

**（二）圈层冲突与精神生活共同富裕**

随着经济社会迅猛发展，人与人之间的关系呈现出"圈层化"特质。所谓"圈层"，主要是指人们因收入水平、阶层地位、教育背景、年龄层次、性别差异、兴趣爱好、文化品位等不同而趋向于形成交往频繁、联结紧密的协同发展，而且通常具有鲜明的利益需要和情感诉求。社会群体分属不同圈层，往往具有独特的身份特征和文化属性，并且希冀从中获得存在感、认同感和归属感。如果不能处理好精神生活的普惠性要求与社会群体的圈层化特质之间的关系，那么势必会对促进精神生活共同富裕产生负面影响。这是因为，圈层化群体通常具有同质化、内隐性、排外性特点，不同"圈层"在思

---

[①] 王志刚：《马克思主义空间正义理论的历史逻辑》，中国社会科学出版社 2019 年版，第9页。

想动态、价值观念、话语表述、叙述逻辑、思维方式等层面有相异的样态。由此带来的问题表现为三个方面：

一是特定圈层内涉及精神生活信息的交互关系越强，就越可能产生"群体极化"现象，导致不同人群在精神生产、精神供给、精神交往、精神消费维度上相互排斥。一般而言，如果不同群层在价值观念、身份归属、文化品位等层面相似或相近，那么各个群体成因员之间还可以通过互动交流传递信息和表达情感，这无疑有助于他们相互学习、相互影响以及相互分享，从而能够促进精神生活共同富裕。然而，一旦不同圈层群体具有极强的自我特质，并且有意梳理"圈外"群体，结果很可能是形成"信息壁垒""信息茧房""认知固化"，最终拒斥精神生活的互动参与和集体共享。例如，畸形的"饭圈文化"，就是不同粉丝群体基于自身偶像及其文化附属品而在人生观和价值观上相互指责或针锋相对，不但容易撕裂价值共识，而且还容易消解共同的理想信念、政治信仰、道德规范、审美情趣，冲击和侵蚀主流意识形态；二是基于异质性理念而生成的圈层群体容易扭曲主体精神世界，甚至盲目崇拜非主流与不合理的畸形精神文化。同质性圈层群体之所以极易陷入封闭性、排外性旋涡，主要是因为特定圈层自认为他们共享一套文化规范和价值理念。假如圈外的个体或群体秉持与之相异的价值观，他们就会自行将之视为"他者"，以至于为了捍卫自身群体正当性或合法性而趋向于崇尚独特性精神文化，甚至为了彰显差异性，不加辨别地盲目信奉诸如泛娱乐化、拜金主义、极端民粹主义、历史虚无主义等观点。因而这就容易使得异质性圈层在精神世界构建中走向极端，妨碍精神生活共同富裕的顺利推进；三是圈层所共享的精神文化小众化趋势容易强化个体的认同感和归属感，并且在精神需要上消解主流精神文化的权威性。处于某个圈层的成员为了彰显特立独行和与众不同的风格，通常会在从众心理影响下给自我贴上某个群体的鲜明标签。这样一来，圈层群体在精神文化上就可能受到"标签化效应"影响，以致更加崇尚自身的小众文化，甚至为了彰显自我而拒绝融入主流的精神文化生活。

**（三）不良心态与精神生活共同富裕**

"社会心态，是指一定时期内大部分社会成员对自身及现实社会所持有的较普遍的社会态度、价值判断和行为取向的总和。它来源于社会存在，产生于社会个体心理，又以整体的形态存在，具有大众性、感染新、转换性等特点，是社会文明程度的'晴雨表'和'风向标'。"① 只有培育自尊自信、理性平和、积极向上的社会心态，才能更高质量促进人民精神生活共同富裕。如果不良社会心态蔓延，那么势必会对公众的心理感受、情绪反应、价值观念等产生消极影响，从而激化社会矛盾和社会冲突，不利于促进精神生活共同富裕。

当前，广大人民群众正在构建"美好生活"，追求物质与精神"双富裕"。但是，由于社会深度转型及其衍生的利益调整、阶层分化问题，不良社会心态也在社会上迅速蔓延，甚至还以"躺平""佛系""内卷""低欲望"等现象表征自身。本质上看，浮躁焦虑、急功近利、暴戾冷漠、悲观怨恨、极端偏执、泛娱乐化等非理性和不良的社会心态是部分人精神生活贫乏和精神世界萎缩的表征，深度反映人们理想信念缺失、道德蜕化、伦理失范、信仰动摇、精神空虚等问题。当前，由于社会转型正进入"深水区"，各种社会矛盾和社会冲突也随之增多，社会心态呈现出日趋多元化、个性化趋势。不良社会心态折射出社会深度转型期不同社会阶层的现实利益问题。人的精神生活和精神世界是人们现实利益的反映，并且受到"后真相"时代情绪情感的影响而导致人们精神生活更加复杂。

不良社会心态之所以对于促进人的精神生活共同富裕产生负面影响，主

---

① 杨根乔：《培育良好社会心态　凝聚强大精神力量》，《光明日报》2020 年 3 月 2 日。

要是因为这些附带偏见和非理性的社会态度、价值评判和行为模式侵蚀主体的精神世界，造成人的精神生活匮乏，以至于人们深层次的价值观念和思维方式背离主流文化。一方面，不良社会心态的蔓延会撕裂价值共识，激化社会冲突，侵蚀主流文化。尤其是群体性的"怨恨""功利""焦虑""浮躁""暴戾""质疑"等可能严重影响社会风气，造成消极的思想趋势或心理倾向在整体社会弥漫。这种不良倾向容易干扰和弱化人们的理性思维，致使公众以负面的心理感受和情绪反应审视自身及其现实社会。一旦人们在现实生活中碰触热点事件或问题，就容易渲染冲突和矛盾，进而消解对于主流意识形态的认同，甚至主动迎合低俗、媚俗、庸俗之风，走向精神堕落。另一方面，不良社会心态的蔓延容易造成主体精神生活的畸形发展，乃至以"逆反态度"审视现实社会，最终衍生信仰危机。人生价值观是社会心态的核心内容，它涉及人们对于生存状态及其自我意识的表达和反思。秉持负面心态意味着，主体的人生价值观呈现为非理性状态，甚至以逆反态度审视主流价值观，即越是主流意识形态赞成的，一些人越是质疑或否定，以致自身精神生活和精神世界背离核心价值观。

## （四）资本宰制与精神生活共同富裕

"资本是社会主义市场经济的重要生产要素，是带动各类生产要素积聚配置的重要纽带，是促进社会生产力发展的重要力量。社会主义市场经济是一个伟大创造，社会主义市场经济中必然会有各种形态的资本。"[①] 作为生产要素，资本已经渗透到社会生活的各个层面，成为生产力发展和人民生活改善的重要推动力量。然而，增殖和逐利是资本的根本属性，是它表征自身最明显的特征。问题在于，资本的无序扩张和非规范运用不但会在经济领域发挥自身效用，而且还可能对人们的精神生活共同富裕带来危害。原因在于，

---

① 《依法规范和引导我国资本健康发展》，《人民日报》2022 年 5 月 1 日。

资本的逐利冲动会对"诚实守信""公平正义""民主法治"等带来冲击，甚至深度影响人们的"理想信念""价值观念""道德品质""法律意识""政治信仰""审美情趣""精神追求"，导致主体精神生活和精神世界出现偏差乃至走向畸形状态。

在新时代，我们促进精神生活共同富裕的目的，就是让广大人民群众的物质生活和精神生活实现"双提升"，不仅使二者可以匹配性发展，而且通过发挥精神生活的反哺作用进一步推进公众物质生活的高质量改善。但是市场经济社会生活中一些领域的资本盲目扩展乃至野蛮生长，冲破了公序良俗和道德底线，以至于部分人正在陷入"拜物教旋涡"，崇尚拜金主义、消费主义、享乐主义、极端个人主义等思想倾向。他们认为人的精神生活和精神世界是虚无缥缈的，以至于动辄"消解崇高""嘲讽道德""拒斥理想"，导致世界观、人生观和价值观扭曲。这样一来，精神生活共同富裕就可能被资本宰制，陷入"物的依赖关系"中不能自拔，也让人与人之间呈现"异化"的关系，降低人们的精神生产、精神交往和精神享受的能力。

### （五）文化侵蚀与精神生活共同富裕

促进精神生活共同富裕离不开主流文化的哺育，它本质上是核心价值观对于"国民个体在追求文化生活、审美情趣、自我价值、科学知识和群体认同的过程中国所获得的较好公共文化资源保障和所享受到的相对公平的机会"[①]中所起的作用。随着全球化的深入发展以及不确定性时代来临，文化本身的涵盖范围、触及领域、类型特质等不断拓展，文化的多样性和交互性特征也日益明显。应该承认，文化的多样性和公众需求的多元化是一个社会精神文明进步的重要标志。但是，文化在丰富程度上越是趋多，公众的文化选

---

[①] 傅才武、高为：《精神生活共同富裕的基本内涵与指标体系》，《山东大学学报（哲学社会科学版）》2022年第3期。

择越是多元，主流文化就必须越是增强自身凝聚力和引领力。否则，主流文化与多样文化之间便会不可避免地产生张力，使得二者在价值指向上相互悖离，以致非主流文化中的消极部分可能成为精神文化共同富裕的障碍。

从呈现样态看，文化侵蚀之所以影响精神生活共同富裕，主要缘于两方面因素：一是"亚文化"中的负面和不健康内容容易造成人的"精神亚健康"，致使主体的精神文化生活呈现畸形状态。亚文化通常是"相对于主导文化而言的，是某一群体所持有的有别于其他群体或整个社会的文化，是由于阶级、种族、宗教、地域、年龄、性别、职业等不同而产生的"[①]。作为某一区域或某个群体的独特观念、价值追求和生活习惯，这种非主流、局部性的文化现象是一个国家和民族社会生活中的常见形态。而且，"亚文化圈"具有自身的特有观念、道德规范、价值标准、审美意识，它们与主流文化之间没有严格区分的界限，往往表现出模糊性特征。亚文化本身可能同主流文化方向一致，也可能背离主流文化。这意味着，亚文化所衍生的消极、负面、不健康的内容会消解主导文化，造成主体精神生活失序乃至走向畸形形态。例如，"祖安文化""丧文化""佛系文化""内卷文化""躺平文化""炫秀文化""泛娱乐化文化""狂热追星文化""恶搞文化"等现象，不但冲击社会主流文化，而且导致人们精神生活紊乱，侵蚀主体的精神世界，最终致使部分人特别是青少年"精神堕落"，阻碍精神生活共同富裕的发展。二是西方腐蚀性与迷惑性文化冲击人们的精神生活世界。当前，意识形态领域的斗争日趋激烈，并且将构建主体的精神世界作为争夺受众的重要趋向。诸如历史虚无主义、新自由主义、文化保守主义、普世价值观、宪政民主等思潮暗流涌动，试图以兼具迷惑性与虚伪性的思想外观填充人们的精神生活。不但如此，这些西方腐蚀性文化暗含的逻辑在于，通过质疑或丑化主流文化的正当

---

① 黄瑞玲：《亚文化：概念及其变迁》，《国外理论动态》2013 年第 3 期。

性与合法性让扰乱人们的精神生活，并且伺机渲染社会矛盾和群体冲突，美化西方各种文化形态。

无论是"亚文化"中负面内容的隐性侵蚀，还是西方迷惑性文化的主动腐蚀，都对于我们促进精神文化共同富裕带来诸多挑战。它们能够以自身的文化逻辑介入主体的精神生产、精神交往和精神消费的过程，造成一部分公众的精神世界出现偏差，甚至迷失自我，扭曲主体的精神文化需求。

## 三、新时代精神生活共同富裕的进路与限度

在新时代，人们的物质生活和精神生活都获得长足发展，为广大人民群众追求美好生活奠定了基础。特别是我国在政治、经济、文化、社会、科技、生态等领域取得了举世瞩目的成就，综合国力已经跃升为世界第二大经济体。因此，今天我们更有意愿、更有能力促进人民群众的精神生活共同富裕，实现人的全面而自由的发展。针对上述精神生活共同富裕面临的困境，我们需要直面问题，以期构建主体的精神世界。

### （一）促进精神生活共同富裕的价值原则

促进精神生活共同富裕是中国特色社会主义的本质要求，是人民群众精神世界发展的必然规律。新时代人们对美好生活的追求更加强烈，不仅要求高质量的物质生活，而且也对精神世界构建寄予希望。我们党的性质和宗旨以及国家经济社会发展的目的，决定了促进精神生活共同富裕应该遵循的价值原则：

第一，树立人本理念。广大人民群众是创造美好生活的主体力量，也是精神生产、精神参与、精神成果和精神享受的真正创造者。新时代促进精神生活共同富裕，必须坚持"以人民为中心"，激发广大人民群众参与精神文化生活的积极性、主动性和创造性。反观西方现代化进程，我们不难发现，以"物"为核心的精神世界构建原则主导了西式现代化道路的发展历程。正

因如此，资本逻辑主宰着人们的精神生活，以至于人与人之间的精神互动被"物质享受""金钱关系""利益需求"所遮蔽，将人们对精神世界的美好追求转化为赤裸裸的利益关系，并且最终致使物欲需求戕害了精神需求。中国式现代化本质上是"以人为核心"的现代化，它着眼于人的物质生活和精神生活"双提升"，追求人的全面而自由的发展。因此，新时代促进精神生活共同富裕，必须坚持人本理念，把人的精神追求和精神发展置放于核心位置，让广大人民群众在共同参与、共同生产、共同享受中具有获得感和幸福感。

第二，强化价值引领。主观性和个性化是精神生活的重要特征，是主体审思自身生存状态及其自我价值的文化表达。但是这并不意味着人的精神生活和精神世界完全取决于主体的思想倾向和主观感受，它也有内在的发展规律和核心逻辑。也就是说，人的精神生活看似具有多样化和多元性特质，但是它并非是杂乱无章的，而是在发展和演进过程中蕴含内在规律。本质上看，人的精神生活共同富裕离不开价值引导，需要社会主义核心价值观的规约和引领。这是因为，兼具主观性与个性化的精神生活说到底反映了人们的利益需求、理想追求、道德意识、审美标准。如果人们的精神世界失去应有的价值引导，甚至背离主流价值观，那么精神生活就会紊乱，以致最终畸变为精神危机。因此，我们要给精神生活共同富有注入正确价值观，使之遵循精神世界发展规律，促进人的全面而自由的发展。

第三，坚持系统观念。人民精神生活共同富裕是社会生活生态系统中的重要一环，我们必须以整体思维审视它的运行状态和发展趋势。也就是说，精神生活共同富裕并不是处于静态、孤立的社会环境中，它是在社会关系中获得自身存在的。因此，促进人民精神生活共同富裕应该注重两方面的互动关联：一是物质生活共同富裕与精神生活共同富裕应该处于匹配性的发展状态之中。共同富裕包含物质生活和精神生活双重层面，二者不仅具有紧密的内在关联，而且能够通过自身反作用影响对方。如果只是注重物质生活改善而忽视精神生活提升，那么可能会使人迷失自我，造成主体人生价值观扭曲。同样，脱离物质生活而单纯强调精神世界发展，最终可能会走向思想上的虚无状态，以至于出现精神空虚等危机。二是人民精神生活共同富裕内部所涵盖的理想信念、价值观念、道德规范、法律意识、审美情趣等要素相互关联、互促共进。因此，我们促进精神生活共同富裕，也要是上述各个要素获得充分发展，而不是顾此失彼，最终制约人的精神生活提升。

**（二）促进精神生活共同富裕的实践路径**

习近平总书记指出："促进人民精神生活共同富裕。促进共同富裕与促进人的全面发展是高度统一的。要强化社会主义核心价值观引领，加强爱国主义、集体主义、社会主义教育，发展公共文化事业，完善公共文化服务体系，不断满足人民群众多样化、多层次、多方面的精神为需求。要加强促进共同富裕舆论引导，澄清各种模糊认识，防止急于求成和畏难情绪，为促进共同富裕提供良好舆论环境。"[①] 促进精神生活共同富裕，需要我们在如下方面下功夫：

第一，基于物质生活高质量发展推进精神生活领域的基本公共服务均等化。马克思指出："物质生活的生产方式制约着整个社会生活、政治生活和精神生活的过程。"[②] 物质生活条件改善是促进精神生活共同富裕的前提。因而，我们需要从更高质量、更高要求推进物质生活发展，增强经济实力和科技实力，为精神生活共同富裕奠定基础。只有如此，我们才能有坚持的物质支撑，才能有充分的"人财物"支持基本公共服务均等化，大力推动红色基地、革命遗址、名人故居以及博物馆、纪念馆、烈士陵园、展览馆、重要会议会址等建设，让广大人民群众共同参与、共同享受丰富多彩的精神文化

---

① 习近平：《扎实推动共同富裕》，《求是》2021 年第 20 期。
② 《马克思恩格斯文集》第 2 卷，人民出版社 2009 年版，第 591 页。

生活。反之，假如没有物质生活条件的持续改善，没有生产力的持续发展，"那么只会有贫穷、极端贫困的普遍化；而在极端贫困的情况下，必须重新开始争取必需品的斗争，全部陈腐污浊的东西又要死灰复燃"①。如此一来，人们的精神生活共同富裕也就无从谈起。

第二，充分发挥社会主义核心价值观对于人民精神生活共同富裕的引领作用。"社会主义核心价值观是当代中国精神的集中体现，凝结着全体人民共同价值追求。要以培养担当民族复兴大任的时代新人为着眼点，强化教育引导、实践养成、制度保障，发挥社会主义核心价值观对国民教育、精神文明建设、精神文化产品创造生产传播的引领作用，把社会主义核心价值观融入社会发展各个方面，转化为人们的情感认同和行为习惯。"②核心价值观能够对于促进人民精神生活共同富裕提供方向指引和思想支撑，并且凝聚价值共识，塑造广大人民群众的理想信念、价值观念、道德规范和审美标准。我们可以看到，当前之所以有一部分人不分是非、不明善恶、不辨美丑，甚至信仰动摇、理想淡漠、践踏法律等，就是因为他们在追求精神生活中失去价值规约，以假为荣、以恶为能、以丑为美，完全扭曲精神世界。因而，我们要以社会主义核心价值观引领人们多样化、多层次、个性化的精神文化需求，将共同价值追求落实、落小、落细，切实增强人们的幸福感。

第三，加强精神文化资源的"开发、应用和共享"机制建设。我国拥有得天独厚的精神文化资源，既有传承五千年的中华优秀文化传统资源，又有感人至深的红色革命文化资源，还有积极向上的社会主义先进文化。促进人民精神生活共同富裕，需要我们弘扬和利用这些文化资源。一方面，建立"自上而下"的精神文化资源的"开发、应用和共享"机制。精神文化资源

① 《马克思恩格斯文集》第 1 卷，人民出版社 2009 年版，第 538 页。
② 习近平：《决胜全面建成小康社会　夺取新时代中国特色社会主义伟大胜利——在中国共产党第十九次全国代表大会上的报告》，人民出版社 2017 年版，第 42 页。

的开发和利用，要树立全国"一盘棋"思维，依靠党和政府的整体谋划，促进精神文化资源的合理利用。特别是打破区域差异、城乡差异、地域差异、年龄差异等限制，让中华优秀传统文化、革命文化和社会主义文化惠及全国民众；另一方面，建立"自下而上"的精神文化资源的"开发、应用和共享"机制。促进精神生活共同富裕，需要观照广大人民群众的需求，真正激发普通民众的参与性、主动性和创造性，通过"社区—地区合作""校—企合作"等机制让人民在精神生产、精神参与、精神交往和精神共享中发挥主体作用。

**（三）促进精神生活共同富裕的内在限度**

促进精神生活共同富裕，是建设美好生活、推进中国式现代化和实现中华民族伟大复兴的题中应有之义。当前，我国正在凝心聚力向着第二个百年奋斗目标前进，满足人民美好精神文化生活的期待显得尤为重要。不可否认，精神生活共同富裕在人们的安全感、获得感和幸福感层面具有共识性标准，需要我们下大力气构建人们的精神世界。但是促进精神生活共同富裕必须遵循经济社会和精神生活的发展规律，尽力而为、量力而行，既不能过度夸大精神生活的功能，又不能过分降低精神生活的作用。因此，必须科学审视共同富裕的精神维度，合理推进精神生活共同富裕。

一方面，促进精神生活共同富裕不能脱离经济社会发展水平，反对过度拔高精神的反哺功能。不可否认，人是一种精神性存在。但是，这种精神性存在是以人物质生产生活为基本前提。我们只有满足了人们的吃、穿、住、行等需要之后，才能谈得上精神世界的发展。对于没有满足基本物质生活需求，甚至还在终日为"吃饱穿暖"而奔波的人们来说，单纯强调精神生活或许可以暂时激发人的斗志，但终归不是长久之计。并且，脱离人的物质利益，单纯谈论所谓的精神生活，势必会走向虚无缥缈的"乌托邦"。人的精神生活共同富裕固然可以反哺物质生活改善，在一定条件下能够催生推动生产力发展的磅礴力量。然而，这种功能的发挥本质上是建立在人们利益诉求和情感诉求得以顺畅实现的基础上。如果忽视乃至否认人的物质利益，独立性地强调和拔高精神生活的作用，那么精神生活共同富裕就会畸变为"空中楼阁"和"海市蜃楼"。

另一方面，精神生活共同富裕的具有自身的独立发展规律，不能以冰冷的数字简单描述人们的精神世界。在经济社会发展过程中，必须处理好物质生活和精神生活协同发展。经济领域的"共同富裕"，并不必然带来社会文化层面的"共同富裕"。在改革开放过程中产生了层出不穷的"道德滑坡""理想淡漠""信仰动摇""审美偏差"等问题，人们的精神生活出现问题，甚至还衍生"精神荒芜"等现象。促进精神生活共同富裕，应该观照主体的内心感受，着眼于他们的安全感、获得感和幸福感。这是因为，精神生活并不像物质生活那样具有统计学上的衡量标准。如果简单以冰冷冷的数字描述丰富多彩的精神世界，那么可能会降低精神生活的作用，妨碍对于人民精神生活的理性审视。

# 第八章　新时代实现共同富裕的社会政策依托

　　共同富裕是马克思主义的一个基本目标，也是中国人民最朴素的思想和愿望。[①] 实现共同富裕既要不断推进经济社会高质量发展，又要在分配过程中促进社会公平的实现，共享经济发展的成果。因此，新时代实现共同富裕的目标需要依托社会政策体系的完善。社会政策最早是在欧洲为了解决工业化和现代化过程中出现的大量问题而由著名学者瓦格纳（Adelph Wagner）提出的，其主要功能在于通过法律或行政等方式调节收入分配，促进社会公平。[②] 随着时代的发展，现如今，社会政策也被赋予了更广泛的内涵和特征。从我国的发展过程来看，社会政策在调节收入差距、贫困治理和社会保障等方面都发挥了巨大的作用。

## 一、共同富裕与社会政策的实践与经验

　　共同富裕是社会主义的本质要求，也是一个长期的过程，更是一项综合性的事业。推进共同富裕需要经济、政治、文化、社会政策共同发挥作用。其中，完善的社会政策体系是推动共同富裕的重要路径和方式。从这个意义上而言，在未来的发展中，需要进一步发挥社会政策在促进经济发展和维护

---

① 《习近平谈治国理政》第 2 卷，外文出版社 2017 年版，第 214 页。
② 杨团：《社会政策研究范式的演化及其启示》，《中国社会科学》2002 年第 4 期。

社会公平方面的目标。

### （一）全覆盖社会保障体系的发展历程

社会政策是工业社会转型的产物，同时也是社会保障制度实施的重要载体。而社会保障是社会政策最集中的体现之一。[①] 从根本上看，社会保障是兼有社会性和经济福利性的保障国民生活的系统的总称，有助于协调经济发展与社会公平之间的深层次矛盾。可以说，社会保障已成为国家治理的重要组成部分。我国的社会保障起步较晚，但是发展速度很快，现已建成世界上规模最大的社会保障体系。

#### 1. 社会保障建设的起步阶段（1978—1991）

自 1978 年改革开放以来，我国社会保障制度主要适应国有企业发展需要，率先从城市范围内展开。这一时期的社会保障制度主要体现在两个方面：城镇养老保险和职工待业保险制度。1986 年，国务院颁布《国营企业实行劳动合同制暂行规定》，企业职工养老保险范围扩大到合同工，受益群体进一步扩大。1991 年国务院颁布《关于企业职工养老保险制度改革的决定》，规定了养老保险由国家、企业和个人三方共同承担，使得养老保险制度更加定型。相比之下，职工待业保险制度建立稍晚，1986 年颁布的《国营企业职工待业保险暂行规定》，标志着职工待业保险制度正式启动。同时也意味着，待业职工的基本生活从制度和法律层面上得到了国家的保障。

#### 2. 社会保障建设的快速发展阶段（1992—2002）

1992 年，党的十二大提出建设社会主义市场经济体制，由此开启了社会保障快速发展阶段。党的十四届三中全会提出建构统一和完善的社会保障体系，即在养老保险的基础上，增加医疗保险和工伤保险、生育保险。 1995年，我国开始全面建设医疗保险制度，通过个人账户和社会统筹账户实现企

---

① 杨穗等：《新时代中国农村社会政策与收入差距》，《中国农村经济》2021 年第 9 期。

业职工医疗保障。与此同时,《企业职工工伤保险试行办法》的颁布认定了企业职工的工伤认定与管理标准。至此,我国社会保障制度在城市企业职工中全面展开,为国有企业改革和市场经济发展注入了社会动力。

### 3. 社会保障建设的整体推进阶段(2003—2012)

改革开放以来,受城乡二元结构的制约,我国社会保障也呈现出"重城市、轻农村"的总体特征,农村社会保障严重滞后城市。从2003年开始,我国在部分省市县试点新型农村医疗合作保险制度(以下简称"新农合"),社会保障制度开始走进农村,使农民生病后可以得到基本的公共卫生服务,改变了农村以往以家庭养老的状况。到2010年,新农合已经覆盖到了全国所有农村居民,实现全覆盖。而2007年也启动了城镇居民医疗保险制度建设,实现了对全体城镇非从业居民的覆盖。党的十六届六中全会提出,适应人口老龄化、城镇化、就业方式多样化,逐步建立社会保险、社会救助、社会福利、慈善事业相衔接的覆盖城乡居民的社会保障体系。我国以"全覆盖、保基本、可持续、惠民生"为基本原则,切实通过社会保障体系保障城乡居民的生活水平。

### 4. 社会保障制度的全面深化改革阶段(2013—    )

习近平总书记指出,"探索医疗保险改革这一世界性难题的中国式解决办法,着力解决人民群众看病难、看病贵、医疗卫生资源均衡配置等问题,实现到2020年人人享有基本医疗卫生服务的目标。"[1] 当前,城镇职工医保、城镇居民医保、新农合均实现整合。异地看病报销、大病保险等一系列惠民政策不断出台和落地,医改红利惠及城乡全体居民。同时,党的十八大以后,养老保险改革也迈入快车道,《城乡养老保险制度衔接办法》实现了城镇职工养老保险到城乡居民养老保险的历史性跨越。《关于机关事业单位养

---

① 《习近平总书记系列重要讲话读本》,学习出版社、人民出版社2016年版,第218页。

老保险制度改革的决定》标志着多层次、立体式的养老保险制度体系基本形成。可以确认的是，经过长时间的发展，我国社会保障体系实现了社会化、规范化、法治化。在内容上，社会保障体系涵盖了"五险一金"，在覆盖面上，实现了全体人民共参共建共享，已经成为社会安全网的重要组成部分，同时也为实现共同富裕发挥了兜底性的基础功能。

**（二）社会政策与分配收入的调节**

社会政策运行的基本方式是政府通过公共行动的方式向有需要的群体提供民生保障和公共服务，因此具有较强的再分配功能。[1] 可以说，社会公平是社会政策的核心价值。马克思指出，"权利永远不能超出社会的经济结构以及由此经济结构制约的社会文化发展。"[2] 党的十九大报告指出，"履行好政府再分配调节职能，加快推进基本公共服务均等化，缩小收入分配差距。"[3] 当前社会政策的公平性问题主要是处理好福利待遇的不均等问题。[4] 在改革开放的发展过程中，地域间、城乡间、人群间、职业间、物质与社会服务之间均存在着一定程度的不平衡问题。与此同时，社会政策在经济发展过程中有效地保证了人民平等发展的权利。

以低保制度为例，作为一项具有本土特点的福利制度，低保制度无论在城市还是农村都发挥了重要的再分配功能。其特点主要表现为：（1）只针对标准线以下的困难群众实施的一种社会救助；（2）具有临时性和阶段性的特点。在农村，《关于在全国建立农村最低生活保障制度的通知》正式使低

---

① 关信平：《现阶段我国走共同富裕道路的社会政策目标及路径》，《西北师大学报》（社会科学版）2022 年第 3 期。

② ［德］卡尔·马克思：《哥达纲领批判》，中共中央马克思恩格斯列宁斯大林著作编译局译，人民出版社 2015 年版，第 16 页。

③ 习近平：《决胜全面建成小康社会　夺取新时代中国特色社会主义伟大胜利》，《人民日报》2017 年 10 月 28 日。

④ 李迎生：《中国社会政策改革创新的价值基础——社会公平与社会政策》，《社会科学》2019 年第 3 期。

保制度走进农村。农村低保对象主要是生活在农村处于绝对贫困线以下的农民。特别是低保制度与精准扶贫衔接后，农村贫困人口的生活水平得到显著提升，农村低保保障率也呈现逐年下降趋势。在城市，低保是在经济体制转轨、社会结构转型的过程中建立起来的，主要针对城市无劳动能力或法定赡养（或抚养）人的居民和失业、下岗人员。事实上，城市中在职人员在低保中的人口比例较低，而老年人、在校生以及残疾人在低保中比例较高。因此，在一定程度上而言，城市低保已经逐渐发展成为面向城乡困难群众的社会保障制度。无论是农村还是城市，低保制度的建立意味着社会救助实现了从临时化到制度化的转变，并从底线上发挥着维护社会公平、促进社会和谐的功能。在社会政策的作用下，我国城乡居民人均可支配收入比从 2013 年的 2.81 下降到 2020 年的 2.56，[①] 城乡居民的收入差距进一步减少，社会政策的调节收入分配功能进一步显现。

**（三）社会政策对贫困治理的影响**

改革开放以来，我国在已有的基础上，逐步推动社会救助在市场化改革中不断转型和完善，建立起以社会政策为依托的新型反贫困工作，并取得了巨大进展。2013 年，我国确立了"精准扶贫"战略，经过七年的努力，到 2020 年，取得了消除绝对贫困的历史性成就。20 世纪 90 年代开始，经济政策已经不再是推进反贫困战略的唯一方式，社会政策在推进贫困治理过程中开始发挥越来越重要的作用。贫困人口的安全、社会排斥及可持续发展等议题逐步得到了社会政策的回应。

2006 年党的十六届六中全会在提出"加紧建设对保障公平正义具有重大作用的制度"基础上，在政策领域强调了"社会政策"的重要性，特别是在产业和就业政策方面。[②] 2007 年国务院颁布的《关于在全国建立农村

---

① 习近平：《在全国脱贫攻坚总结表彰大会上的讲话》，《人民日报》2021 年 2 月 26 日。

② 霍萱等：《从经济政策范式到社会政策范式——中国农村反贫困历程变迁与动力》，《中国农业大学学报》（社会科学版）2019 年第 6 期。

最低生活保障制度的通知》，要求将农村符合条件的贫困人口纳入其中，建立起新型的社会救助体系。[①] 同时也蕴含着"汲取型"政权向"给予型"政权转变和国家治理方式的转型，[②] 为贫困人口提供了一定的保障权利。党的十八大以来，中共中央办公厅、国务院办公厅先后出台 13 个配套文件，中央及国家机关出台 230 个政策文件或实施方案，中央专项财政累计投入 2822 亿，年均增长 22.7%；省级财政累计投入 1825 亿，年均增长 26.9%，共同致力于反贫困事业，减少农村地区贫困人口 8239 万，创造了人类历史上脱贫的中国奇迹。[③] 社会政策对于农村精准扶贫的影响主要体现在农村社会保障体系。

**1. 农村养老保险**

2009 年 9 月，国务院发布《关于开展新型农村社会养老保险试点的指导意见》，标志着全国新农保试点工作启动，开始探索在农村地区建立的新型农村养老保险制度，改变了几千年来农村家庭养老方式。2014 年，农村养老保险与城镇养老保险整合为统一的城乡居民基本养老保险制度，其中农村居民参保人数占 95%。城乡居民养老保险制度的建立进一步缩小了城乡之间的收入差距，有力地保障了农村老年人口的生活质量。与此同时，精准扶贫战略充分发挥了农村养老保险制度的优越性，全国农村建档立卡人口参加基本养老保险人数占比超过 99.9%。可以说，城乡居民养老保险制度的实施不仅使得原本缺乏保障的农村贫困人口摆脱贫困，而且为乡村振兴奠定了良好的坚实基础。

---

① 许尧、王雪：《新中国 70 年保障贫困人口生活的历程、轨迹与经验》，《西北农林科技大学学报》(社会科学版) 2019 年第 6 期。

② 周飞舟：《从汲取型政权到"悬浮型"政权——税费改革对国家与农民关系的影响》，《社会学研究》2006 年第 3 期。

③ 参见《吹响大国攻坚的嘹亮号角——党的十八大以来精准扶贫工作综述》，《人民日报》2018 年 9 月 20 日。

## 2. 农村医疗保险

2016 年，新农合与城镇医疗保险整合为城乡居民基本医疗保险制度。而且随着大病保险制度的建立，农村居民的医保权益显著提升。事实上，在我国，农村贫困发生率与农民医疗保障水平存在很大关系，"因病致贫、因病返贫"现象十分普遍，并长期成为农民脱贫致富的主要障碍因素之一。据国家医保局相关负责人表示，2018 年以来，医保扶贫政策累计惠及贫困人口 4.8 亿人次，帮助减轻医疗负担近 3300 亿元，助力近 1000 万户因病致贫群众精准脱贫。① 农村医疗保险制度的实施既可以通过提高农民的健康水平拓展农民的就业渠道和发展空间，也可以减少农民看病支出，防范和化解农民生活风险。

## 3. 农村社会救助

2014 年《社会救助暂行办法》颁布实施，构建了全方位和综合性的社会救助体系，即以特困人群为核心，以医疗、住房、教育、就业等为主要内容的救助体系。在精准扶贫战略和农村低保制度共同作用下，有力的化解了农村缺乏内生发展能力人口的致贫风险。② 作为一项社会福利制度，社会救助制度开始从多元角度对弱势群体进行帮扶。正如印度经济学家阿玛蒂亚·森指出，贫困不仅是收入不足和缺乏经济保障，而是能力的相对剥夺和限制。③ 特别是在解决绝对贫困问题的基础上，构建通过社会救助解决相对贫困的长效机制，需要从发展型社会救助着手。

---

① 《我国近千万因病致贫贫困户成功脱贫》，转中国政府网，http://www.gov.cn/xinwen/2020-11/21/content_5563157.htm，2020 年 11 月 12 日。

② 张栋：《城乡最低生活保障制度对贫困脆弱性的改善效应研究——基于 PSM-DID 方法的实证分析》，《财贸研究》2020 年第 9 期。

③ ［印］阿玛蒂亚·森：《以自由看待发展》，任赜等译，中国人民大学出版社 2013 年版，第 16 页。

## 二、社会政策促进共同富裕的总体特征与目标定位

在社会主义市场经济体系中，社会政策不仅可以在再分配系统中加强和改进民生，践行"以人民为中心"的发展思想，而且有利于推动经济发展和社会建设。共同富裕中的"共同"和"富裕"有着多方面的内涵，为了更好地促进共同富裕，需要构建积极的社会政策体系。

### （一）新时代中国的社会政策及其总体特征

改革开放以来，我国社会政策事业在与西方接轨的同时，走出了具有中国特色的发展道路。与此同时，社会的极速变迁也给社会政策的发展带来了诸多的困难和挑战。因此，社会政策在改革中不断前行。从我国社会政策发展的历程来看，新时代中国社会政策具有鲜明的时代特征。

#### 1. 以人民为中心的社会政策体系

党的十八大以来，中国共产党坚持以"人民为中心"的发展思想，继续加强和改进民生，不断优化社会政策体系。特别是精准扶贫战略的实施，我国近1亿农村人口全部脱贫，彻底改变了贫困地区的面貌和传统村落的社会环境，重点对象的保障力度进一步得到加强，社会政策的广度和深度均有较大幅度的扩展。社会政策体系已经成为我国治理体系与治理能力现代化的重要内容。[①]

#### 2. 社会政策体系和结构更加完善

从理论上讲，社会政策是一个极为复杂的系统，既包含以加强和保障民生为重点的社会保障，也包含间接影响居民生产生活的教育政策和财税政策。党的十八大以来，我国社会保险、社会救助和特殊人群的服务更加完善，基本上做到了响应"社会政策"要托底的总要求。此外，职业教育和技

---

① 关信平：《中国共产党百年社会政策的实践与经验》，《中国社会科学》2022年第2期。

能培训政策、规范人才引进和流动政策、户籍改革政策、高考改革政策等相关政策的落地和实施，促进了人口的合理流动和空间分配，为经济社会发展作出重要贡献。

**3. 社会政策与经济发展的联动效应更加明显**

一般意义上而言，社会政策主要是通过干预再分配而促进共同富裕。事实上，社会政策不仅是再分配的政策工具，而且能够在复杂体系中促进经济和社会的发展。一方面，通过社会政策优化人力资源和要素配置，为经济发展提供新动能；另一方面，通过社会政策化解经济结构转型过程中的突出性矛盾，增强人民群众的获得感、幸福感和安全感。

**（二）社会政策的共同富裕指向及发展目标**

习近平总书记在庆祝中国共产党成立 100 周年大会上指出，中国共产党是中国特色社会主义事业最本质的特征，是中国特色社会主义制度最大的优势，是党和国家的根本所在、命脉所在，是全国各族人民的利益所系、命运所系。[①]党的十八大以来，党中央着眼于"两个大局"，贯彻新发展理念，推动经济高质量发展，2021 年，我国居民人均可支配收入增长到 35128 元，居民收入增速快于人均 GDP 增速，经济发展与成果分享的差距进一步缩小。因此，中国共产党的领导是社会政策促进共同富裕最根本的制度基础。

**1. 构建社会大众日常生活保障和服务体系**

促进共同富裕的社会政策体系不仅需要完善的社会保障作为支撑，更需要在社会大众的基本民生和基本公共服务上发力，即在就业促进、基础教育、公共卫生、老年人服务、青少年服务、残疾人事业等领域，着力推进普惠性保障与服务。同时，对特殊人群开展具有针对性的保障和服务，形成具有多层次的生活保障与服务体系，满足多元化社会的需求。

---

① 习近平：《在庆祝中国共产党成立 100 周年大会上的讲话》，《人民日报》2021 年 7 月 2 日。

### 2. 丰富社会大众精神文化生活

中央财经委员会第十次会议指出，共同富裕是人民群众物质生活和精神生活都富裕。因此，全面的社会政策不仅使用福利机制回应弱势群体，同时需要针对不同群体实施相应的精神文化生活服务。[①] 尤其是以社会主义核心价值观为统领，构建积极的宗教政策、文艺政策和文化政策等，促进文化产业繁荣，提升城乡融合发展品质，提高社会大众精神文化生活内涵。

### 3. 充分发挥社会政策在人口要素流动的功能

积极的社会政策是经济高质量发展的助推器。社会政策不仅能够起到保障社会大众生活，同时可以起到促进人口要素的有序流动。例如：党的十八大以来，我国深化户籍制度改革，全面放开小城镇和小城市落户限制，有序放开中等城市落户限制，逐步放宽大城市落户条件，户籍制度的改革为人口在城乡之间、地域之间流动提供了有利条件，助推我国城市化进程，也为个人的就业创业提供了便利。从这个意义上而言，倘若要形成"人尽其才，物尽其用"的格局，社会政策需要保障人口要素的合理配置，最终实现共同富裕。

由此来看，社会政策的多层次体系中蕴含着共同富裕的价值理念与方法，社会政策目标定位也促使社会大众生活品质的全方位提升，不断满足人民对美好生活的需要。

## 三、迈向共同富裕的包容性社会政策建构

改革开放以来，我国"总体支配"权力结构逐渐向着"技术治理"方向演变，[②] 并在社会结构上越来越呈现出"个体化"现象。社会多元化、多样

---

① 方巷等：《论精神生活的主体性特征》，《社会科学辑刊》2008 年第 3 期。
② 渠敬东等：《从总体支配到技术治理——基于中国 30 年改革经验的社会学分析》，《中国社会科学》2009 年第 6 期。

化、多层次特征更为明显。因此，社会政策需要更加包容以适应社会结构的分化。

## （一）包容性社会政策的意涵及维度

包容性发展（inclusive growth）最先由亚洲开发银行提出。2007 年，亚洲开发银行举办了以"新亚太地区的包容性发展与贫困减除"为主题的国际研讨会，由此包容性发展与减贫和共同富裕关联起来。对于包容性发展，国内外学术界有诸多解释框架。比如，有学者认为包容性发展就是在经济增长的过程中，让更多的群体分享经济发展成果，促进分配更加公平。[1] 也有学者认为，包容性发展是指更多的群体机会均等的进入经济发展的过程。[2] 总体来看，包容性发展更加强调共享性、平等性、公平性。包容性社会政策以包容性发展为基本理念，更加凸显对协调、公平和个体权利的追求。具体来看，主要体现在以下几个方面：

首先，从目标取向上来看，注重社会的公平正义。包容性发展既要通过经济增长创造发展机会，又要消除机会不平等以促进社会公平。[3] 世界银行认为，包容性发展必须致力于创造机会均等，即分享经济发展的机会。[4] 因此，包容性社会政策建构一方面需要摒除社会排斥带来的隐性区隔和社会不公平，另一方面更需要为更多的民众提供均等的机会以进入市场经济体系。此外，包容性社会政策还需要在机会公平、规则公平、分配公平的基础上，发展福利事业和社会慈善事业。

其次，从价值基础上来看，适应社会的多样化变迁。个体化社会来临的

---

① 叶初升、张凤华：《发展经济学视野中的包容性发展》，《光明日报》2011 年 3 月 18 日。

② 向德平：《包容性发展理念对中国社会政策建构的启示》，《社会科学》2012 年第 1 期。

③ Ali, I. , and J. Zhuang. "Inclusive Growth toward a Prosperous Asia: Policy Implications," *ERD Working Paper Series*, No.97, 2007.

④ 世界银行增长与发展委员会：《增长报告——可持续增长和包容性发展的战略》，中国金融出版社 2008 年版，第 32 页。

显著特征在于社会分化为具有个性化个体的集合。以往的社会政策往往更加关注大多数人的利益，而忽视少数群体的利益，这样在一定程度上会因为大部分人而影响部分人群发展的机会，甚至造成部分人群被排斥在社会政策的框架之外。因此，包容性社会政策不应该仅仅停留在宏观层面，迎合大部分人群的需要，而是应该将定位标准逐渐调整为以个体为导向。①

第三，从政策指向上来看，尊重多元化群体的利益诉求。面对日趋多元化的社会群体及其利益诉求，社会政策更加需要在框架内适应社会结构的转型的趋势。包容性社会政策会充分发挥社会子系统和次级系统的功能，构建以个体间的社会关系为基础的相对稳定的福利体系，其有助于发展不同性质的社会次级系统，将更多的人群包含进去，从而实现社会共济，增强社会发展的包容性。②

最后，从重点上来看，更加关注弱势群体的发展能力。对于社会的整体发展而言，社会弱势群体更加需要社会政策的关注和保护。阿玛蒂亚·森从可行能力（capability）的视角出发阐释了发展与自由之间的关系，并指出发展就是拓展自由。③包容性社会政策直面弱势群体权利相对剥夺和发展能力不足的现状，因为其需要在政策领域被赋权，从而获得在制度领域的可持续发展机会和能力。同时，通过社会工作事业的发展为弱势群体提供专业化照顾。

## （二）包容性社会政策与基本公共服务均等化

城乡二元的社会结构使得农村的经济与社会事业发展均受到影响。一

---

① 文军：《个体化社会的来临与包容性社会政策的建构》，《社会科学》2012 年第 1 期。

② 黎熙元、陈福平：《公共福利制度与社会网的功能互补——包容性社会政策的基础》，《中山大学学报》（社会科学版）2007 年第 6 期。

③ ［印］阿玛蒂亚·森：《以自由看待发展》，任赜等译，中国人民大学出版社 2013 年版，第 35 页。

个不争的事实就是，从整体上看，当前农村教育、医疗、卫生和养老等基础设施和公共服务方面都明显滞后于城市。中央财经委员会第十次会议强调，"要促进基本公共服务均等化，加大普惠性人力资本投入，完善养老和医疗保障体系、兜底救助体系、住房供应和保障体系。"特别是农村社区公共服务亟须改善。可以说，基本公共服务均等化既是推动共同富裕的重要抓手，也是共同富裕的必然要求。

首先，包容性社会政策有利于扩展公共服务的广度。从目前我国公共服务发展的状况来看，农村社区公共服务面临起步晚、基础弱、资源少的困难，2015 年中办、国办印发《关于深入推进农村社区建设试点工作的指导意见》，旨在进一步提升农村公共服务水平，促进城乡公共服务协调发展。包容性社会政策以城乡融合为基点，将城市公共服务体系向农村延伸，从"社区城市"逐步推广到"社区农村"进而实现"社区中国"，[①] 促进农村社区公共服务升级。

其次，包容性社会政策有利于丰富公共服务的内涵。包容性社会政策通过大力发展社会组织、社区和社会工作事业，旨在培育政府以外的公共服务供给方式，使得公共服务的内涵由外在服务内容向内在精神领域扩展，同样也使公共服务的供给更加具有灵活性。因此，社会组织、社区和社会工作事业是社会福利和社会救助的重要组成部分，也是新时代推进基本公共服务均等化的战略选择。

最后，包容性社会政策有利于优化基本公共服务结构。一般意义上而言，基本公共服务包含基本生活、基本教育、公共卫生、基本医疗、基本住房等内容。[②] 包容性社会政策在基本公共服务的导向上更加侧重于从具体的

---

① 刘建军：《社区中国：通过社区巩固国家治理之基》，《上海大学学报》(社会科学版)2016 年第 6 期。

② 丁元竹：《实现基本公共服务均等化的实践和理论创新》，《人民论坛·学术前沿》2022 年第 5 期。

时空场景和利益诉求配置服务资源，比如，农村的住房需求明显低于城市居民，而对公共卫生和基本医疗又有更强的需求。因此，基本公共服务均等化需要在具体的时空情境中建构起适应的架构。

**（三）包容性社会政策的共同富裕效应**

以包容性发展为基本理念的社会政策的特点在于从包容性的视角推进社会公平，使多元化群体能够分享经济发展与社会建设的成果，与共同富裕的时代主题有着相适应的价值理念。因此，包容性社会政策具有共同富裕的效应。

第一，包容性社会政策致力于从全体人民的视角实现托底性保障。包容性社会政策对于社会多元化群体，特别是社会弱势群体给予赋权和增能，建构全覆盖的社会保障和社会救助体系。在后贫困时代，相对贫困的治理亟须将社会保障纳入重要环节，即国家福利制度保障、稳定的经济能力和就业机会保障以及多元化的社会救助保障，为贫困人口生计脆弱性提供制度依赖，缩小贫富差距，提高风险抵御能力。[①] 与此同时，降低社会公众因各类生活不确定性而返贫、致贫的风险。

第二，包容性社会政策是实现合理分配体系的基石。共同富裕是"分配合理"和"经济发展"相融合的本土性议题。包容性社会政策无论是通过"选择主义福利"（selectivism）还是"普惠主义福利"（universalism）方式向全体人民提供资金和服务，均能够有效地提高第二次分配程度。[②] 与此同时，一些移民管理政策特定人群的税收减免等社会政策在一定程度上也可以间接影响公民的福利水平和生产生活质量。从这个意义上而言，包容性社会政策

---

　　① 张林：《中国农村相对贫困及其治理问题研究进展》，《华南农业大学学报》（社会科学版）2021 年第 6 期。

　　② 蒙克：《中国应采取何种社会政策来实现共同富裕——全球视野下社会政策比较制度优势的分析与启示》，《南京大学学报》（哲学·人文科学·社会科学）2022 年第 1 期。

构成了理解现代社会分配体系的一种视角。

第三，包容性社会政策有助于全体人民收入水平提升。社会政策是一套复杂的行动体系，而包容性社会政策注重经济发展与社会分配的协调性。而共同富裕的本质在于经济发展和国民收入的提高。因此，在形成公平分配的体系的同时，包容性社会政策需要直面经济发展，尤其是通过职业教育和技能培训政策凝聚生产要素和技能要素，促进更多的人口参与市场经济生产体系，从而使经济发展与公平分配得以兼顾，减少再分配过程的成本。

综合来看，包容性社会政策主旨在于个体可以参与和共享社会发展带来的福利，[1] 其包容性特征孕育了"共同富裕"的目标追求。与此同时，包容性社会政策有助于在社会转型的过程中实现社会整合。因此，在未来的发展中，包容性社会政策需要平行看待政府福利系统与非政府福利系统，[2] 从而促进全民的共同发展和共同富裕。

---

[1] 文军：《个体化社会的来临与包容性社会政策的建构》，《社会科学》2012年第1期。

[2] 黎熙元、陈福平：《公共福利制度与社会网的功能互补——包容性社会政策的基础》，《中山大学学报》(社会科学版) 2007年第6期。

# 第九章　新时代实现共同富裕的教育指向

作为新时代中国特色社会主义发展的重大战略目标，共同富裕的实现是一项系统工程，其离不开教育实践活动的推动。以教育实践活动推动新时代中国特色社会主义共同富裕的实现，不仅符合理论上的客观规定，也是对教育致富这一实践经验在新时代新发展阶段的传承和发展。从习近平新时代中国特色社会主义思想的内容上看，共同富裕已经从社会主义内在规范性要求转化为新时代社会主义发展的能动性力量，且具有全新的价值目标和内容要求。在教育推动共同富裕实现的新时代背景中，习近平新时代社会主义理论体系是这一教育实践活动展开的思想前提。在内容上，教育推动共同富裕的实现集中于两个维度，即在"富裕"向度上对个体的财富创造能力的教育培训及在"共同性"维度上对分配正义理念、共享发展观的培育。

## 一、教育推动共同富裕实现的现实依据

以教育推动共同富裕不仅合乎理论规定，同时也具有实践上的正当性，具体而言，它既满足教育与共同富裕之间的内在规定性，又在现实性上继承了教育推动中国社会发展的优秀经验。"人"是共同富裕实现的关键因素，教育塑造并培育了共同富裕的能动性主体，具体而言，无论是财富创造还是人民群众精神富裕的实现，二者都离不开教育的推动作用。同时，教育自身

的公平性与高质量发展也是共同富裕的题中之义。

**（一）"教育扶贫"经验的当代传承与发展**

教育推动共同富裕实现具有现实可行性，这是中国共产党教育扶贫的优秀经验。一直以来，教育是推动国家兴旺发达实现民族复兴的重要力量，是中国共产党领导中国社会发展的重要方略。"把有报酬的生产劳动、智育、体育和综合技术培训结合起来，就会把工人阶级提高到比贵族和资产阶级高得多的水平"[1]，这是恩格斯关于教育推动社会发展的经典表述。在中国社会发展中，毛泽东曾经倡导"普及工农教育"，邓小平提出了"教育优先发展战略"，江泽民进一步提到"科教兴国战略"。党的十八大以来，习近平总书记进一步强调"教育扶贫为治本之策"，党的十九大报告指出："建设教育强国是中华民族伟大复兴的基础工程，必须把教育事业放在优先位置，加快教育现代化，办好人民满意的教育"[2]，党的二十大报告进一步强调："我们要坚持教育优先发展、科技自立自强、人才引领驱动，加快建设教育强国、科技强国、人才强国，坚持为党育人、为国育才，全面提高人才自主培养质量，着力造就拔尖创新人才，聚天下英才而用之"[3]。可以说，教育已经成为推动中华民族伟大复兴和广大人民美好生活实现的价值共识。

据统计，在新中国刚成立时，"我国小学学龄儿童净入学率仅为 20%，高等教育毛入学率仅为 0.26%；到 2020 年，小学净入学率已达 99.96%，高等教育毛入学率达到 54.4%"[4]。改革开放以来，中国教育事业先后经历了从

① 《马克思恩格斯全集》第 21 卷，人民出版社 2003 年版，第 271 页。

② 习近平：《决胜全面建成小康社会 夺取新时代中国特色社会主义伟大胜利——在中国共产党第十九次全国代表大会上的报告》，人民出版社 2017 年版，第 45 页。

③ 习近平：《高举中国特色社会主义伟大旗帜 为全面建设社会主义现代化国家而团结奋斗——在中国共产党第二十次全国代表大会上的报告》，人民出版社 2022 年版，第 33—34 页。

④ 罗晶、刘振天：《走向共同富裕的教育之维》，《群言》2022 年第 6 期。

九年义务教育全民化发展到教育资源的精细化配置、从解决贫困地区的教育问题到中国教育现代化建设的全面推进，教育推动着中国社会文明进程、提高了人民群众的精神生活质量、解决了中国社会脱贫致富问题，在实现社会主义公平正义上发挥了巨大作用，同时也为推动世界教育、人类解放和文明的进程贡献了中国智慧和中国经验。在新时代中国特色社会主义的发展新阶段，以教育来推动共同富裕实现是对中国共产党教育推动社会发展优秀经验的继承和发展。

无论是在过去教育扫除文盲、教育扶贫、教育致富还是今天的教育推动共同富裕，教育事业始终薪火相传于中国特色社会主义现代化建设的历史进程中，并在不同历史时期被赋予不同的历史使命。当下，在实现共同富裕的进程中，无论是教育内容、教育方法还是教育目标都将作出新的调整，同时，教育自身的现代化发展目标也同步于共同富裕的现实进程中。

### （二）提高财富创造能力的重要途径

对于个体而言，财富是生活富裕的根本性条件，拥有创造财富的能力是财富生产的前提，从这个意义上看，教育在培育个体财富创造能力的维度上充当了共同富裕实现的前提条件。众所周知，自人类进入知识经济时代以来，教育在提高个体认识水平和实践能力基础上极大推动了人类社会财富创造的速度，教育水平与人类财富创造的能力呈现出显著相关性。对于今天处于全新发展阶段的社会主义中国而言，财富创造更是离不开教育的推动。

教育通过培育个体的认识水平和思维能力推动着个体财富创造能力的形成。从传统社会自然经济时代到以机器大生产为核心的工业化时代，再到当今信息化、智能化生产，人的"知识"和"能力"在推动生产力变革和财富增长起着决定性作用。"知识就是力量""知识就是生产力"就是对上述含义的集中表达，"授人以鱼，不如授人以渔"是我国实施教育致富的重要思路。习近平在早年就提出要通过教育来推动经济发展和财富生成，"教育摆在先行官的位置"，强调要努力"培养更多的能脱贫致富的知识型劳动者"，教育活动"注重激发贫困地区和贫困群众脱贫致富的内在活力，注重提高贫困地区和贫困群众的自我发展能力"[①]。在教育过程中，要"注重调动贫困群众的积极性、主动性、创造性，注重培育贫困群众发展生产和务工经商的基本技能"[②]。有学者讲到，"如果教育机会是公平的，经过教育形成的人力资本在劳动者群体中也应该呈现正态分布，与此相对应的是劳动者的收入也应该呈现正态分布，正态分布的收入结构基本与收入分配领域所说的橄榄型的收入结构相当"[③]。尽管实现共同富裕和脱贫攻坚是两种不同的战略目标，但是物质生产和财富创造都是二者需要面对的共同难题，可以说，通过教育推动物质生产和财富创造的优秀做法自然适用于当下共同富裕的实践逻辑。

在大数据、人工智能、物联网等知识和技术创新蓬勃发展的今天，知识性劳动的愈发重要。当下中国社会的产业结构升级和经济发展模式的创新，知识、技术、组织革命对体力劳动和程序化工作的替代进一步加快，这些转变对教育提出了更高的要求。"这一阶段的教育行动必须凸显高阶性的产业助力，既要突出高端的技能培训，缓解'繁荣的悖论'引发的结构性就业矛盾；也要推进产业高移，努力发展制造业，不断进行产业技术的迭代升级，不断助力区域产业向中上游产业链攀升"[④]。从过去中国在教育扶贫的经验来看，当下中国依然要继承"造血式"致富方式来推动共同富裕建设，让不富裕的群体认识到当下财富生产的规律、要求和特征，通过知识性教育、社会教育、职业技术教育等来帮助他们获得知识和技能，实现个体创造财富的能

---

[①②] 《习近平谈治国理政》第 2 卷，外文出版社 2017 年版，第 90 页。

[③] 栾海清：《人的全面发展、教育公平与共同富裕——逻辑关系和政策支撑》，《学习与探索》2022 年第 5 期。

[④] 江涛、苏德：《扎实推动共同富裕的教育之为》，《国家教育行政学院学报》2022 年第 4 期。

力和机会的增长。

### （三）推动精神富裕实现的现实方案

精神生活富裕是新时代共同富裕实现的重要内容和根本要求。个体精神富裕是指个体精神生活的质量处于较高水平，它既包括了个体享有较为充足的精神生活资源，也表现为个体在追求超越性意义世界时的积极状态。在一般意义上，教育实践活动一直都是推动精神生活品质和精神境界提高的重要路径，个体受教育程度与其精神生活的需要、精神生活品质呈现出显著相关性。教育助益个体"转识成智"，净化心灵、引导个体对超越性精神世界的构建。第一，教育推动个体理想信念确立，这是个体精神富裕的根本保证。从内容结构上看，理想、信念、信仰等超越性内容处于个体精神生活的较高层次。它们关乎着主体对人生意义和自我价值的追求追问和反思，决定了个体精神生活的高度和品质。正如习近平总书记提出"理想信念就是共产党人精神上的'钙'，没有理想信念，理想信念不坚定，精神上就会'缺钙'，就会得'软骨病'"①。对于人民群众而言，坚持马克思主义信仰和中国特色社会主义信念是精神世界的重要内容，它统摄着个体精神生活内容层次和发展方向。在立德树人、培育社会主义建设者和接班人的教育实践活动中，以历史唯物主义为指导的教育活动始终致力于培育广大人民群众的马克思主义世界观、人生观，形成对中国特色社会主义发展道路的认同，以期在融合"个体—社会""个体与国家"等关系中来推动个体的价值实现。这就是我们常说的，人民有了信仰，国家才有实现共同富裕的希望。第二，教育通过塑造个体的善良意愿来构筑精神富裕的根基。无论是马克思主义关于精神生活的论述还是中华传统文化中关于精神世界建构的方案，它们都强调精神世界中人性、正当、良善、道德等规范性意涵。从现实来看，中国现代化建设推动

---

① 《习近平谈治国理政》，外文出版社2014年版，第15页。

了社会个体化的程度，社会结构的转变削弱了个体与国家、社会的直接联系，加之市场经济和资本逻辑带来的贫富分化、分配不均以及其他社会正义方面的难题阻隔共同价值和精神富裕的实现。党的十八大以来，习近平多次提到要加强社会主义核心价值观建设，通过价值观建设来提高广大人民群众的精神境界、推动全体社会成员对道德规范、公序良俗和价值理念的认同。在社会主义核心价值观建设的进程中，道德教育、价值观教育、生命教育及人性教育等在不同维度上践行着社会主义核心价值观，即通过构建价值共识和道德规范来守护个体精神世界的良知和善意，推动全体社会成员的精神富裕。

**（四）解决教育公正问题的内在要求**

教育不仅是推动共同富裕实现的方法，同时实现教育公平也是共同富裕的内在要求。事实上，现实生活中教育本身发展的公正问题也是阻碍共同富裕实现的重要原因。从这个意义上说，解决教育公平问题构成了共同富裕实现的重要环节。习近平提出，"共同富裕与促进人的全面发展是高度统一的"。教育应该在"人的全面发展"维度上推动共同富裕。在人的全面发展意义上，共同富裕不仅体现在个体在智力、精神、体力、审美等不同方面的发展，它还要求全体人民的共同发展，即全体人民在物质生活和精神生活的共同富裕。换言之，即便教育在脱贫致富和财富创造中发挥重要作用，但是教育机会不平等、教育资源不均衡、教育成果难以共享等教育公正的问题又反向制约了共同富裕的实现。"教育公平是社会公平的重要基础，要不断促进教育发展成果更多更公平惠及全体人民，以教育公平促进社会公平正义"①。解决教育不公平问题本质上是在解决社会公平和教育的权利平等问题。党的十八大以来，广大人民群众在中国共产党的带领下已经实现了"有学

---

① 《习近平谈治国理政》第 2 卷，外文出版社 2017 年版，第 365—366 页。

上"的目标，而"上好学"则反映了人民群众对教育的全新需要，党的二十大报告进一步强调"促进教育公平""优化区域教育资源配置"，这就对教育质量和教育水平提出了更高要求。

## 二、教育推动共同富裕实现的总体性思路

以教育推动共同富裕不仅是共同富裕的客观要求，也是中国教育现代化目标实现的现实目标，二者统一于习近平新时代中国特色社会主义思想的理论体系。总体而言，以习近平新时代中国特色社会主义思想为指导，立足新时代全新发展格局、着眼于中华民族伟大复兴的全新战略来进行布局和设计，同时致力于引导广大人民群众树立正确的共同富裕观，这是教育推动共同富裕实现的总体性思路。

### （一）以习近平新时代中国特色社会主义思想为指导

在规范性意义上，共同富裕是社会主义的内在价值和发展目标，它也是中国共产党始终坚守的历史使命。自党的十八大以来，习近平结合中国社会的发展实际将共同富裕确立为新时代中国发展的全新目标，并对这一问题做了系统、科学和全面的分析，丰富和发展了中国特色社会主义共同富裕理论。从超越性价值目标到当下必须实现的时代任务，共同富裕的理论指导、逻辑架构及话语体系都发生了变化。从共同富裕的时代要求和历史依据来看，习近平中国特色社会主义理论构成了这一问题域的根本前提和总体性依据，是我们解决这一问题的前提。

在内容上，共同富裕不仅涉及物质财富，它对人民的精神富裕也提出更高的要求；它不仅落实在国家经济的发展水平和质量的提高，也涉及政治、社会、道德、生态等多个领域；其不仅需要坚持中国共产党的领导，同时也需要广大人民群众价值共识的支撑。在价值定位上，共同富裕与美好生活构建、中华民族伟大复兴等内容具有同构性，它们都强调价值目标上的内在一

致性。从共同富裕思想与习近平新时代中国特色社会主义思想的内在关联来看，以教育推动共同富裕的实现在某种意义上也是贯彻、落实习近平新时代中国特色社会主义思想的基本要求。

**（二）引导广大人民群众实现共同富裕的价值共识**

培育广大人民群众对于共同富裕的正确认知和价值共识，以此形成全社会参与共同富裕建设的向心力和凝聚力，这是教育推动共同富裕的另一个重要思路。历史唯物主义认为，个体的生活实践总是以一定的思想观念为指引的，正确的思想观念是实践活动的内在支撑。在普遍性意义上，教育的使命是"立德树人""使人成为人"，它要带领个体认知和把握人类世界的客观真理，推动个体去追求和构建"良善"的精神世界。此外，在遵循人类教育普遍规定性的同时，我国教育事业还要满足培养"社会主义建设者和接班人"这一特殊性要求。

共同富裕观是人们对于共同富裕这一问题的总体看法和根本观点，如什么是共同富裕？为什么要实现共同富裕？共同富裕对个体而言的意义是什么？个体应该如何投身于共同富裕建设的事业中？不难看出，共同富裕观融合了科学的财富观、劳动观、道德观、正义观等各种价值观念。此外，解决人们关于共同富裕的思想误区和价值困惑同样需要发挥教育的引导作用。从更深层次上看，教育还要推动个体实现对共同富裕之客观规律和内在要求的认知，比如教育要引导个体认识新时代财富创造的基本规则和根本要求，帮助个体形成财富创造的基本素养；教育要致力于提高个体的精神境界和人文素养，满足共同富裕中精神富裕的要求；教育还要致力于解决"共同富裕"中的"共同性"问题，通过教育引导个体树立财富正义和共享发展的价值观，推动形成相互关爱、互帮互助、团结友善的交往关系，真正助力慈善事业、公益活动等第三次分配活动的顺利实施。

## 三、教育推动共同富裕实现的内容选择

如何教育、选择何种教育内容是教育实践活动的关键。在面对共同富裕这一特定教育目标时，教育活动应该围绕共同富裕实现的两个关键向度来开展，一是在财富创造的维度上解决"富裕"问题，二是在推动分配正义实施的维度上解决富裕实现的"共同性"问题。前一向度主要侧重于对个体财富创造能力的教育培训，后一个向度侧重于对个体价值观和道德规范的教育引导。事实上，上述客观规定也构成了教育内容选择的依据。

### （一）以财富创造能力培养为导向的知识技术教育

习近平指出："把推动高质量发展放在首位，为人民提高受教育程度、增强发展能力、创造更加普惠公平的条件，提升全社会人力资本和专业技能，提高就业创业能力，增强致富本领"[1]。拥有致富的本领能从根本上解决富裕实现的难题。拥有何种致富能力，这是一个现实性问题，它取决于财富的时代表征及财富创造在不同历史时期的具体要求。在历史唯物主义看来，财富在不同历史发展阶段呈现出不同的特征，财富创造在不同历史时期对主体的财富观及创造能力也有不同的要求。因此培育广大人民群众财富创造能力要符合一定历史时期关于财富创造的客观规定性。在当前科技革命迅猛发展的时代，财富的呈现形式以及财富生产的途径相较于传统工业化、信息化时代有着显著的区别，知识结构、认识水平和劳动模式等也都发生了巨大转变。如果个体的知识结构和劳动方式无法契合新时代财富生产的基本要求，那么个体就会与整个社会发展相脱节，进而丧失财富获取的机会而最终与他人在财富获取中拉开差距。教育活动在培育个体财富创造能力的过程中必须要看到这一客观现实，并基于这一现实来确定教育内容和教育方案。党的二十大

---

[1]　习近平：《扎实推动共同富裕》，《求是》2021年第20期。

报告提出，要"统筹职业教育、高等教育、继续教育协同创新，推进职普融通、产教融合、科教融汇，优化职业教育类型定位"[①]，具体来看，教育内容的选择侧重于继承性和创新性这两个方面，前者是要延续过去教育活动中曾发挥重大作用但依然适应当下形式的教育内容，后者则需要在当下经济社会发展的最新趋势和时代要求的基础上对以往教育内容作出重大革新。

其一，从教育内容的传承性层面来看，教育推动共同富裕应该汲取以往教育脱贫中的优秀经验，加强教育体系化建设，尤其注重落后地区的职业技术教育。在过去教育工作规划中，国务院关于《关于实施教育扶贫工程的意见》规定了教育扶贫工作的内容指向，如义务教育、基础教育、成人教育、职业教育、高等教育等。为评价教育推动脱贫攻坚实现的有效程度，石献记等人通过实证调研的方法发现义务教育、基础教育对改善贫困地区人们的认识水平和生存面貌有重要意义，高等教育对于推动个体迈进高收入门槛具体显著作用。在对比教育投入和实践门槛等影响因子时，研究者发现"职业技术教育和职业技能培训对家庭生计资产累积的促进作用最大；同时，提高家庭进行风险预防的倾向性，表明民族地区刚刚脱贫的中低收入群体，接受职业类教育更能满足就业需要，改善就业环境，推动民族地区致富奔康"[②]。

从整个社会层面的"富裕"实现目标上看，教育活动应该在义务教育、职业技术教育、高等教育、社会教育等方面全方位推进。但必须看到的是，解决经济落后地区的教育问题才是根本，提高欠发达地区人们的财富创造能力才是解决问题的关键。而相较于义务教育的全民性和强制性、高等教育的选拔性和条件性，职业技术教育则对个体谋求发展、提高经济收入有着更为

---

[①] 习近平：《高举中国特色社会主义伟大旗帜　为全面建设社会主义现代化国家而团结奋斗——在中国共产党第二十次全国代表大会上的报告》，人民出版社 2022 年版，第 34 页。

[②] 石献记、朱德全：《职业教育服务乡村振兴的多重制度逻辑》，《国家教育行政学院学报》2022 年第 4 期。

直接的影响。在实现共同富裕的战略目标中，国家对职业技术教育发展提出了新的要求，比如先后颁布了《职业技能提升行动方案（2019—2021年）》《职业教育提质培优行动计划（2020—2023年）》等文件，农村和乡镇振兴的战略规划也明确将职业技术教育作为核心内容，在2021年刚刚颁布的《中华人民共和国乡村振兴促进法》就明确强调"加强职业教育……培养有文化、懂技术、善经营、会管理的高素质农民和农村实用人才、创新创业带头人"。根据上述文件规定，职业技术教育要适应今天中国社会高质量发展的要求，推动人才结构的转型，注重对经济条件落后地区人员整体技能培育，培育有知识、有技能、懂管理、会服务、能创新的高素质的技术人员；实现从培养"职业技能教育的技术骨干"到培养"高素质职业技能人才"的转变；实现从过去单一的"致富""奔小康"的财富理念到适应今天"美好生活"的全面富裕理念的转变。此外，职业技术教育要树立"教育治理"的思维，注重与多元治理主体相互协同、形成教育合力。有学者在研究职业技术教育在推动乡镇振兴问题时发现，存在经济落后地区因为多元制度主体的互相制约而削弱了教育有效性的问题。如在某些经济发展落后地区，因为没有理顺国家政治权力逻辑和地方政府绩效至上的逻辑关系，加之教育管理机构社会责任的缺失等原因，导致上下级政府之间与职业院校关系不协调、职业教育管理机构与企业恒业关系的不密切的现象，同时职业技术教育管理中衍生出的"服务乡土"与"前往都市"[①]之间的矛盾冲突等，这些都严重影响了职业技术教育参与共同富裕治理的有效性，阻碍了职业技术教育的顺利进行。从这方面看，职业技术教育要从被动教育转向主动参与治理，要在"治理"思维的导向下形成与政府、企业及其他社会组织的教育合力。教育主管

---

① 石献记、朱德全：《职业教育服务乡村振兴的多重制度逻辑》,《国家教育行政学院学报》2022年第4期。

部门要将以往"行政命令"式的管理思维转化为基于共同富裕"价值认同"的教育治理模式，搭建职业技术教育部门与公司企业交流合作的平台，打通职业技术人才输送和企业供需的通道，实现企业人才需要和职业技术教育供给之间的耦合。

其二，教育推动共同富裕应该把握当前社会财富生产的最新动向，将数据素养培育作为教育的重要内容。在新一轮技术革命中，以 5G、大数据、人工智能、物联网、区块链等为代表的数字经济已经成为今天中国经济发展的引擎。有数据显示，在 2020 年，数字经济已经占据了全年 GDP 总额的近39%，数字技术已经融入社会经济发展的各个层面。习近平总书记指出发展数字经济是把握新一轮科技革命和产业变革新机遇的战略选择。《中华人民共和国国民经济和社会发展第十四个五年规划和 2035 年远景目标纲要》明确提出，通过培育广大人民群众的数字素养和技能来推动我国数字经济建设，数字经济要成为中国实现共同富裕的重要手段。如当下火热发展的直播带货、农村电商等经济活动已经成为诸多经济欠发达地区实现收入增长的重要方式，抖音、快手、淘宝等网络媒体已经成为个体经营的重要平台。习近平总书记也指出，"电商作为新的产业，既可以推销农副产品、帮助农民脱贫致富又可以大力推动乡村的振兴，是大有可为的"。数字能够对经济生活赋权，具备使用数据的能力是影响个体实现财富生产的重要因素，相反，数据素养的欠缺会影响个体从数字经济中获益的机会，进而拉大个体之间的收入差距。杨伟明等指出，大数据会进一步拉大农村和城镇经济发展的差距，"数字普惠金融虽然普遍提升了城镇和农村居民人均可支配收入，但其对城镇居民人均可支配收入的提升效果显著强于农村居民"[1]。如果这种数字鸿沟

---

① 杨伟明、粟麟、王明伟：《数字普惠金融与城乡居民收入——基于经济增长与创业行为的中介效应分析》，《上海财经大学学报》2020 年第 4 期。

问题得不到解决，共同富裕的目标就难以实现。

将数字思维的培育纳入教育致富的内容中，引导人民群众形成对数据信息与财富生产之间关系的基本认知，提高人们了解数据和信息、并能将数字和信息运用到日常生活实践中去的能力。各类社会教育、学校教育、再就业培训等教育实践要培育个体掌握数字经济生活中最基本的技能，借助网络社交媒体将数字信息与经济生活领域深度结合。这其中要重点关注文化程度较低、贫困地区、网络欠发达地区数据经济的发展水平，相关政府及教育部门要加强对群体数字技能的培训，提高人力资本的数据素养，推动个体生活与社会经济发展之间的融合度。

此外，数据素养的培育还应该引导人们合理合法地使用数据，树立数据的规则意识和权利意识，确保个体在数字经济中行为规范和权利保障。大数据是当下社会经济发展和财富增长的巨大引擎，但同时它与资本的联姻也给社会带来了诸多问题，比如数据正义、数据隐私等问题也会威胁个体利益甚至社会稳定。如何在共同富裕的进程中解决数据经济中的正义难题，这同样需要教育实践活动的积极介入。一是数据素养教育要引导个体形成使用、获取、传播数据的规则意识。当前社会中频频出现个人、企业、组织等为了物质利益而非法获取和使用数据的现象，不少行为损害了国家安全和他人利益。针对上述问题，教育活动要将国家安全意识、法律意识、责任意识等理念渗透到数据意识当中，培育个体运用、使用数据的责任意识和道德信念。二是要将个体权利意识融入数据意识的教育过程当中。比如，当下中国社会中以外卖骑手为代表的群体尽管参与到了数据经济的产业链条中，但是大部分因为缺乏法律意识而没有与互联网平台签订劳动合同，进而造成了劳动权利无法得到保障的局面。此外，隐含在大数据中的算法推送也进一步加剧了劳动力的工作强度，数据俨然成为操控个体生命的隐形力量。保障个体在数据经济中的安全、隐私、尊严，这些都需要教育来直面数据经济中个体权利实现、利益保障以及自我防范等现实问题，将权利意识、安全意识、规则观念等纳入数据素养教育中。通过加强数据素养教育来形成遵法、用法的社会氛围，以数据正义推动财富正义的实现，保障个体财富创造的合法性、正当性。

**（二）以劳动致富理念为核心的奋斗幸福观教育**

实现全体人民的共同富裕是新时代中国特色社会主义发展中的宏伟目标，这一目标的实现不是一蹴而就的，它的实现离不开全体人民共同参与、共克时艰、艰苦奋斗。习近平总书记指出，"实现中国梦，创造全体人民更加美好的生活，任重而道远，需要我们每一个人继续付出辛勤劳动和艰苦努力"①。在实践共同富裕的道路上，号召广大人民群众积极参与到共同富裕建设之中，塑造脚踏实地实地、勇于奋斗的精神风貌、形成科学的奋斗幸福观，这是共同富裕实践的内在精神保证，同时也是精神富裕的内在要求。反观当下，当前社会流行的"躺平即正义"的生活态度、消极抵抗的"佛系文化"及以"内卷"话语为表征的悲观主义和厌世心态等现象，都在一定程度上阻碍了社会发展进步和共同富裕的实现。无论是对待生活的消极悲观态度，还是参与共同富裕的积极行动，这些都指向一个共同话题——奋斗幸福观。培育广大人民群众的奋斗幸福观，引导个体在劳动实践中感受到奋斗的意义，并在"奋斗—获得感"的形成中解决共同富裕实现的内生性问题。

奋斗幸福观是马克思主义劳动价值论、劳动致富理论在当代中国社会的全新表达，它超越了以往将劳动视为创造物质财富工具的思维取向，更加强调个体在劳动过程中的幸福体验，它既强调奋斗和劳动致富的意义，还要强调人民能从奋斗中感受到幸福。具体而言，奋斗幸福观的教育主要包含以下方面内容：第一，教育广大人民群众形成以崇尚劳动为核心的奋斗致富理

---

① 《十八大以来重要文献选编》（上），中央文献出版社 2014 年版，第 236 页。

念。历史唯物主义认为，劳动实践活动是人类社会发展的前提，共同富裕的实现离不开劳动。中国特色社会主义的发展历史就是一部中国人民艰苦奋斗、劳动致富、勇于革命的历史。共同富裕不仅需要在劳动实践中展开，同时更需要劳动形式的创新和生产质量不断的跃升。在实现共同富裕的进程中，培育广大人民群众崇尚劳动、尊重劳动，在劳动奋斗中致富的理念，杜绝共同富裕中"等、靠、要"的惰性思维。同时，要引导人民自觉抵制并批判当前社会中"排斥劳动""贬低劳动"的观念。比如"颜值即正义""读书无用论"等说法就是对劳动致富、奋斗致富理念否定。同时，在数字经济、粉丝经济的影响下，大批年轻人崇尚"一夜爆红""网红带货""草根明星"等"走捷径"的致富思维，上述思想观念都需要在教育中得到矫正。教育要敢于直面上述现象，引导人们把个体奋斗融入中华民族伟大复兴的历史洪流中，在推动社会整体发展的维度上来实现劳动价值认同。二是教育广大人民群众树立正确的"获得观"来打通"奋斗—幸福"的体验通道。相较于过去劳动致富而言，共同富裕背景下的劳动价值则更加强个体对于劳动价值、奋斗意义的切身体验，这就是习近平总书记所说的"获得感"。项久雨教授提出，"获得感是人民精神生活共同富裕的较高层次，是人民精神生活共同富裕的安全感与幸福感的连接因素和重要保障，也是实现人民精神生活共同富裕幸福感的必要条件"①，如果个体在劳动付出和奋斗之后并没有体验到"获得"的感觉，个体就可能因为这种消极体验而产生放弃奋斗、质疑劳动意义的念头，这不仅有悖于精神富裕的基本要求，同时也会造成共同富裕实现进程中内在动力的流失。因此，引导广大人民群众形成"奋斗幸福观"，应该努力寻求"奋斗"与"幸福"之间的链接点，即"获得感"。教育在疏通个

---

①　项久雨、马亚军：《人民精神生活共同富裕的时代内涵、层次结构与实现进路》，《思想理论教育》2022 年第 6 期。

体"奋斗"与"获得"的通道时，要引导个体去甄别自身"获得"的内涵是"欲望的逻辑"还是"正当需要"，"以欲望为支配的'获得'往往只注重获得对象给感官和肉体带来的刺激，其不涉及获得带给人的持久满足，更枉谈在欲望支配下人'内在—外在'获得的平衡。"而以感觉为基点的"物化"获得必然激发"欲壑难填"①。"需要"和"欲望"是不同的，立足"需要"本身的"规范性"意蕴，教育在引导个体树立正确的金钱观、消费观、幸福观的过程中才能打通"获得"的通道。可以说，以教育来培育个体奋斗致富的理念不能仅仅就奋斗来谈奋斗，而是要将相关价值观教育融合到教育内容之中。

**（三）生存共在取向下的共享价值观教育**

共享是历史唯物主义关于社会主义发展重要价值规范，这一价值观体现了中华民族长期以来对理想社会和美好生活的向往，也承载了中国共产党执政为民、全心全意为人民谋福利的宗旨。广大人民群众能共同享有社会主义的发展成果是共同富裕实现的现实目的，同时也是共享价值观的内在指向和根本要求。当前新时代社会主义发展全新发展阶段，只有全面贯彻落实共享价值观，才能抓住"以人民为中心""发展为了人民"这一问题的关键。从共享与共同富裕的内在关系来看，培育广大人民群众的共享价值观是实现共同富裕的重要内容。一般而言，我们往往在社会生产、经济活动及物资分配等领域中来理解共享价值，尤其是在分配正义领域的使用最为频繁。在追求发展成果共享的过程中，共享价值观秉持着对个体生命、人格、权利、自由的尊重，它指向了以利益共享、发展共享、参与共享为核心的公平正义。共享价值观不同于过去的"占有式""排他式"的理念，它超越了市场逻辑和资本逻辑下效率至上、弱肉强食、消费崇拜的取向，反对弱肉强食、反对强占他

---

① 张卫伟：《论人民"获得感"的生成：逻辑规制、现实困境与破解之道》，《社会主义研究》2016 年第 6 期。

人生存空间和发展机会的现象。共享价值观不仅指涉经济生活，它也追求人与人关系平等、共同发展、生命共在的价值理念，而这恰恰是共同富裕实现的底层逻辑。教育要引导个体形成实现对共享价值观的认同和践行，形成相互依存、团结互助生活方式。其一，引导广大人民群众从新时代中国特色社会主义发展的战略部署来把握"共享发展"的现实意义，这是共享价值观教育推动共同富裕实现的第一要义。在过去的教育思路中，我们总是在社会主义发展的内在要义、个体自由全面发展、中国共产党的政治使命等维度上来引导广大人民群众认识共享发展的积极意义，这主要是从目标意义和未来理想的角度来阐释的。而从今天中国社会发展新发展阶段所面临的局势来看，共享发展已经不仅仅是共同富裕的内在目标了，它在某种意义上已经成为中国社会应对危机的必然性反应。任剑涛指出，"一个国家真正走向共同富裕，则是其面对财富占有不均甚至严重倾斜的现实所必然出现的转变，这是一个国家推动共同富裕的现实动力"①。具体而言，贫富分化、发展不平衡、阶层分化已经严重影响到中国社会的发展质量，只有推动全体人民共享发展成果才能真正解决中国社会面临的发展困境。在共同富裕话语逻辑发生重大转变的格局下，共享价值观教育要引导人民意识到共享发展不仅仅是政治层面的国家战略，而是关系到个体日常生活质量的必然选择。其二，培育个体形成"共创""共享"价值观，引导广大人民群众以健康的公共精神参与到美好生活的构建中去。历史唯物主义认为，社会的发展进步必然带来共享范围的扩大和共享程度的加深，这是马克思主义"类"生活理论的客观规定。在"共享"价值观的培育中，要引导个体从日常生活维度去理解"共享"的现实意义。在今天的现实生活中，个体生活方式和生存依据已经发生重大变化，人们不再像以往社会一样完全依附于他人和家庭，相反，他人、社会、社区、

---

① 任剑涛：《发展结构之变："共同富裕"的宏观论题》，《理论探讨》2022 年第 3 期。

单位及其他社会组织已经成为影响个体美好生活实现的重要方面。近年来，人们在应对新冠疫情灾难的过程中更强化了"共存""共在""共享"的现实体验。在此现实背景下，教育要注重对人们公共意识和公共理性的培育，推动"共建式""共在式"生活理念的形成。习近平总书记在强调生态环境的重要性时指出，要"形成节约资源、保护环境的空间格局、产业布局、生产方式、生活方式，为子孙后代留下天蓝、地绿、水清的生产生活环境"，上述理念不仅要求生活在同一时空中的人们要共同参与生态环境治理，同时也在倡导"代际"之间的共享关系，即"共享"要跨越所有权的时空限制，要与子孙后代共同享有生活资源，以此来有效解决生态危机和资源浪费问题，实现经济的可持续发展。可以看到，教育应该将"共享"作为一种生活方式、生存理念加以倡导，以共享价值观来教育人们养成良善的日常生活理念，实现精神富裕的同频共振。

**（四）推动分配正义实现的伦理道德教育**

分配正义是共同富裕实现的关键。在保证初次分配和第二次分配质量的前提下，中国创造性提出了"第三次分配"的方案。"在市场分配和政府分配后，还存在第三次分配，这是一种在道德力量影响下的收入分配。它是指人们完全出于自愿的捐赠和转移收入，比如说对公益事业的捐献，这既不属于市场分配，也不属于政府分配，而是出于道德力量的分配"[①]。第三次分配在是基于伦理道德的观念推动下而产生的分配方式，它是个体、组织、公司等不同社会力量在价值观、文化习俗、道德观念的影响下，通过自愿捐赠、参与慈善、志愿服务等方式来进行社会救助和帮贫扶困，它是对初次分配和第二次分配的补充和矫正，是中国社会文明进步和经济发展的产物。近年来，中国企业伦理建设、志愿服务事业以及公民慈善行为等在中国社会分配

---

① 厉以宁：《关于经济伦理的几个问题》，《哲学研究》1997 年第 6 期。

正义和社会治理领域发挥着重要作用。从第三次分配产生的内在逻辑来看，社会正义观、关怀伦理、关爱意识以及道义伦理等价值理念是第三次分配产生的精神依据。个体之所以能产生强烈的社会责任感和公共关怀并自觉参与到社会服务中去，本质上是多元社会力量参与道德实践的结果。总体来看，第三次分配的顺利进行依赖于广大人民群众的道德感、正义感，这是一种道德自觉，它不仅仅是以慈善捐赠、财富转移、社会救助等直接形式来帮助社会中的弱势群体，同时它也在构建友善、团结、信任、和谐等人际关系的进程中推动了广大人民群众的精神富裕。然而，也应该看到这其中可能存在的道德问题，即保证参与第三次分配的道德主体自身的自由意志，任何组织和个体都不能采取某种道德绑架来强制道德行为的发生。从这个意义上看，培育广大人民群众的社会正义观和关怀意识、构建社会的公共伦理秩序，是推动共同富裕实现的重要保证。

公共伦理精神不是从来就有的，而是通过一定社会的教育引导、社会舆论和行为示范来推动产生的。教育活动推动公共伦理的发展不仅是共同富裕实现的内在要求，同时也是破解第三次分配中慈善事业、社会公益发展困境的必然选择。首先，要加强仁爱价值观的教育引导，形成全体社会成员之间相互关爱、团结互助的社会风气，这是慈善事业和公益行为推动共同富裕实现的道德支撑。仁爱价值观教育的核心是教育引导个体对人性的坚守、对道德规范的践行、对社会良知的积极认同，培育"行善事做好人"的道德意识。周中之教授指出，在公益慈善事业中，最核心的精神是"仁爱"美德，"在世界各民族的文化传统中，慈善总是与爱联系在一起的，并且成为它的核心内容。'慈善'在现代英语中通常被定义为：因爱而生的情感及其行为。无仁爱不成慈善，是慈善认知的不二法则"[1]。在"仁爱"价值观教育中，要

---

① 周中之：《当代中国慈善伦理规范体系建构研究》，《中州学刊》2017年第9期。

特别加强人性教育，注重对中国传统文化中"仁爱"思想资源的挖掘和阐释，如加强"恻隐之心""谦让之心""仁爱之心"等观念的教育，直面某些"道德冷漠""自私自利"的不道德现象，通过发挥道德批判作用来营造全社会的道德共识和善良意愿。其次，要加强对个体和组织进行慈善行动的法治意识教育，保证公益慈善推动共同富裕的顺利实现。为推动中国慈善事业和社会公益事业的健康发展，需要对公益慈善事业发展中的道德乱象和诚信危机进行有效治理，依托教育帮助人们形成对相关问题的法治观念就显得尤为必要。比如"郭美美炫富"事件、"施乐会"诚信事件以及企业和明星出现的"诈捐"事件，还有诸多以慈善为名来获取利益的"伪慈善"行为等，这些恶性事件都在一定程度上给中国慈善事业发展带来了诚信危机。为了规范中国公益慈善事业的发展、推动第三次分配事业的顺利进行，我国相关部门相继推出了《中华人民共和国慈善法》，同时《民法典》也对公益慈善事业进行了更加详细的规定，这些法律规范为公益慈善事业的发展提供了规范性依据和政策保障。对于个体和相关社会组织而言。以何种方式参与到公益慈善中来？哪些行为是非法行为？法律如何保障个体公益慈善？教育活动应该在这一领域大力培育和宣传相关法律知识，为实现共同富裕保驾护航。再次，在宣传引导慈善伦理和公益文化时，要注意对包容、尊重、平等等价值观的教育，规避道德绑架行为的发生。在对公共伦理精神的教育引导中，要尊重公益慈善行为主体的"自愿""自主"性，确保参与第三次分配的道德主体免受道德绑架和压迫，引导广大人民群众形成相互包容、平等、关爱的氛围，以健康包容的道德文化来推动第三次分配的健康发展。

# 第十章　新时代实现共同富裕的科技支撑

新时代，继全面建成小康社会后，如何"推动全体人民共同富裕取得更为明显的实质性进展"[①]成为我国经济社会发展新的重大战略目标。在第二个百年奋斗目标全面开启的新阶段，共同富裕跃上了更高层次，也有了全新的时代内涵，正如党的二十大报告明确指出的，"到二〇三五年，我国发展的总体目标是：经济实力、科技实力、综合国力大幅跃升，人均国内生产总值迈上新的大台阶，达到中等发达国家水平……居民收入增长和经济增长基本同步，劳动报酬提高与劳动生产率提高基本同步，基本公共服务实现均等化水平明显提升，多层次社会保障体系更加健全；城乡人居环境明显改善，美丽中国建设成效显著"[②]。建设更高水平的共同富裕，必须以经济社会的高质量与内涵式发展为基础，而科学技术作为第一生产力，不仅是财富创造的重要源泉，更是建设社会主义现代化强国的重要保障。正因如此，习近平总书记多次强调，"科技是国之利器，国家赖之以强，企业赖之以赢，人民生活赖之以好"[③]，"现在，我国经济社会发展和民生改善比过去任何时候都更加需

---

[①]　习近平：《论把握新发展阶段、贯彻新发展理念、构建新发展格局》，中央文献出版社2021年版，第526页。

[②]　《高举中国特色社会主义伟大旗帜　为全面建设社会主义现代化国家而团结奋斗——在中国共产党第二十次全国代表大会上的报告》，人民出版社2022年版，第24—25页。

[③]　《习近平谈治国理政》第2卷，外文出版社2017年版，第267页。

要科学技术解决方案，都更加需要增强创新这个第一动力。"<sup>①</sup>只有坚持科技创新，只有促进经济社会发展的质量变革、效率变革与动力变革，才能实现财富增长与人民幸福的有机统一。

## 一、以科技自立自强为抓手夯实共同富裕的根基

科技立则民族立，科技强则国家强。进入新时代，我国经济发展已从高速度转向了高质量，为实现新时代共同富裕打下了坚实的物质根基。然而，当今世界正处于百年未有之大变局中，逆全球化、单边主义和保护主义势力不断抬头，这给新时代的共同富裕建设带来了挑战。面对挑战，我们必须增强风险意识，准确识变、科学应变、主动求变，积极贯彻新发展理念、构建新发展格局，从而做到统筹发展与安全，扎实推进共同富裕迈向更高水平。对于新发展格局的构建而言，科技创新是关键，正如习近平总书记指出的，"构建新发展格局必须更强调自主创新""构建新发展格局最本质的特征是实现高水平的自立自强"<sup>②</sup>。只有扭住科技创新的"牛鼻子"，实现更高水平的自立自强，才能为实现共同富裕积蓄力量、增强底气。

### （一）坚持自主创新，强化共同富裕的"安全阀"

实现共同富裕是社会主义的本质要求，是中国式现代化的重要特征，更是全体人民的共同期盼。改革开放四十多年来，中国共产党带领中国人民艰苦奋斗、砥砺前行，积极利用包括科技在内的一切有利因素来发展自身，从"向科学进军"到"迎来创新的春天"，从"占有一席之地"到"成为具有重

---

① 习近平：《论把握新发展阶段、贯彻新发展理念、构建新发展格局》，中央文献出版社2021年版，第390页。

② 同上书，第485页。

要影响力的科技大国"①，中国通过深入实施创新驱动发展战略，极大地改变了中国的面貌、中华民族的面貌、中国人民的面貌、中国共产党的面貌，人民生活显著改善，综合国力显著增强，国际地位显著提高，使中国大踏步赶上了时代。经过长期不懈的努力，今天我国已成为具有全球影响力的科技大国，部分领域的科学技术水平已经领先于世界。但是我们也要看到的是，在国际竞争日益加剧的情况下，我国的科技原始创新能力还不强，创新体系整体效能还不高，科技创新资源整合还不够，一些关键核心技术仍然处于受制于人的状态。尤其是随着大国博弈的不断复杂化，由此带来的产品"断供"和科技"脱钩"威胁使我国的经济社会高质量发展遭遇了"卡脖子"的问题，进而对建设新时代共同富裕造成巨大挑战。

为了牢牢掌握发展主动权，突破发展瓶颈，夯实共同富裕的生产力之基，我们首先得要清醒地认识到，强国富民的关键核心技术是要不来、买不来的，必须依靠自主创新实现突破，必须做到高水平的科技自立自强。"只有把关键核心技术掌握在自己手中，才能从根本上保障国家经济安全、国防安全和其他安全"②，才能为经济社会发展注入强大动力，才能全面提高人民生活水平、改善人民生活品质、实现共同富裕。因此，高水平的科技自立自强是实现共同富裕的重要前提与"安全阀"，我们必须树立底线思维，"全面加强对科技创新的部署"③，把提高原始创新能力摆在建设新时代共同富裕更加突出的位置，把高水平科技自立自强作为应对各种风险挑战的"定海神针"，作为赢得可持续发展竞争优势以及实现共同富裕的"制胜法宝"。通过坚决打赢关键核心技术攻坚战，从而在重要科技领域实现跨越发展，在关键

---

①　习近平：《论把握新发展阶段、贯彻新发展理念、构建新发展格局》，中央文献出版社2021年版，第113页。

②　同上书，第271页。

③　同上书，第485页。

核心技术上实现自主可控，奋力突围破解"卡脖子"难题，于变局中开新局，并全面形成基础牢、能级高、韧性强、可持续的科技创新能力，为增强国家发展力、引领力、生存力提供强大科技保障，发挥科技创新在高质量发展中促进共同富裕的关键引领支撑作用。

**（二）坚持科技赋能，筑牢共同富裕的"稳定器"**

实现新时代共同富裕是一个逐步推进的过程，不是轻轻松松、敲锣打鼓就能实现的，我们越是发展壮大，遇到的压力和阻力也就会越大，因此对共同富裕的长期性、艰巨性、复杂性有充分估计才是推进、实现和维系共同富裕的推进器和导航仪。放眼全世界，不少新兴市场国家在达到中等收入水平以后，整个经济社会发展便开始停滞不前，原有的增长机制和发展模式矛盾显露，原有发展优势渐渐消失，迟迟不能进入高收入经济体行列，人民生活水平也无法得到进一步提高。对于这一现象，世界银行于 2007 年提出了一个形象化的概念，即"中等收入陷阱"。"中等收入陷阱"之所以出现，很重要的一个原因就在于大多数新兴市场国家在自身的发展过程中长期过度依赖低成本优势或自然资源开发而忽视了科技创新，缺少自主创新，缺少产业升级，更缺乏技术先进的优势产业，进而使自己长期处于"低端锁定"的状态，最终发展动能耗费殆尽。今天，我国在经历了改革开放四十多年来经济社会的快速发展以后，要想进一步提高人民生活水平，建设更高水平的共同富裕，粗放型的发展模式已经难以维系，只有转变发展方式、优化经济结构、转换增长动力，坚持科技创新，才能让共同富裕的内生动力充分涌流，才能避免掉入"中等收入陷阱"，正如习近平总书记指出的，"从发展上看，主导国家命运的决定性因素是社会生产力发展和劳动生产率提高，只有不断推进科技创新，不断解放和发展社会生产力，不断提高劳动生产率，才能实现经济社会持续健康发展，避免陷入'中等收入陷阱'"①。与此同时，作为世界上人口规模最大的国家之一，我们的共同富裕是惠及14亿多人口的，比目前全世界发达国家人口的总和还要多。全部实现现代化，实现更高水平的共同富裕，"不能想象我们能够以现有发达水平人口消耗资源的方式来生产生活，那全球现有资源都给我们也不够用！老路走不通，新路在哪里？就在科技创新上，就在加快从要素驱动、投资规模驱动发展为主向以创新驱动发展为主的转变上。"② 因此，为了朝着新时代共同富裕的目标稳步迈进，必须推动以科技创新为核心的全面创新，着力"聚焦国家战略目标，集中资源、形成合力，突破关系国计民生和经济命脉的重大关键科技问题"③，依靠科技创新激活发展新动能，"抓住了科技创新就抓住了牵动我国发展全局的牛鼻子"④。只有科技创新才能为新时代共同富裕的实现提供最根本、最持久的动力源，才能在厚植发展优势中打开共同富裕无穷无尽的可能性的空间。

### （三）抢占科技高地，拓宽共同富裕的"增长极"

历史上，人类社会的每一次大发展大进步都离不开科技创新的推动，从第一次科技革命到第二、三次科技革命，每一轮科技革命都大幅提高生产效率和生产力水平，都深刻地影响了世界力量格局，推动了人类生活水平的极大提高。今天，新一轮科技革命和产业变革正处于蓄势跃迁、快速迭代的关键阶段，中国的发展正处在全球产业形态和经济格局重塑与中华民族伟大复兴进程和推进共同富裕的历史交汇期，这为我国加快实现"弯道超车"、建设高水平的共同富裕提供了难得历史机遇。尤其是当前伴随世界百年未有之

---

① 《习近平关于科技创新论述摘编》，中央文献出版社2016年版，第30页。

② 《习近平谈治国理政》，外文出版社2014年版，第120页。

③ 《高举中国特色社会主义伟大旗帜　为全面建设社会主义现代化国家而团结奋斗——在中国共产党第二十次全国代表大会上的报告》，人民出版社2022年版，第30页。

④ 习近平：《论把握新发展阶段、贯彻新发展理念、构建新发展格局》，中央文献出版社2021年版，第117页。

大变局的加速演进，以及世纪疫情影响深远，世界各国都把强化科技创新作为实现经济复苏、塑造竞争优势的重要战略选择，积极抢占未来科技制高点，科技创新成为大国博弈的主要战场。在这场博弈中，如果我们仅仅只做"跟跑者"，那么就只能在全球产业链条的低端打拼，只能在"微笑曲线"的底端摸爬，停留在附加值最低的制造环节而占领不了附加值高的研发和销售这两端。如此一来，"两个翻番""两个一百年"的奋斗目标难以顺利达成，我们也难以从大国走向强国，共同富裕这篇大文章难以顺利写下去。更为关键的是，在传统国际发展赛场上，规则都已经被别人制定好了，我们虽然可以加入，但必须按照已经设定的规则来赛，没有更多主动权。而抓住新一轮科技革命和产业变革的重大机遇，就是要在新赛场建设之初就加入其中，甚至主导一些赛场建设，从而使我们成为新的竞赛规则的重要制定者、新的竞赛场地的重要主导者。如果我们不在科技创新上迈出实实在在的步伐，不发展参与或主导新赛场建设的能力，那我们就会错失机会，就无法顺利实现后来居上、弯道超车。正因如此，所以习近平总书记强调，我们比以往任何时候都更加需要强大的科技创新力量，必须"要以与时俱进的精神、革故鼎新的勇气、坚忍不拔的定力，面向世界科技前沿、面向经济主战场、面向国家重大需求、面向人民生命健康，把握大势、抢占先机"[1]。

面对新一轮科技革命带来的历史性机遇，中国必须打好主动仗、下好先手棋，从把握国家和民族前途命运的高度推进科技创新，从满足人民美好生活需要、增进人民福祉和实现共同富裕的根本出发点积极抢占科技高地。只有瞄准世界一流水平，瞄准未来科技和产业发展的制高点，在科技创新上"做文章""下功夫"，前瞻部署一批战略性、储备性技术研发项目，才能在激烈的国际竞争中获得领先身位、彰显优势，才能实现从以前的"'跟跑者'

---

① 习近平：《在中国科学院第二十次院士大会、中国工程院第十五次院士大会、中国科协第十次全国代表大会上的讲话》，人民出版社 2021 年版，第 6 页。

向'并跑者'、'领跑者'转变"①，才能真正成为世界科技发展的高地。通过抢占科技创新高地，加快提升创新能力和科技实力，我国的经济发展将获得取之不尽、用之不竭的动力，不断涌现的新产业、新业态、新模式将激发出更多新的经济增长点，释放无尽的发展动能，并在创新与创富的良性互动中推动新时代共同富裕不断走深走实。

## 二、以科技创新为支点激活共同富裕的内驱动力

新时代，科技创新的重要作用不仅在于可以筑牢共同富裕实现根基，更在于能够撬动我国经济结构和发展方式发生重大调整并形成新的规模化经济效益的支点，是走向国富民强的唯一出路。当前，"中国特色社会主义进入新时代，意味着近代以来久经磨难的中华民族迎来了从站起来、富起来到强起来的伟大飞跃"②，意味着"我国社会主要矛盾已经转化为人民日益增长的美好生活需要和不平衡不充分的发展之间的矛盾"③。社会主要矛盾的变化是关系全局的历史性变化，是推进共同富裕建设新的历史坐标，而着力解决好发展不平衡不充分问题则是实现共同富裕的首要支点。正因如此，所以习近平总书记指出，"发展仍然是解决中国一切问题的关键"④，必须要用好科技创新这把利器，全面提升我国产业基础能力和产业链现代化水平，进而打通从科技强、企业强、产业强、经济强到人民富的通道。

### （一）聚焦"专精特新"，聚合共同富裕的创新要素

作为世界上最大的发展中国家，为了能让全体人民都能过上好日子，中国没有像西方国家那样走工业化、城镇化、农业现代化、信息化依次发展的

---

① 《高举中国特色社会主义伟大旗帜　为全面建设社会主义现代化国家而团结奋斗——在中国共产党第二十次全国代表大会上的报告》，人民出版社 2022 年版，第 121 页。

② 《习近平谈治国理政》第 3 卷，外文出版社 2020 年版，第 8 页。

③ 同上书，第 9 页。

④ 《十八大以来重要文献选编》(中)，中央文献出版社 2016 年版，第 69 页。

"串联式"老路,而是紧紧抓住经济、科技发展的关键拐点,走出了一条物质文明、政治文明、精神文明、社会文明、生态文明协调发展的"并联式"现代化新路,实现了对西方国家的非对称赶超。尤其是党的十八大以来,科技创新在我国经济社会发展中的作用越来越大,从北斗三号全球卫星导航系统正式开通到时速600公里高速磁悬浮试验样车成功试跑,从以5G为代表的新一代数字技术加快应用到量子科技计算能力不断突破,我国的科技事业发生了历史性、整体性、格局性变化,同时人民生活也从总体小康进入全面小康,共同富裕取得显著成效。截至2020年,我国全社会研发投入预计2.4万亿元左右,科技进步贡献率超过60%,科技创新已经成为支撑引领经济高质量发展和民生改善名副其实的第一动力,老百姓也深刻体会到科技创新给我们的生活带来的巨大改变。从几乎无所不能的智能手机,到乘坐一天就能跑遍中国的高铁,再到开车到户外仰望星空时闪耀的"中国北斗",科技创新让老百姓的"衣食住行用"都变得方便,人们的幸福感、收获感、满足感达到前所未有的高度。

新时代,如果希望在未来保持长期可持续增长,就必须依靠科技创新进一步塑造发展新优势,就必须按下科技创的"快进键"。尤其是在新一轮科技革命和产业变革正处于蓄势跃迁、快速迭代的关键阶段,我们必须以更高的目标和更长远的目光推进科技创新,全面聚焦前沿领域,"推动战略性新兴产业融合集群发展,构建新一代信息技术、人工智能、生物技术、新能源、新材料、高端装备、绿色环保等一批新的增长引擎"①,推动以人工智能、量子信息、移动通信、物联网、区块链为代表的新一代信息技术的加速突破应用,促进以合成生物学、基因编辑、脑科学、再生医学等为代表的生命科

---

① 《高举中国特色社会主义伟大旗帜　为全面建设社会主义现代化国家而团结奋斗——在中国共产党第二十次全国代表大会上的报告》,人民出版社2022年版,第30页。

学领域孕育新的变革，加速融合机器人、数字化、新材料推进制造业向智能化、服务化、绿色化转型，布局空间和海洋技术拓展人类生存发展的新疆域。通过推动颠覆性技术创新，聚合创新要素，从而在各领域积极培育高精尖特企业，打造出更多的"隐形冠军"，形成关键领域"顶天立地"整个社会"铺天盖地"的创新格局，使我国在全球产业链价值链的关键环节拥有不可替代的地位，实现从制造大国向制造强国的转变，创造较高技术含量和附加值，更好满足人民多方面日益增长的需要。同时，还可以利用科技创新的渗透性、扩散性、颠覆性特征深刻改变人类社会的生产生活方式，推动人的全面发展以及社会的全面进步，为人民群众实现美好生活和共同富裕"提档加速"。

**（二）立足"人才强基"，激发共同富裕的创新活力**

"创新之道，唯在得人"。人才作为衡量一个国家综合国力与发展潜力的重要指标，是实现自主创新的关键，同样，创新驱动本质上也是人才驱动。高层次人才具有不可替代性，国家发展靠人才，民族振兴靠人才，科技创新更得靠人才，没有强大的人才队伍做后盾，科技创新就是无源之水、无本之木。以高质量发展推动共同富裕，人才也是第一资源，人才越多越好，本事越大越好。因此，新时代，无论是贯彻新发展理念、构建新发展格局、推动高质量发展，还是实现更高水平的共同富裕，都必须把人才资源开发放在最优先位置，要"加快建设世界重要人才中心和创新高地，促进人才区域合理布局和协调发展，着力形成人才国际竞争的比较优势"[1]。只有拥有一支规模宏大、素质优良、结构不断优化、作用日益突出的人才队伍，我国的经济社会发展才能迈上更高层次，我们的共同富裕建设才能跃上更高水平。

---

[1]《高举中国特色社会主义伟大旗帜　为全面建设社会主义现代化国家而团结奋斗——在中国共产党第二十次全国代表大会上的报告》，人民出版社 2022 年版，第 36 页。

为了形成人才资源的竞争优势，激发共同富裕的创新活力，我们必须要着力实施人才强国战略，营造良好人才创新生态环境，聚天下英才而用之，充分激发广大科技人员积极性、主动性、创造性。要以识才的慧眼、爱才的诚意、用才的胆识、容才的雅量、聚才的良方着力把国内外各方面的优秀人才都集聚到实现共同富裕的伟大事业中来，全方位支持人才、帮助人才，千方百计造就人才、成就人才，形成具有吸引力和国际竞争力的人才制度体系，建设世界重要人才中心和创新高地，让人才活力竞相迸发，让聪明才智充分涌流。在惜才爱才的同时，还要瞄准技术发展和产业转型升级的方向，促进教育链、人才链与产业链、创新链有效衔接。在全社会大力弘扬敬业、精益、专注、创新的工匠精神，让工匠精神成为全社会的价值共识。除此之外，还要在全社会营造尊重劳动、尊重知识、尊重人才、尊重创造的环境，形成鼓励大胆创新、勇于创新、包容创新的良好氛围，形成各类优秀人才近悦远来、万类霜天竞自由的生动景象。

### （三）强化"数字融合"，形成共同富裕的链状效应

以科技创新赋能共同富裕建设是一个系统性工程，需要各个领域、各个部分齐头并进、协同发力。尤其是随着数字化时代的到来，以及当今世界科技不断向精细化、可持续性与高端化发展，万物互联互通程度的空前加深使得科技创新已经不再是传统的单主体、线性与直线式的，而是具有多主体参与、网络化、空间化与复杂性特征。在此情况下，构建互联互通科技协同创新共同体，形成共同富裕的链状效应，成为科技创新、提高产业技术水平以及人民生活质量的重要组织形式。面对数字经济的迅速发展，如何推动数字经济和实体经济深度融合，推动全要素、全产业链、全价值链的多方联动，形成具有国际竞争力的产业集群成为加快推进共同富裕的重要抓手。

当前，5G 技术、人工智能的深入发展与广泛应用把人类社会推到了数字经济时代。数字经济以数据作为关键生产要素、以现代信息网络作为重要

载体、以信息通信技术的有效使用作为效率提升和经济资源优化配置的重要手段，实现了各行业的深度融合、上下游的深度联动。面对数字经济的迅猛发展，我们必须抓住"数字红利"，以数字技术赋能传统产业实现数字化转型，推动数字经济和实体经济深度融合，从而将产业链的上中下、产学研、大中小等各方创新主体全都链接在一起，进而打破过去的行业壁垒与条块分割，真正实现信息、技术、服务的高效共享，实现科技创新要素在产业链上下游纵向联动，提高创新链的整体效能。通过数据融合、技术融合、业务融合，不仅可以使科技创新的研究成果能够快速实现全链条转化落地，还能提高产业链上下游协同能力，推动产业集群内的有效协作，增强联合抵御外部风险的能力，进而带动整个产业链高质量发展，拓宽整个经济社会发展空间，形成集约高效、优势互补、协同推进的发展格局。

**（四）打造"绿色经济"，绘就共同富裕的可持续性底色**

生态兴则文明兴。进入新时代，人民群众"盼环保、求生态"，对干净的水、清新的空气、优美的环境、健康的身体等的要求越来越高，尤其是在经历了环境污染之痛后，人们对财富的生态品质有着更加强烈的期待，可以说，"生态富裕"成了最实实在在的民生福祉，"良好生态环境是最公平的公共产品，是最普惠的民生福祉"[①]。可见，良好的生态环境不仅是孕育自然资源从而为共同富裕提供物质前提的隐性存在，更是精神共同富裕的显性构成要件。鉴于此，厚植共同富裕的生态底色，以更高标准打赢碧水、蓝天、净土保卫战，坚持绿色可持续发展、生态富民惠民、探索生态共富之路成为新时代共同富裕的应有之意。

为了让生态、绿色成为新时代共同富裕的最鲜明底色，最为关键的就是要走好绿色发展之路，打造"绿色经济"。而绿色发展之路作为一条科技含

---

① 《习近平关于社会主义生态文明建设论述摘编》，中央文献出版社 2016 年版，第 163 页。

量高、资源消耗低、环境污染少的发展方式，无论是用生态安全的绿色产品拉动内需，还是用循环经济构筑区域经济结构，或是用低耗环保的行为构建新的生活模式，都不可能靠传统的生产和技术得以实现，只有通过科技创新才能真正实现。正如党的二十大报告指出的，实现绿色发展关键是要"加快节能降碳先进技术研发和推广应用，倡导绿色消费，推动形成绿色低碳的生产方式和生活方式"[1]。也就是说，只有用好科技创新这个"关键变量"，狠抓绿色低碳技术攻关，加快先进技术推广应用，才能真正走出一条科技含量高、经济效益好、资源消耗少、环境污染少、人力资源得到充分发挥的新型工业化路子，才能形成节约资源和保护环境的空间格局、产业结构、生产方式、生活方式，还自然以宁静、和谐、美丽，还人民以快乐、健康、幸福。

## 三、以科技区域协调为导向实现共同富裕的全域普惠

共同富裕作为社会主义的本质特征，它的核心在于"共同"二字，也就是说，我们要实现的是全体人民的富裕，而不是一个群体或者一个地区、一部分人的富裕，这是我们必须要守住的一个底线。然而，由于我国地域辽阔、人口庞大，各地区资源禀赋、城乡融合程度、劳动力素质不同，因而在发展过程中不可避免地出现了地区间发展的不平衡性。随着我国开启全面建设社会主义现代化国家新征程以及实现共同富裕的新阶段，必须紧扣发展不平衡不充分这个问题，以缩小城乡区域发展差距和收入分配差距为主攻方向，多领域扎实推进共同富裕。而在加强城乡区域联动、促进城乡区域协调发展的过程中，科技创新具有独特优势，通过科技的注入可以为相对落后地

---

① 《高举中国特色社会主义伟大旗帜　为全面建设社会主义现代化国家而团结奋斗——在中国共产党第二十次全国代表大会上的报告》，人民出版社 2022 年版，第 50 页。

区增加发展机遇，加快其经济发展的步伐，最终实现共同富裕的全域普惠。

**（一）促进创新要素跨区域流动，推动区域协调发展**

我国幅员辽阔、人口众多，各地区自然资源禀赋差别之大在世界上是少有的，统筹区域发展从来都是共同富裕建设的一个重大问题。今天，虽然我国已经全面建成小康社会，但不同区域间的发展不平衡仍客观存在，并日益成为制约我国经济社会发展的主要瓶颈，也是横亘在全国人民共同富裕前进道路上最大的"拦路虎"。正因如此，所以习近平总书记强调，"中国要强，农业必须强；中国要美，农村必须美；中国要富，农民必须富"[①]，"全面建设社会主义现代化国家，最艰巨最繁重的任务仍然在农村"[②]。

面对地区间的发展不平衡，我们的共同富裕建设不能只关注于"做大蛋糕"，更应该在"促协调、谋共享"上下功夫，将"科技创富"与"科技共富"有机结合在一起，从而让全体人民都能充分享受经济发展成果。而对于欠发达地区来说，要想使其补齐发展短板，就必须搭上科技的快车，越是欠发达地区越要走创新驱动发展之路，越要依靠科技创新加速发展自己。科技创新在一定程度上可以消除空间界限，为不同地区的经济发展提供了一个全新的起跑线，也为欠发达地区加速赶超发达地区经济发展的重大机遇。因此，在推进共同富裕建设中，必须要推动加快科技人才、金融资本、先进技术等创新要素的全国流动，尤其是要向广大农村地区下沉，提高科技资源的配置效率和边际效益。通过普及互联网、大数据、人工智能、区块链等高科技技术，"智慧农业"将彻底取代传统农业，在大幅降低农业生产成本的同时还可以提升质量、产量，农业资源将得到更加合理的利用，农业经营管理将更加高效，农民的收入将大幅度提高。除此之外，新兴数字化手段的应用

---

① 《习近平关于全面建成小康社会论述摘编》，中央文献出版社 2016 年版，第 21 页。
② 《高举中国特色社会主义伟大旗帜　为全面建设社会主义现代化国家而团结奋斗——在中国共产党第二十次全国代表大会上的报告》，人民出版社 2022 年版，第 30—31 页。

还将催生网络购物、农村电商、直播带货等更多数字化消费场景，田间地头架起了直播间，各种农产品变成了"网红尖货"，不仅能够"卖得出"，还能"卖得好"，从而在满足市场多样化需求的同时更好地实现了增收致富，为有效缩小区域发展差异提供了保障。

**（二）推广包容性技术，实现民生科技的全域覆盖**

发展智慧农业、建设数字乡村、走向共同富裕，首先得推动农村基础设施的数字化、智能化升级和改造，推进民生科技的全域布局和全面覆盖。进入新时代，随着我国农村数字经济的不断向前发展，乡村信息基础设施建设日益受到重视。但不可否认的是，我国农村的数字化基础设施建设仍相对薄弱，数字化服务体系仍不健全，存在无线宽带覆盖率低、电信设备共享困难、大数据和物联网等刚刚起步，与城市的多种信息化网络服务难以接轨等问题，从而给广大农村居民造成了一定的"数字沟壑"与"信息落差"。面对这种情况，我们必须全力"推进城乡要素平等交换和公共资源均衡配置"[①]，要以普及民生科技为抓手，全面推动农村千兆光网、5G、移动物联网与城市同步规划建设，提升农村宽带网络水平，推动农业生产加工和农村基础设施数字化、智能化升级。以推进"东数西算"工程为支撑加快建设全国一体化算力网络国家枢纽节点，打造面向全国的算力保障基地，不仅要从信息基础设施方面打破区域"数字沟壑"，实现农村城市"同网同速"，还要着手打破城乡之间所存在的巨大"数字素养鸿沟"，抓紧推进农村数字化设施从"有"到"优"、由"优"向"强"发展，为推动高质量发展、创造人民群众高品质生活提供有力保障。在提高民生科技普惠度的同时，还要充分利用科技手段推动欠发达地区的服务信息化与生活智慧化。通过推动政务服务

---

① 《高举中国特色社会主义伟大旗帜　为全面建设社会主义现代化国家而团结奋斗——在中国共产党第二十次全国代表大会上的报告》，人民出版社 2022 年版，第 81 页。

进乡村、便民服务掌上办，让老百姓足不出户就能享受优质的教育、金融、社保、医疗、养老、扶幼等服务，在方便人民生产生活的同时，也将充分释放乡村发展潜力，不断增强群众的幸福感、获得感。

### （三）打造梯次化科技创新布局，形成区域良性互动

新时代共同富裕不是同步富裕、同等富裕，因此，推动区域协调发展也不是要搞一刀切，搞"全面开花""千篇一律"，那样显然不符合科学发展的要求，最终可能导致无法想象的后果。因此，"特色突出""因地制宜"是"协调"二字的应有之义，要在全国一盘棋、上下一条线的基础上做到各有各的精彩。这就要求，在以科技创新促进地区协调发展的过程中，不能一味地求新求全，而必须充分考虑不同地区的经济布局、产业结构与资源禀赋、自然条件，打造梯次化的科技创新布局，从而做到科技发展与"一方经济"与"一方水土""一方人口"相协调。以"东数西算"工程为例，"东数西算"通过在中西部建设包含数据中心、云计算、大数据等一体化的新型算力网络体系，将东部海量的数据有序引导至西部进行计算，促进东西部协同联动，效率优化。目前，我国数据中心等算力基础设施大多分布于东部沿海经济发达地区，然而数据中心耗电量多、占地面积大，在土地、能源等资源紧张的东部地区持续大规模发展已经难以为继。相反，我国西部地区土地资源充裕，水电、风电、光伏等可再生能源丰富，加上适配的环境温度为数据中心的配置布局提供了得天独厚的基础优势，具备大规模布局数据中心的良好条件。发挥西部自然资源禀赋优势，将东部互联网、大数据、云计算、人工智能等大规模算力需求转移至西部，能充分优化东西部差异化的资源配置，提升资源的使用效率，有效破解东部经济发达城市算力设施"抢着用"而西部地区"无人用"的供需失衡、发展失序难题。"东数西算"工程通过因地制宜，不仅能大幅提高我国算力基础设施规模，还有助于打通东西部数字经济大动脉，促进东西部之间的数据流动和价值转移，更能带动资金流、物资

流、人才流、技术流等从东部向西部流动，促进东部地区的互联网、大数据、人工智能等企业产业链环节向西部地区延伸，从而激发西部数字经济活力，促进西部经济快速发展。最终既提高了我国的数字产业实力，又平衡了区域发展，并在区域间的良性互动中将共同富裕落到实处。

# 第十一章　新时代实现共同富裕的国际环境

作为中国特色社会主义现代化的重要内容，实现共同富裕已经融入中华民族伟大复兴战略布局。面对国际环境日趋复杂、不稳定性不确定性明显增加的总体形势，实现中国跨越式发展，扎实推进共同富裕，必须要科学统筹中华民族伟大复兴战略全局和世界百年未有之大变局，必须把外部环境变化作为加快国内发展的重要条件，不断营造有利于和平发展和民族复兴的良好外部环境，使世界发展大势有效转化为推动国内发展的助推力量。

## 一、主动维护和塑造战略机遇期

抓住战略机遇发展自己，是中国共产党保持战略主动权，赢得优势和胜利的一条宝贵经验。当前，中国崛起与世界转型同步推进，战略机遇与重大风险并存交织，理想秩序与复杂挑战相互影响。重要机遇期与重大风险期两种状态并存、光明前景与严峻挑战两种趋势同在，构成了中国特色社会主义新时代的显著特征。扎实推进共同富裕，必须要深刻认识国际环境带来的新矛盾新挑战，科学研判掌握国际格局演变的新规律新方向，从世界潮流、国际矛盾、科技革命等各方视角发现中国发展的有利条件，主动维护和塑造重要战略机遇期。

## （一）中国在与世界的联系互动中发展

进入新时代以来，中国与世界的关系发生历史性变化。中国在与世界的联系互动中发展，"中国对世界的影响，从未像今天这样全面、深刻、长远；世界对中国的关注，也从未像今天这样广泛、深切、聚焦。"[1]

党的十八大以来，我国经济实力、科技实力、综合国力跃上新台阶，已经成为世界第二大经济体、第一大工业国、第一大货物贸易国、第一大外汇储备国，这为我国进入新发展阶段、朝着第二个百年奋斗目标进军奠定了坚实基础。在转向高质量发展的进程中，经济总量由 2012 年的 53.9 万亿元上升到 2021 年的 114.4 万亿元，人均国内生产总值从 6300 美元上升到超过 1.2 万美元。我国经济总量在占世界经济比重稳步提升，从 11.3% 上升到超过 18%。十年来，我国全方位改善人民生活，提高城乡基本医疗公共服务均等化水平。我国现行标准下 9899 万农村贫困人口全部脱贫，脱贫攻坚取得全面胜利，全面建成了小康社会。我国就业质量显著提升，城镇新增就业年均 1300 万人以上，劳动年龄人口平均受教育年限达到 10.9 年。[2]

我国全方位高水平开放型经济逐步形成，境外投资存量从不足 6000 亿美元增至超过 2.6 万亿美元。我国加快建设开放型经济新体制，货物贸易进出口量连创新高。从 2012 年的 24.4 万亿元人民币增加到去年的 39.1 万亿元，增量高达 14.7 万亿元。从 2017 年以来，我国已经连续五年保持世界货物贸易第一大国地位。2020 年，我国货物与服务贸易总额又跃居全球第一。中国是世界经济增长的主要稳定器和动力源。中国以巨大的消费中国市场为各国带来"中国机遇"，为各国分享"中国红利"创造更多机会。2021 年，

---

① 国务院新闻办公室：《新时代的中国与世界》白皮书，载新华网，http://www.xinhuanet.com/2019-09-27/c_1125047331.htm，2019-09-27。

② 赵晓雯：《奋力完成改革发展稳定任务 中国经济实力跃上新台阶》，载中国网，http://news.china.com.cn/2022-06/28/content_78294065.html，2022 年 6 月 28 日。

我国进口对全球进口增长的贡献率达到 13.4%，有力促进了世界经济的复苏。我国与"一带一路"沿线国家贸易规模不断扩大，占外贸总值的比重从 2013 年的 25% 提升到 2021 年的 29.7%。此外，我国与 26 个国家和地区签署了 19 个自贸协定，与自贸伙伴贸易额占比达到了 35%。[①] 外汇储备是维护国家经济金融安全重要的"稳定器"和"压舱石"。外汇局数据显示，截至 2022 年 5 月末，我国外汇储备余额为 31278 亿美元，连续 17 年稳居世界第一。2021 年末我国对外净资产为 19833 亿美元，较 2012 年末增长 18%。[②]

中国抓住国际机遇发展自己，也以自身发展促进世界和平与发展。中国坚持独立自主的和平外交政策，坚持合作共赢、共同发展，坚定维护和推动经济全球化，积极发展全球伙伴关系，坚定支持真正的多边主义，积极参与引领全球治理体系改革和建设，为建设更加美好的世界贡献力量。

**（二）世界正经历百年未有之大变局**

2018 年 6 月，习近平总书记在中央外事工作会议讲话上指出："当前，我们处于近代以来最好的发展时期，世界处于百年未有之大变局，两者同步交织、相互激荡。"[③] 当今世界正处于百年未有之大变局，这是对当今国际格局和中国发展历史方位作出正确的判断。深刻认识和把握这个判断，对于我们科学判断形势、坚定前进方向，进而保持战略清晰、赢得战略主动具有深远的重要意义。

"百年未有之大变局"是对国际格局的总体认知，而大变局既具有整体性，也具有多面性，必然表现为某一方面的深刻变化。从表现来看，大变局

---

① 刘佳：《中国连续五年成为货物贸易第一大国　为世界经济复苏注入"强心针"》，载中国网，http://news.china.com.cn/2022-06/02/content_78250214.html，2022 年 6 月 2 日。

② 《我国外汇储备规模连续 17 年稳居世界第一》，载新华网，http://www.news.cn/fortune/2022-06/23/c_1128770677.htm，2022 年 6 月 23 日。

③ 《习近平谈治国理政》第 3 卷，外文出版社 2020 年版，第 428 页。

并不只是仅限于全球化和大国博弈等传统国际关系领域，而是涵盖了国际秩序、文明形态、权力转移、制度变迁、技术跃迁、文化思潮等更广泛领域。不仅包括国际格局的新变化、经济发展的新动力、国际关系的新态势，还包括全球治理的新趋势、文明演进的新形态、世界秩序的新方向。

具体而言，世界政治格局曲折发展，非西方化与多极化并行。从大国实力对比变化来看，美欧国家相对衰落，金砖国家等新兴市场国家和发展中国家群体性崛起。但美国依然坚持霸权主义和强权政治，坚持冷战思维，挑动集团对抗，地区博弈加剧。经济全球化主要推动力量面临重组，世界经济重心从北大西洋两岸转向太平洋区域，中国、日本、韩国、印度与东盟国家等亚洲国家成为引领世界经济增长的重心。新一轮科技革命和产业变革深入发展为经济全球化注入了新动力，但新一轮贸易保护主义和"逆全球化思潮"成为冲击世界经济格局的新逆流。随着大国竞争加剧，多边体系面临瓦解与重建，西方国家正在试图重构全球投资贸易规则，全球价值链与国际分工体系正在发生不利于发展中国家的新变化。国际社会的跨国犯罪、恐怖主义、粮食安全、难民问题、气候变化等全球性问题凸显，需要全球治理体系不断完善，新兴市场国家成为参与和革新全球治理的重要角色。中国倡导构建人类命运共同体，致力建设持久和平、普遍安全、共同繁荣、开放包容、清洁美丽的世界，不仅顺应了世界潮流，而且回应了时代诉求，成为完善当前国际秩序的科学理念，为引领人类进步提供了鲜明旗帜。

习近平总书记指出，"要树立世界眼光、把握时代脉搏，要把当今世界的风云变幻看准、看清、看透，从林林总总的表象中发现本质，尤其要认清长远趋势。"① 开创中国特色大国外交，把握历史规律，认清世界大势至关重要，这意味着对外工作必须准确把握国际形势，掌握我国外部环境的基本特

———————

① 《习近平谈治国理政》第 1 卷，外文出版社 2017 年版，第 442 页。

征。习近平强调，"当今世界是一个变革的世界，是一个新机遇新挑战层出不穷的世界，是一个国际体系和国际秩序深度调整的世界，是一个国际力量对比深刻变化并朝着有利于和平与发展方向变化的世界。"① 在当前国际格局和秩序大调整、大分化、大变革的背景下，中国应该以宽广、深邃、理智地分析国际形势蕴含的机遇与挑战，树立正确的历史观、大局观、角色观，"既要把握世界多极化加速推进的大势，又要重视大国关系深入调整的态势。既要把握经济全球化持续发展的大势，又要重视世界经济格局深刻演变的动向。既要把握国际环境总体稳定的大势，又要重视国际安全挑战错综复杂的局面。既要把握各种文明交流互鉴的大势，又要重视不同思想文化相互激荡的现实。"②

### （三）我国发展仍然处于重要战略机遇期

重要战略机遇期是党中央对当前国际国内形势作出的一个科学判断。所谓"战略机遇期"，是由国内国际各种因素综合形成的，是能为国家经济社会发展提供良机的、客观存在的历史时期，也是国家决策者总体战略布局而主动塑造的、有助于国家发展内外部环境的特殊时期。③ 这个时期既受现实条件和客观规律所限定，也受主观认识和主动谋划所影响。我国既要抓住、用好战略机遇期，还要维护、延长战略机遇期，更要塑造战略机遇期。

从百年党史来看，中国共产党人有认识与抓住战略机遇的丰富经验，也经过了多次伟大实践。"正确认识党和人民事业所处的历史方位和发展阶段，是我们党明确阶段性中心任务、制定路线方针政策的根本依据，也是我们党

---

① 《习近平谈治国理政》第 1 卷，外文出版社 2017 年版，第 442 页。
② 习近平：《坚持以新时代中国特色社会主义外交思想为指导　努力开创中国特色大国外交新局面》，《人民日报》2018 年 6 月 24 日。
③ 易金务：《关于重要战略机遇期的答问》，《人民日报》2004 年 1 月 19 日。

领导革命、建设、改革不断取得胜利的重要经验。"① 新中国成立以来,我国成功抓住国际风云变幻的战略机遇,始终坚持独立自主和平外交政策,不仅成功打破了冷战时期大国封锁和包围,也依托经济全球化快速发展的难得机遇,成长为融入世界发展大潮、推动全球治理变革的开放大国。进入 21 世纪,国内外局势同时出现重大变革,党中央提出了本世纪头二十年是我国可以大有作为的重要战略机遇期的战略定位。如此一来,我国全面建设小康社会的历史任务就与战略机遇期的时间坐标紧密地结合在一起。② 提出和抓住"战略机遇期"的本世纪头二十年,是中国发展实现稳步提升和大幅跨越的二十年。进入 21 世纪第二个十年之后,国际力量对比深刻调整,世界经济长期低迷,大国关系深度调整,国际局势发生深刻变革,必须充分认识当前的"危"和"机",科学认识我国发展的历史方位。

事实上,党中央对"战略机遇期"的认识不断发展和深化。习近平在党的十九大报告中明确指出,"当前,国内外形势正在发生深刻复杂变化,我国发展仍处于重要战略机遇期,前景十分光明,挑战也十分严峻。"③ 这是我们党在科学分析国内外形势发展基础上作出的重大而科学的政治判断和趋势判断,这要求中国外交要立足我国发展重要战略机遇期的大背景来谋划。党的十九大以后,世界发展和变革不断加快,调整和转折猛然加速。2020 年党的十九届五中全会提出,"当前和今后一个时期,我国发展仍然处于重要战略机遇期,但机遇和挑战都有新的发展变化。"④ 这是自 2002 年党中央首次提

---

① 习近平:《把握新发展阶段,贯彻新发展理念,构建新发展格局》,《求是》2021 年第 9 期。

② 门洪华:《百年变局与中国战略机遇期的塑造》,《同济大学学报》2020 年第 4 期。

③ 习近平:《坚持以新时代中国特色社会主义外交思想为指导 努力开创中国特色大国外交新局面》,《人民日报》2018 年 6 月 24 日。

④ 《中国共产党第十九届中央委员会第五次全体会议公报》,载新华网,http://www.xinhuanet.com/politics/2020-10/29/c_1126674147.htm,2020 年 10 月 29 日。

出"二十一世纪头二十年"是必须紧紧抓住和用好的"重要战略机遇期"之后，再次对当前和今后一段时期中国发展面临的国际环境所作出的全局性、根本性、长期性的战略研判。

当前，世界百年未有之大变局加速演进，世界进入新的动荡变革期，我国发展既面临新的战略机遇，同时也面临新的战略挑战，必须防范化解各种重大风险挑战。从外部来看，霸权主义和强权政治依然存在，逆全球化浪潮不断发展，世界经济复苏乏力，地缘政治冲突和动荡频发，全球性问题日益加剧。从内部来看，当前我国经济社会发展长期累积的各种经济问题、民生问题、稳定问题日益凸显，面临关键核心技术受制于人、产业链供应链安全、粮食和能源安全、防范金融风险等战略性问题，各种敌对势力不断加紧进行渗透、破坏、颠覆、分裂活动。综合来看，以上深层次矛盾和突出问题亟待国家作出统筹规划和有效应对。党的二十大报告明确指出，"我国发展进入战略机遇和风险挑战并存、不确定难预料因素增多的时期，各种'黑天鹅'、'灰犀牛'事件随时可能发生。我们必须增强忧患意识，坚持底线思维，做到居安思危、未雨绸缪，准备经受风高浪急甚至惊涛骇浪的重大考验。"①

在全球发展格局调整、国际权力结构转变、世界科技创新裂变交相叠加的世界转型期，"仍然处于重要战略机遇期"是面对错综复杂的国际国内形势而作出的坚定而审慎的战略判断，这个判断将对中国的国际形势认知和发展战略部署带来深刻影响。

**（四）主动维护和用好重要战略机遇期**

当前局部地区地缘政治博弈异常激烈，面临的国际安全压力将有增无减，世界经济形势跌宕起伏，全球治理体系面临改革和重构。面临百年未有

---

① 习近平：《高举中国特色社会主义伟大旗帜　为全面建设社会主义现代化国家而团结奋斗——在中国共产党第二十次全国代表大会上的报告》，人民出版社 2022 年版，第 26 页。

之大变局，世纪疫情持续蔓延，世界进入动荡变革期，不稳定性不确定性明显增加。为此，扎实推进共同富裕，必须增强机遇意识和风险意识，立足社会主义初级阶段基本国情，牢牢把握我国社会主要矛盾变化呈现出来的新特征新要求，充分认识和科学把握发展规律，聚焦发展不平衡不充分问题，推进完成国家发展重点领域和改革开放关键环节的重要任务。

从主观条件来看，中国对发现与把握重要战略机遇期，不断营造相对有利的外部环境具有清醒的战略自觉和主动意识，希望不断提升综合国力，充分依托中国特色社会主义的制度优势，通过建设相互尊重、互利共赢的新型国际关系来延长和塑造重要战略机遇期。从客观条件来看，国际政治复杂矛盾为中国发展提供了充分的外交回旋空间，经济要素的全球化流动也为中国发展营造了相对有利的外部环境。新科技革命成果的迅速转化和产业转移，缩短了与发达国家的技术差距，为中国发展提供新的技术创新机遇。

战略机遇期不仅需要主观意识与客观条件，还讲求外生性与内生性的互动与转化。[1] 国际形势瞬息万变，能否识别机遇、抓住机遇、用好机遇，取决于国家借势内外互动、统筹内外政策的战略运筹能力。中国把自身经济社会发展作为首要任务，不以传统安全竞争作为战略追求目标，善于顺应世界潮流，广结善交、趋利避害，积极寻找有利条件，提升国家综合实力和竞争优势。中国以改变内生因素影响外生变量，充分发挥负责任大国的作用，在维护国家利益的同时积极参与国际事务，推动国际秩序朝着更加公正合理并有利于中国的方向发展。[2]

战略机遇期能否迅速形成与不断延续，取决于国家的主观认知和主动塑

---

① 张宇燕：《战略机遇期：外生与内生》，《世界经济与政治》2014 年第 1 期。
② 章百家：《改变自己影响世界：20 世纪中国外交基本线索刍议》，《中国社会科学》2002 年第 1 期。

造，也取决于国内国际的构建过程和互动结果。战略机遇期的内涵和条件是相对的，也是动态演进、不断变化的。党中央高度重视战略机遇期的延长问题，为把握战略机遇期提供了可靠的政治保障。我国发展已转向高质量发展阶段，社会大局稳定，治理效能提升，中国拥有足够的政策能力与坚强的发展韧性。

中国经济增长稳中向好，目前仍是全球增长较快的主要经济体之一。中国经济发展有着坚实的实体基础与支撑，中国经济实力和综合国力都实现了量与质的飞跃。我国国家治理体系和治理能力不断提升，制度优势不断显现，为维护重要战略机遇期提供了集中高效的制度基础。近年来，中国主动推行大国外交，在坚持国际斗争和有效应对大国博弈方面累积了丰富经验。面对错综复杂的国际环境带来的新矛盾新挑战，要保持战略定力，树立底线思维，准确识变、科学应变、主动求变，敏锐地发掘有助于突破困境的条件与抓手，积极应对维护和塑造对中国有利的战略机遇期，实现快速发展、高效发展、稳定发展。

## 二、持续推进更高水平的对外开放

党的十九届六中全会深刻指出，"开放带来进步，封闭必然落后；我国发展要赢得优势、赢得主动、赢得未来，必须顺应经济全球化，依托我国超大规模市场优势，实行更加积极主动的开放战略"。[①] 以习近平同志为核心的党中央根据我国发展阶段、国际环境、现实条件，尤其是基于我国比较优势和发展诉求的变化，提出了构建以国内大循环为主体、国内国际双循环相互促进的新发展格局的重大决策。进一步构建开放型世界经济，要致力于推动全球开放合作和共同发展，畅通"双循环"发展格局，保护全球产业链供应

---

① 《中共中央关于党的百年奋斗重大成就和历史经验的决议》，人民出版社 2021 年版，第38 页。

链的稳定，坚定维护多边贸易体制，防范化解全球经济风险，加强海外利益保护。

**（一）始终坚持共同发展**

中国不断扩大开放，共同推动全球发展。我国充分利用经济全球化带来的机遇，不断扩大对外开放，是全球化的重要受益者之一。我国已经成为了世界第二经济大国、最大货物出口国和最大外汇储备国，同时也是世界第二大货物进口国和第二大对外直接投资国，对世界经济增长贡献率年均保持在30%以上。

目前，世界经济长期低迷，全球增长动能不足，全球发展失衡，贫富差距、南北差距问题更加突出，中国已经成为影响世界经济发展速度和发展方向的一个主要变量。在此背景之下，习近平指出，"中国将始终做全球发展的贡献者，坚持走共同发展道路，继续奉行互利共赢的开放战略，将自身发展经验和机遇同世界各国分享，欢迎各国搭乘中国发展'顺风车'，一起来实现共同发展。"①2021年，我国对外投资合作平稳发展，全行业对外直接投资1451.9亿美元，同比增长9.2%；截至2021年末，我国在境外经贸合作区累计投资507亿美元，上缴税费66亿美元，创造岗位39.2万个，有力促进了互利共赢、共同发展。②

中国高度重视落实联合国2030年可持续发展议程。当前，全球发展进程举步维艰，南北差距、技术鸿沟、发展断层等问题严重冲击全球稳定和发展。世界有近8亿人生活在饥饿之中，粮食安全、医药卫生、教育就业等民生领域不容乐观，国际社会落实联合国2030年可持续发展议程面临重重挑战。中国坚定走和平发展、开放发展、合作发展、共同发展道

---

① 《习近平谈治国理政》第1卷，外文出版社2017年版，第525—526页。
② 《商务部：2021年我国对外直接投资9366.9亿元人民币》，载人民网，http://finance.people.com.cn/n1/2022/0120/c1004-32336074.html，2022年1月20日。

路，通过在一系列重大国际场合宣布务实合作举措，主动参与国际发展合作、共同破解全球发展难题、积极引领全球发展方向提出中国方案、贡献中国智慧、注入中国力量。习近平总书记在 2021 年第七十六届联合国大会上首次提出了"全球发展倡议"，呼吁各国共同推动全球发展迈向平衡协调包容新阶段，即明确了发展的优先地位，主张必须将发展放于全球宏观政策框架突出位置；发展的目标上坚持以人民为中心，要求通过发展来保障和改善民生，同时保护和促进人权，最终实现人的全面发展；在发展的原则上坚持普惠包容，强调要重点关注和支持援助发展中国家，重视解决国家间和各国内部发展不平衡、不充分问题；在发展的动力上坚持创新驱动，大力推进科技革命和产业变革，促进科技成果向现实生产力的转化；坚持人与自然和谐共生，发展的亮点是加快绿色低碳转型，积极应对气候变化，不断完善全球环境治理，构建人与自然生命共同体；坚持行动导向，发展的重点是推进发展筹资、减贫、粮食安全、抗疫和疫苗、数字经济、气候变化和绿色发展等具体领域的深度合作，构建全球发展命运共同体。[1]

这个倡议旨在对接和落实联合国 2030 年可持续发展议程，并与共建"一带一路"倡议以及非洲地区的非盟《2063 年议程》和非洲发展新伙伴计划等多个倡议相互衔接、协同创新，推动全球共同发展。"全球发展倡议"坚持发展优先、以人民为中心等理念主张，对减贫、粮食安全、抗疫和疫苗、气候变化和绿色发展等重点领域提出了合作设想与方案，是中国为世界提供的重要公共产品和合作平台。中国将持续推进改革开放，与世界各国共同打造富有活力的增长模式、开放共赢的合作模式、公正合理的治理模式、平衡普惠的发展模式，共同推动经济全球化朝着更加开放、包容、普惠和均

---

[1]　姚遥：《"全球发展倡议"为因应世界变局擘画蓝图》，《红旗文稿》2022 年第 4 期。

衡的方向发展。①

**（二）推进更高水平对外开放**

加快构建新发展格局是"十四五"规划提出的重大战略任务。改革开放以来，我国积极参与经济全球化的国际大循环，长期以来形成了市场和资源两头在外的"世界工厂"发展模式。由于近年来经济全球化遭遇逆流，新冠疫情进一步加剧了逆全球化趋势，全球产业链供应链发生局部断裂，严重阻碍世界经济复苏进程，严重冲击我国国内经济循环。特别是 2008 年金融危机以来，基于市场与效率原则的全球化动力有所弱化，而重视分配与安全原则的全球化诉求有所加强。对我国而言，随着要素禀赋和外部环境的变化，市场和资源两头在外的国际大循环拉动经济增长的动能明显减弱，而内需潜力不断释放的国内大循环活力不断增强。在这种背景下，必须稳定全球经济循环，引领经济全球化均衡发展。

当前经济形势仍然严峻，不稳定性不确定性依然较大，目前所遇问题是中长期的。由于国际经济循环格局发生深度调整，必须提出引领发展的新思路，在供应链的效率逻辑与安全考量之间进行平衡取舍，而建立新发展格局就是掌控我国未来发展主动权的战略性布局和先手棋。正是在这样的大背景下，习近平总书记提出，要推动形成以国内大循环为主体、国内国际双循环相互促进的新发展格局。加快构建新发展格局是根据新历史任务和新环境条件作出的重大战略决策。加快构建新发展格局主动选择，适应了我国经济发展阶段的新变化。作为一项应对错综复杂的国际环境变化的战略举措，充分体现了发挥我国超大规模经济体优势的内在要求。② 这是优化发展格局、塑造竞争优势的重大调整，也是坚持独立自主与对外开放相统一的战略抉择。

---

① 《习近平谈治国理政》第 1 卷，外文出版社 2017 年版，第 480—486 页。
② 刘鹤：《加快构建以国内大循环为主体、国内国际双循环相互促进的新发展格局》，《人民日报》2020 年 11 月 25 日。

正如习近平总书记所指出的，"加快构建新发展格局，就是要在各种可以预见和难以预见的狂风暴雨、惊涛骇浪中，增强我们的生存力、竞争力、发展力、持续力，确保中华民族伟大复兴进程不被迟滞甚至中断。"[①]

构建新发展格局是事关全局的系统性、深层次变革，为我国经济社会发展确立了新的评价标准和战略导向。构建新发展格局首先需要保证经济循环的畅通无阻，从而有效推动各种生产要素的组合在生产、分配、流通、消费各环节有机衔接。畅通经济循环关键在于通过优化升级产业结构和深化供给侧结构性改革，以供给侧有效畅通提升增强供给体系的韧性。构建新发展格局最本质的特征是实现高水平的自立自强，因此，必须加快推进科技创新，实现创新链和产业链快速对接。国内大循环绝不是自我封闭和自给自足，而是通过与世界经济更加密切的联系互动来提升国内大循环的效率和水平。就此而言，坚持开放合作的双循环要不断推进更大范围、更宽领域、更深层次对外开放。

畅通新发展格局，必须稳步推进高水平的对外开放，引领经济全球化朝正确方向发展。第一，要通过参与国际市场竞争，增强我国在全球产业链供应链创新链中的竞争力。第二，既要不断扩大商品、服务、资金、人才等要素流动型开放，又要持续深化规则、规制、管理、标准等制度型开放。第三，既要加强国内大循环在双循环中的主导作用，发挥我国超大规模市场优势，通过强大的国内经济循环体系，提升对全球要素资源的吸引力和全球资源配置的推动力，为国际社会提供更加广阔的市场机遇。第四，要通过国际循环提升国内大循环的能力，以此改善我国生产要素质量和配置效率。总之，推动更高水平的对外开放，要通过促进顺畅联通的国内国际循环，加快

---

① 习近平：《把握新发展阶段，贯彻新发展理念，构建新发展格局》，《求是》2021年第9期。

建设开放型世界经济，在国际分工中重塑本国经济的比较优势和竞争优势，形成联系紧密、稳定持续的全球经济循环体系。

### （三）坚持统筹发展与安全

随着当前国际力量对比深刻调整，大国矛盾和冲突不断凸显，我国改革发展稳定所面临的内外部风险空前上升。一般认为，安全是确保内部没有危险、外部没有威胁的状态和能力。为了国家的长治久安，必须通过战略、法律、政策等手段，加强对安全问题的积极防范与及时处置，加强对安全态势的有效维护与主动塑造。党的二十大报告指出，"国家安全是民族复兴的根基，社会稳定是国家强盛的前提。必须坚定不移贯彻总体国家安全观，把维护国家安全贯穿党和国家工作各方面全过程，确保国家安全和社会稳定。"①

有效防范化解开放发展所面临的风险挑战，必须要牢固树立安全发展理念。安全是发展的前提。如果潜在风险或威胁转为现实危险或危机，就会给发展带来巨大损失，甚至让发展陷入停滞。发展是安全的保障，是支撑性、持续性的要求。没有坚实的发展成果，就会缺少维护安全的可靠手段和强大能力。统筹发展与安全，要防止因过分强调风险和安全因素，从而导致牺牲效率原则和市场扭曲过度。效率原则是市场在资源配置中发挥决定性作用的充分体现，而非市场因素会对我国长期经济增长潜力造成影响，二者必须相互统一于稳定发展的进程之中。

当前和今后一个时期，是我国各类矛盾和潜在风险的高发期。当前，中国发展面临的内外部风险以"风险综合多元体"的状态，政治遏制、意识形态渗透、经济脱钩、金融制裁、能源中断、军事挑衅、网络攻击、舆论抹黑等外部威胁，各类重大风险的渗透传导、交叉叠加、升级转化的可能不断加大。

---

① 习近平：《高举中国特色社会主义伟大旗帜　为全面建设社会主义现代化国家而团结奋斗——在中国共产党第二十次全国代表大会上的报告》，人民出版社 2022 年版，第 52 页。

我国"十四五"规划把统筹安全与发展作为重要任务，特别要求把安全发展贯穿国家发展各领域和全过程。因此，必须健全国家安全体系，加强保障国家安全的制度性建设，不断强化国家安全能力，有效处理各类涉及国家安全的问题。在国家安全体系建设上，要完善高效权威的国家安全领导体制，要强化国家安全工作协调机制，完善国家安全法治体系、战略体系、政策体系、风险监测预警体系、国家应急管理体系，完善重点领域安全保障体系和重要专项协调指挥体系，强化经济、重大基础设施、金融等重要领域安全保障体系建设，构建全域联动、立体高效的国家安全防护体系。与此同时，要坚定维护国家政权安全、制度安全、意识形态安全，加强粮食、能源资源、重要产业链供应链安全等重点领域安全能力建设，加强海外安全保障能力建设，坚定捍卫国家主权、安全、发展利益。①

从现实来看，统筹发展与安全，必须要坚持底线思维，发扬斗争精神、增强斗争本领，勇于面对各种风险挑战，勇于克服各种困难，坚定不移把党中央决策部署落到实处。习近平总书记指出："历史反复证明，以斗争求安全则安全存，以妥协求安全则安全亡；以斗争谋发展则发展兴，以妥协谋发展则发展衰。我们要增强斗争的骨气、底气，不信邪、不怕鬼，形成攻难关、防风险、迎挑战、抗打压的强大合力，在坚决斗争中赢得战略主动。"②

在方法策略上，既要敢于斗争，也要善于斗争，把握斗争方向，讲究斗争艺术。要强化风险预警、防控机制和能力建设，切实保证国家重点领域安全。具体来说，第一，宏观经济方面要防止大起大落，资本市场上要防止外资大进大出。第二，要确保粮食、能源、重要资源安全，保障重要产业链供应链的可靠与顺畅。第三，加强数字金融新业态、新模式和金融科技的监

---

① 习近平：《高举中国特色社会主义伟大旗帜　为全面建设社会主义现代化国家而团结奋斗——在中国共产党第二十次全国代表大会上的报告》，人民出版社 2022 年版，第 53 页。
② 习近平：《为实现党的二十大确定的目标任务而团结奋斗》，《求是》2023 年第 1 期。

231

管，高度警惕和防范大规模资金跨境流动，守住不发生系统性金融风险的底线。第四，进一步规范当前新环境和条件下资本市场运行规则和运行秩序，要防止资本无序扩张、野蛮生长。第五，要依法、科学、精准治污，确保生态环境安全。第六，加强公共卫生安全治理，不断提高应对重大突发公共卫生事件的能力和水平。第七，要强化基层治理能力，有效化解各类群体性事件，维护社会安全。

### （四）提升海外利益保护能力

海外利益保护和风险预警防范是保障国家经济安全的重要内容。随着国内大市场与国际大市场相互促进和深度融合，我国海外利益的不断延伸和拓展。海外利益是政府、企业、社会组织及公民个人等行为主体，通过国际交往活动在国外形成和累积的正当国家利益。随着近年海外机构、投资、贸易、人员交流等方面的规模不断扩大，我国海外利益的拓展明显加速，海外利益风险日益突出，海外利益保护需求不断上升。国内外风险和挑战的复杂变化，能否加强对我国海外利益的保护，成为事关我国新发展格局的重大战略问题。

近年来，我国对外投资持续上升。截至 2020 年底，中国 28 万家境内投资者在国（境）外共设立对外直接投资企业 145 万家，分布在全球 189 个国家（地区），年末境外企业资产总额 79 万亿美元，对外直接投资累计净额（以下简称存量）258 万亿美元。[①] 据商务部、外汇局统计，2021 年我国境内投资者共对全球 166 个国家和地区的 6349 家境外企业进行了非金融类直接投资，累计投资 7331.5 亿元人民币。[②] 与此同时，我国海外公民群体规模庞

---

① 商务部、国家统计局、国家外汇管理局：《2020 年度中国对外直接投资统计公报》，中国商务出版社 2021 年版，第 4 页。

② 《2021 年我国对外全行业直接投资简明统计》，载中华人民共和国商务部网站，http://hzs.mofcom.gov.cn/article/date/202201/20220103238997.shtml，2022 年 1 月 24 日。

大。我国还在全球近 200 个国家（地区）拥有超过 6000 万名海外侨胞。我国公民出境旅游人数连续六年过亿，新冠疫情之前的 2019 年达到 1.55 亿人次，同期出国留学人员总数高达 70.35 万人。截至 2020 年末，我国在外各类劳务人员约 62.3 万人。①

我国作为全球第一大货物贸易国，由于资源和市场两头在外，对贸易和战略资源通道依赖性较强。我国海外利益面临的经济、安全、政治、社会、法律等风险和挑战异常复杂，保障我国海外利益安全的任务非常艰巨。当前我国面临的全球传统安全问题与非传统安全问题相互交织，霸权主义、强权政治、单边主义依然盛行，经济风险、社会风险此起彼伏，地区冲突和局部战争持续不断，网络安全、生物安全等非传统安全威胁日益凸显。西方主要发达国家的民粹主义影响力上升，逐渐成为极端的反全球化力量。某些国家采取外资审查和出口管制等保护主义措施，加强对中国企业和人员的针对性滥用，增加了对外投资的不确定性。我国海外利益有相当一部分位于风险较高的国家与地区，这些地方治理能力较弱、政治风险偏高，个别国家和地区的暴恐活动频繁，成为严重威胁我国海外利益安全的不稳定因素。

目前我国海外利益保护制度体系建设起步较晚，相关经验不足，保护能力需要大幅度提升。海外利益保护是一项系统工程，需要国家战略、外交政策、法律法规、执行机构的密切协同和综合施策。具体来说，一要支持以联合国、世界贸易组织等为核心的多边国际体系，坚持通过多边的方式解决国际投资与贸易争端。二要健全保障境外投资的法律、政策和服务体系，尽快出台涉及保护进出口贸易、海外投资、战略资源及海外基础设施等领域的法律，根据新情况更新我国与有关国家的双边投资保护等协定，尽快解决海外利益保护中的无法可依问题。三要明确外交、商务、情报、卫生、安全和军

---

① 高凌云、程敏：《统筹推进和加强我国海外利益保护》，《中国发展观察》2021 年第 5 期。

队等各个部门的职责任务，加强我国海外利益保护的主体协同。四要完善国别风险评级体系，及时向境外中国机构、企业和公民提供紧急情况信息，提升企业对海外投资经营的风险意识和应对能力，完善我国海外利益保护的监测预警。五要积极吸纳社会安保力量参与海外利益保护，充分吸纳和整合保险公司、安保公司、非政府组织或者其他民间力量，在风险预警、危机管理、安全保障等方面形成海外利益保护的合力。六要加强国家软实力建设，积极履行大国责任，通过扩大对外经济援助，讲好中国故事、塑造良好形象，改善和提升与受援国家、机构的关系，把经济实力转化为外交影响力和文化吸引力。

## 三、积极参与引领全球治理体系改革

中国是一个处于社会主义初级阶段的发展中大国，也是一个正在崛起并迅速融入国际体系的大国。中国用参与全球治理体系改革和建设，为国际社会贡献和平发展、繁荣发展的智慧和力量。

### （一）坚持中国特色大国外交

当前国际社会对中国的关注前所未有，中国会奉行什么样的对外政策，以及对世界将产生何种影响。如何定位自己在世界的角色，如何处理与世界的关系，已成为事关国家和平发展和世界秩序演变的重大问题。

我们党在领导革命、建设、改革长期实践中，历来坚持独立自主的原则。中国立足自身国情和实践，"要把国家和民族发展放在自己力量的基点上，坚持民族自尊心和自信心，坚定不移走自己的路。"[①] "履不必同期于适足；治不必同，期于利民。"习近平援引魏源的这句话说明，一个国家发展道路合不合适，只有这个国家的人们才最有发言权。独立自主就是要自主选

---

① 《习近平谈治国理政》第 1 卷，外文出版社 2018 年版，第 29 页。

择发展道路。在对外政策上，中国坚持根据事情本身的是非曲直决定自己的立场和政策，坚持以国家核心利益为底线维护国家主权、安全、发展利益。在涉及国家核心利益的问题上，习近平始终注意划出红线、亮明底线，"任何外国不要指望我们会拿自己的核心利益做交易，不要指望我们会吞下损害我国主权、安全、发展利益的苦果。"[1]

中国始终坚持和平发展，积极维护世界和平。习近平指出，一个民族最深沉的精神追求，一定要在其薪火相传的民族精神中来进行基因测序。他引用"国虽大，好战必亡"的箴言和"以和为贵""国泰民安""天下太平"等世代相传的理念强调，中华民族是爱好和平的民族，和平、和睦、和谐的追求深深植根于中华民族的精神世界之中。[2] 和平发展道路不仅符合中国人民的最根本利益，也是所有爱好和平、渴求发展的国家和人民的共同诉求。习近平赋予和平外交政策新内涵，"中国将始终做世界和平的建设者，坚定走和平发展道路，无论国际形势如何变化，无论自身如何发展，中国永不称霸、永不扩张、永不谋求势力范围。"[3] 在国际舞台上，中国始终坚持以相互尊重、合作共赢为基础走和平发展道路，广泛参与全球热点问题的外交解决方案，积极推动全球难点问题的政治对话进程。中国军队是联合国维和行动的关键力量，中国是联合国第二大维和摊款国和会费国。30 多年来，中国军队先后参加 25 项联合国维和行动，累计派出维和军事人员 4 万余人次，是安理会五大常任理事国中维和部队人数最多的国家。[4]

党的十八大以来，以习近平同志为核心的党中央高瞻远瞩，胸怀天下，

---

① 《习近平谈治国理政》第 1 卷，外文出版社 2018 年版，第 249 页。
② 同上书，第 265 页。
③ 《习近平谈治国理政》第 2 卷，外文出版社 2017 年版，第 525 页。
④ 国务院新闻办公室：《中国军队参加联合国维和行动 30 年》白皮书，载中华人民共和国中央人民政府网，http://www.gov.cn/zhengce/2020-09/18/content_5544398.htm。

提出了开展中国特色大国外交这一重要论断。中国特色大国外交是对新中国成立以来党和国家外交理念与实践在新时代的传承与发展。中国特色大国外交以建设"相互尊重、公平正义、合作共赢"新型国际关系为根本路径，以构建人类命运共同体为目标导向，以"一带一路"为主要抓手，以"共商、共建、共享"的全球治理观为主要内容。它坚持独立自主与国际合作相统一、国家利益同世界各国利益相统一，服务于实现民族复兴这一宏伟目标，将促进人类进步作为前进方向，明确大国定位，秉承大国担当，彰显中国特色，具有鲜明的先进性和时代性。

**（二）积极发展全球伙伴关系**

当今世界和平与发展的大趋势没有改变，但国际社会的动荡、冲突、失衡日益突出，全球性的焦点、热点、难点问题需要共同应对。习近平站在人类进步高度，把握世界发展趋势，秉持"天下一家"理念，高屋建瓴地提出构建人类命运共同体，并从伙伴关系、安全格局、经济发展、文明交流、生态建设等方面规划构建人类命运共同体的实践路径。提出构建人类命运共同体，使中国外交准确把握了时代发展脉搏，表明中国愿意也能够为解决人类问题、促进人类发展进步作出更大的贡献，牢牢占据了人类发展的道义制高点。

在实践方略上，中国积极拓展深化全方位、宽领域、多层次的对外交往格局，以推进新型国际关系为重要特色的中国对外战略取得系列重大成就。新型国际关系的理念，坚持超越国别、党派和制度的异同，摒弃传统国际关系以强凌弱的"丛林法则"，既是对大小国家一律平等这个中国外交优良传统的继承，也是对联合国宪章宗旨和原则的弘扬，符合国际社会的共同利益。

习近平指出，"要在坚持不结盟原则的前提下广交朋友，形成遍布全球的伙伴关系网络。"[①] 伙伴关系体现了平等性、和平性、包容性的时代特征，

---

① 《习近平谈治国理政》第 2 卷，外文出版社 2017 年版，第 443 页。

既是中华优秀传统文化基因中"协和万邦、和衷共济、四海一家"的继承，也是对我国坚持结伴不结盟成功实践的提炼升华。截至 2022 年 6 月，中国已同 181 个国家建立外交关系，同 112 个国家和国际组织建立不同形式的伙伴关系，实现了对全球大国、周边国家和发展中国家伙伴关系的全覆盖。中国积极发展全球伙伴关系，全球"朋友圈"不断扩展。

积极发展全球伙伴关系，要本着对话而非对抗、结伴而非结盟的思路。具体来说，要坚持科学统筹、分类施策、协调推进，在四个方面谋篇布局。第一，要以推进大国协调与合作，不断深化与发展中大国及地区大国的友好合作关系。第二，继续把周边作为外交优先方向。第三，秉持正确义利观，加强和深化同发展中国家的全面团结协作伙伴关系。第四，积极做好多边外交工作，践行真正的多边主义，深入参与和引导多边外交进程，不断提升制度性国际话语权。

### （三）引领全球治理体系改革

通过主动融入现存国际体系，特别是改革开放以来的利益构建和身份塑造，中国已经从国际体系外的挑战型国家成为在其中发挥重大作用的现状型国家。中国历来倡导包容性全球治理，正在实现从全球治理的参与者、建设者到改革者角色的转变。

随着中国综合国力的持续上升，中国与世界的关系正在发生历史性深刻变化。中国始终是国际秩序的维护者而非挑战者，是国际秩序的建设者而非破坏者，是国际秩序的贡献者而非所谓"搭便车者"。中国不会去推翻自己参与构建的国际体系和国际秩序，也无意另起炉灶、再搞一套。作为常任理事国，中国始终致力于推动国际公平正义。中国致力于加强国际关系的多边化而不是单边主义，推动国际关系的法治化而不是丛林法则，促进国际关系的民主化而不是强权政治，推动国际秩序朝着更加公正合理方向发展。

当前，冷战思维和强权政治阴魂不散，大国地缘政治冲突不断激化，全球经济复苏还面临不稳定性不确定性，地区热点问题此起彼伏，非传统安全挑战层出不穷。国际社会之所以广泛存在"四大赤字"，很大程度上源于治理的赤字。当前全球治理体系、规则和能力，既不能有效应对全球性挑战，也不能遏制霸权主义和强权政治，导致全球化发展进程受到迟滞，全球秩序发生紊乱。

如何参与全球治理体系改革，事关如何给国际秩序和国际体系定规则、定方向，事关各国在全球治理体系中的制度性安排和地位。为了推进国际关系民主化，维护我国和广大发展中国家共同利益，习近平主张"世界命运应该由各国共同掌握，国际规则应该由各国共同书写，全球事务应该由各国共同治理，发展成果应该由各国共同分享"①。

中国要积极参与和引领全球治理体系改革，"要提高我国参与全球治理的能力，着力增强规则制定能力、议程设置能力、舆论宣传能力、统筹协调能力。"② 第一，要积极倡导和平、发展、公平、正义、民主、自由为主要内容的全人类共同价值，寻求利益汇合点，摒弃冷战思维和零和博弈，反对意识形态对抗，增强合作机制和合作政策的开放性包容性。第二，要秉持共商共建共享原则，坚决反对恃强凌弱，推动全球治理体系朝着更加公正合理的方向发展。第三，要切实维护公平正义的体系、秩序、规则，共同维护以联合国为核心的国际体系，共同维护以国际法为基础的国际秩序，共同维护以联合国宪章宗旨和原则为基础的国际关系基本准则。③ 习近平总书记呼吁，"我们应该创造一个奉行法治、公平正义的未来。要提高国际法在全球治理中的地位和作用，确保国际规则有效遵守和实施，坚持民主、平等、正义，

---

① 《习近平谈治国理政》第 2 卷，外文出版社 2017 年版，第 540 页。
② 同上书，第 450 页。
③ 陈向阳：《开创中国国家安全与外交事业主动塑造的新时代》，《当代中国与世界》2022 年第 3 期。

建设国际法治。"① 第四，广泛参与积极参与网络安全等新兴领域国际规则制定和完善，践行真正的多边主义，不断增强我国和广大发展中国家的国际话语权。

### （四）推动"一带一路"建设

"一带一路"区域陆海结合，地域广袤，东牵亚太经济圈，西系欧洲经济圈，还穿越非洲、环连亚欧，是世界上跨度最长的经济大走廊。"一带一路"不谋求霸权和势力范围，也不谋求恢复中国的"华夷秩序"；更不以文明和意识形态划线、推行中国版的"马歇尔计划"。"一带一路"不是要替代现有地区合作机制和倡议，而是延续和升级既有的行之有效的区域合作平台。"一带一路"建设是要在已有基础上，推动沿线各国实现经济战略相互对接、优势互补，旨在将政治互信、地缘毗邻、经济互补的优势转化为务实合作、持续增长的优势。② "一带一路"倡议提出以来，中国不断增大对周边的投入，积极推进周边互联互通，推动了世界共同发展和全球化再平衡。截至 2023 年 1 月 6 日，中国已经同 151 个国家和 32 个国际组织签署 200 余份共建"一带一路"合作文件。③ "一带一路"倡议是中国为国际社会提供的重要公共产品，充分体现了中国履行国际责任的大国担当。"一带一路"建设实现了各国政策和发展战略对接，深化了互联互通，促进了共同发展，这既是对丝路精神的传承，也开创了构建人类命运共同体的现实路径。

从更宏阔的视野来看，共建"一带一路"不仅仅推动了经济领域的地区合作，也不断深化和完善全球治理机制。第一，通过发起设立亚投行等多边金融机制，完善了全球金融治理。第二，推动国建数字丝绸之路、绿色丝绸

---

① 《习近平谈治国理政》第 2 卷，外文出版社 2017 年版，第 529 页。

② 《习近平谈治国理政》第 1 卷，外文出版社 2018 年版，第 289 页。

③ 《已同中国签订共建"一带一路"合作文件的国家一览》，载中国一带一路网，https://www.yidaiyilu.gov.cn/xwzx/roll/77298.htm，2022 年 8 月 15 日。

之路建设等，创新国际合作方式。第三，通过知识产权合作、法治合作、税收合作等规则标准对接互认，共建"一带一路"持续走深走实。第四，通过发起"一带一路"疫苗合作伙伴关系倡议，促进医疗援助和抗疫合作。

"一带一路"倡议把各国发展规划、区域和全球发展战略有效对接起来。基础设施互联互通是"一带一路"建设的优先建设领域，这为全球基础设施建设提供了巨大的发展机遇，全方位、多层次、复合型基础设施网络的逐步形成，大幅降低了区域间商品、资金、信息、技术等交易成本，有力提升了跨区域资源要素有序流动和优化配置，推动了全球贸易和投资增长，促进沿线国家的快速工业化和经济增长。2013 年至 2021 年，中国与"一带一路"合作伙伴经济合作增长迅速，其中货物贸易额累积达到 10.4 万亿美元，非金融类直接投资累计超过 1300 亿美元。[1] 2021 年，中国与"一带一路"沿线国家货物贸易额达 11.6 万亿元，同比增长 23.6%，占中国外贸总额的 29.7%；中国对沿线国家直接投资 1384.5 亿元，占对外投资总额的 14.8%；沿线国家企业对中国直接投资也达到 112.5 亿美元。[2] 相关研究表面，"一带一路"建设将使沿线国家和地区的实际收入增长 1.2%—3.4%，全球实际收入增长 0.7%—2.9%，相关投资可以帮助多达 3400 万人摆脱中度贫困，使 760 万人摆脱极端贫困。[3] 大量中国企业通过"一带一路"走出去，不断提高本地化程度，已经为合作国家带来了明显收益。共建"一带一路"高质量发展所取得的阶段性成就，各国为应对全球性挑战提供了可资借鉴的新方案。

---

[1] 高乔：《"一带一路"，风景这边独好》，《党员文摘》2022 年第 1 期。

[2] 梁昊光、张耀军：《"一带一路"高质量发展是世界经济的稳定力量》，《光明日报》2022 年 7 月 4 日。

[3] 王辉耀：《"一带一路"是构建人类命运共同体的具体实践》，《光明日报》2021 年 11 月 21 日。

继续推进"一带一路"合作，要以巩固互联互通合作基础，在重点领域、制度框架、内生动力等方面拓展国际合作新空间，努力实现高水平合作和高质量发展，共同构建全球发展命运共同体。具体包括：第一，要不断完善共建"一带一路"经济贸易合作框架，深化区域经济一体化，切实推动贸易和投资自由化、便利化，确保供应链、产业链、数据链、人才链的开放畅通，让"一带一路"区域成为世界经济建设的稳定力量。第二，以"一带一路"绿色发展国际联盟和"一带一路"绿色投资原则等多边合作平台，与沿线各国加快落实"一带一路"绿色发展伙伴关系倡议，不断深化绿色发展伙伴关系。第三，抓住数字化发展带来的新机遇，与共建国家建立科技合作关系，展开联合研究项目，打造丝路电商平台，加快共建 21 世纪的数字丝绸之路。第四，针对共建国家的减贫需求，提供多种形式的援助，推广中国"精准扶贫"经验实施减贫合作项目，减免有关国家债务的同时更多激发相关国家内生发展动力，帮助发展中国家更好实现减贫发展。第五，以"健康丝绸之路"为依托，为沿线国家提供新冠疫苗，与相关国家开展疫苗联合生产合作，构建人类卫生健康共同体。

## 四、营造良好的国际舆论环境[①]

党的十八大以来，特别是 2021 年中央财经委员会第十次会议之后，海外学者和海外媒体对中国共同富裕的相关论述和政策实施给予了高度重视，纷纷对中国共同富裕的理论内涵、实施背景、推进路径等内容进行了广泛分析和解读。国际舆论是影响中国国际形象的重要因素。顺利推进以实现共同富裕为重要特征的中国特色社会主义现代化建设，不仅需要和平共处的国际

---

① 本节部分内容源自吕伟松：《西方对新时代中国共产党推进共同富裕的认知评析》，《海派经济学》2023 年第 1 期。

政治环境、平等互信的国际安全环境、互利共赢的国际经济环境，也与需要客观友善的国际舆论环境。

**（一）海外对共同富裕的积极认知**

海外对中国共产党推进共同富裕的价值立场、实践途径和阶段性成就给高度认可，并提出了相对中肯的建设性批判。

第一，对中国共产党推进共同富裕的价值立场给予认可。海外学者认为，中国共产党制定的共同富裕奋斗目标是为了保障全体人民共同富裕，充分体现了中国共产党"以人民为中心"的价值立场。一是在注重解决居民收入分配差距过大的问题中，彰显了人民至上的价值取向。大西洋理事会斯考克罗夫特战略与安全中心研究员罗伯特（Dexter Tiff Robert）从"共同富裕"这一概念溯源出发并认为，中国共产党制定有关增加低收入群体收入、合理调节过高收入，取缔非法收入的政策出发点是为了确保更公平、更平等的社会秩序。中国政府为促进共同富裕，强调要形成"中间大、两头小"的橄榄型分配结构体现了其维护社会公平正义，促进人的全面发展的价值立场。[1] 摩根大通常务董事兼全球研究主席张愉珍（Joyce Chang）、斯坦福大学中国经济制度研究中心研究员斯科特（Scott Rozelle）等学者以圆桌会议的形式探讨了中国共产党实现共同富裕目标的动机和影响等议题，从人民消费角度出发，认为共同富裕有利于缩小中国贫富差距。[2] 二是在强调发展要体现公平正义的原则中，体现人民为中心的价值归依。日本经济研究所高级经济师三浦友司（Yuji Miura）认为，中国共产党致力于实现共同富裕，有

[1] Dexter Tiff Roberts, "What is 'Common Prosperity' and how will it change China and its relationship with the world?" https://www.atlanticcouncil.org/wp-content/uploads/2021/12/Common_Prosperity_IB_2021_1.pdf.

[2] CSIS PRESENTS, Common Prosperity: The Path to Common poverty in China? https://www.csis.org/events/common-prosperity-path-common-poverty-china.

利于促进经济向消费主导型的模式过渡，该理念对于提高经济发展质量，促进社会和谐稳定，增强百姓信心，尤其是增强中等收入群体信心具有重要意义。①

第二，对中国共产党推进共同富裕的实践途径表示赞许。海外学者大多认为，中国共产党从客观实际和群众需求角度的出发，就推进共同富裕目标所制定的实践路径既有现实关怀，也具备可操作性。一是凝聚社会全体力量把"蛋糕"做大做好。《环球时报》评论称，"蛋糕论"作为中国共产党关于经济发展和收入再分配的隐喻表达，凸显了中国共产党致力于把蛋糕做大的坚定决心。党的十八大以来，中国集中力量做大财政"蛋糕"，财政实力明显提升。②上海世界观察研究院创始院长马晓野在文章《如何分"蛋糕"》中表示，中国共产党扶持乡镇企业、中小企业和非公经济发展的政策措施有利于把"蛋糕"进一步做大，提高人们做蛋糕的热情，进而实现经济增速。③二是用合理的分配制度把"蛋糕"切好分好。布鲁斯金学会外交政策研究所研究员何瑞恩（Ryan Hass）认为，中国共产党以财富的重新分配为出发点，试图通过财产税，超额累进税和遗产税等途径减少分配不平等，为社会和谐发展创造公平竞争的环境。④路透社高级记者姚凯文（Kevin Yao）认为，中国共产党在解决绝对贫困问题后，计划利用税收、再收入分配、运用杠杆扩大中等收入群体的比例，提高低收入者收入、合理调整过高收入、取缔非法

①　Yuji Miura, "The Reality of 'Common Prosperity' Advocated by the Xi Jinping Administration", *Pacific Business and Industries*, Vol.22, No.83, 2022.

②　GT Staff reporters: "10 years on，China makes bigger fiscal 'cake' in staunch push for sound economic growth", https://www.globaltimes.cn/page/202205/1265905.shtml?id=12.

③　Ma Xiaoye, "How to share a cake?" https://www.chinausfocus.com/society-culture/how-to-share-a-cake.

④　Ryan Hass, "Assessing China's 'common prosperity' campaign", https://www.brookings.edu/blog/order-from-chaos/2021/09/09/assessing-chinas-common-prosperity-campaign/.

收入、发挥第三次分配作用（即以慈善或捐赠方式为适合做出更多贡献）等途径实现共同富裕，具有目标性和可操作性。[①]

第三，对中国共产党推进共同富裕所取得的阶段性成就表示肯定。这些舆论普遍认为，全面建成小康社会目标的完成为推进共同富裕奠定坚实基础。新加坡国立大学东亚研究所所长郝福满（Bert Hofman）通过对瑞士信贷财富分配报告和宾夕法尼亚大学世界表（Penn World Tables）有关数据分析后指出，中国共产党推动共同富裕并非纸上谈兵，中国财富基尼系数并未上升，财富不平等现象并未加剧；[②]中国经济中的劳动力份额约为0.59，与许多亚太经合组织国家保持一致，且劳动力份额与发达国家相比也逐渐提升；[③]最贫穷人口所占比重也在逐渐减少，中国宣布已经完成全面建成小康社会的目标，这也充分说明中国共产党的脱贫实践已经取得明显成效。[④]

第四，对中国共产党推进共同富裕相对中肯的建设性批判。首先，经济高质量发展并非易事，共同富裕充满着长期性、艰巨性和复杂性。密歇根大学洪源远（Ang Yuen Yuen）教授表示，中国共产党以往过于强调经济优先的发展理念，在发展过程中遇到很多棘手问题；要在发展与平等的矛盾框架中推进共同富裕并非易事。[⑤]英国渣打银行（Standard Chartered）在其名为《中

---

[①] Kevin Yao, "Explainer: What is China's 'Common Prosperity' Drive and Why Does It Matter?", https://www.reuters.com/world/china/what-is-chinas-common-prosperity-drive-why-does-it-matter-2021-09-02/.

[②] "The Global Wealth report 2021", https://www.credit-suisse.com/about-us/en/reports-research/global-wealth-report.html.

[③] https://www.rug.nl/ggdc/productivity/pwt/?lang=en.

[④] Bert Hofman, "Common prosperity did not fall form the sky", https://merics.org/en/short-analysis/common-prosperity-did-not-fall-sky.

[⑤] Ang Yuen Yuen, "Decoding Xi Jinping: How will China's Bureaucrats Interrupt His Call for 'Common Prosperity'", Foreign Affairs, Dec.8, 2021, https://www.foreignaffairs.com/articles/china/2021-12-08/decoding-xi-jinping.

国的共同富裕》报告中表示，共同富裕政策虽然能够助力中国经济稳定发展，提高中国的创新竞争力，但中国能否摆脱金融市场转型带来的不确定性和复杂性，能否招商引资，这也是中国领导人需要思考的问题。① 美国贝格鲁恩治理研究会创始人贝格鲁恩（Nicolas Berggruen）等人则认为，当中国沿着实现共同富裕目标开始进行第三次分配时，以预分配（pre-distribution）的财富分配方式能否有效解决市场中的不平等问题以及这种预分配机制是否完善，也有待商榷。② 其次，为了推进共同富裕目标的顺利实现，现存的民生社会类问题也应得到有效解决。墨卡托中国问题研究所（MERICS）智囊团研究团队从中国当下的社会民生问题出发，认为中国部分地区的"天价"房价，孩子教育成本激增的问题仍然没有得到有效解决；在推进共同富裕，实现社会公平正义，全体人的共同富裕前，这些社会民生问题也应该被给予高度关注。③ 香港大学中国传媒计划研究员班志远（David Bandurski）表示，共同富裕强调财产再分配这一原则虽然体现了习近平总书记力图推进共同富裕，实现社会平等的决心，但如何解决因劳动者个体差异、分配关系不合理而引起的差距过大，中国领导人应该在未来的治国理政具体实践中将其呈现清楚。④ 富达国际固定收益研究全球主管德洛金（Marty Dropkin）表示，"医疗""教育""住房"是中国实现民族复兴需要越过的"三座大山"；中国

---

① Standard Chartered, "China's 'Common Prosperity'", https://av.sc.com/corp-en/content/docs/pvb-thematic-report-china-common-prosperity-13-december-2021.pdf.

② Nicolas Berggruen & Nathan Gardels, "How Universal Basic Capital Can help China Achieve Its 'Common Prosperity' Goals", https://www.google.com/amp/s/amp.scmp.com/comment/opinion/article/3147839/how-universal-basic-capital-can-help-china-achieve-its-common.

③ MERISC, "Xi's call for common prosperity signals a new period of populism", state regulation and interventionism, Sep.9, 2021, https://merics.org/en/short-analysis/xis-call-commonprosperity-signals-new-periodpopulism-state-regulation-and-interventionism.

④ David Bandurski, "A History of Prosperity", Aug.27, 2021, https://chinamediaproject.org/2021/08/27/a-history-of-common-prosperity/.

共产党推进共同富裕就是要解决压在百姓心头的这三座大山，进而实现民族复兴。[①] 香港中文大学郑永年教授认为，世界上大部分国家仍处于低程度发展，甚至是贫困状态。中国正由全面小康向共同富裕的目标迈进，中国推进共同富裕为解决世界性难题提供中国方案。[②] 长期经济趋势研究所（ISLET）主席哈德森（Michael Hudson）认为，美国所提倡的"自由市场""公平贸易"与其推行的金融寡头统治背道而驰；而中国坚持"国家干预"不仅防范了金融寡头的出现，同时也促进其经济繁荣，以期达到共同富裕目标。这也为世界贡献了一种方案选择。[③] 这类观点从中国社会现有的民生、发展等问题出发，针对中国共产党在推进共同富裕过程中可能遇到的难题和困扰提出了相对务实、中肯的意见。部分海外学者或是研究机构观点较为犀利，但能够为我们如何在规避风险中实现共同富裕目标提供了一定的思路。

然而，目前海外对共同富裕仍存在着许多的误读。特别是一些海外学者和海外媒体出于政治因素和意识形态的考量，对于中国共同富裕的推进存在恶意的解读。海外对于共同富裕的误读和恶意解读在一定程度上会影响外资投资中国的信心，甚至造成外资的撤离。因此，必须要充分利用新媒体等传播平台，以及主动与海外学者交流对话，有理有情有节地讲好中国共同富裕的故事，展现良好的国际形象。

**（二）大力提升我国国际传播能力**

国际舆论之争背后往往是国家利益的较量，国际舆论不仅成为国际

---

① Catherine Yeung, "The Investor's guide to China podcast: Common Prosperity", https://www.fidelityinternational.com/editorial/podcast/the-investors-guide-to-china-podcast-common-prosperity-146814-en5/.

② 郑永年：《共同富裕是新时代的新使命》，《中国经济时报》2021 年 10 月 25 日。

③ Michael Hudson, "The Vocabulary of Neoliberal Diplomacy in Today's New Cold War-Analysis", https://www.eurasiareview.com/14092021-the-vocabulary-of-neoliberal-diplomacy-in-todays-new-cold-war-analysis/.

斗争的前沿阵地，而且还服务于国内政治，被某些国家视作政治合法化的工具，甚至成为影响判断国际事务是非曲直的标准。中国的快速崛起势必将进一步引发西方保守势力的攻讦，他们将中国建构为非西方的落后"他者"，一时难以改变其对华怀疑和敌对的态度。囿于政治对抗和意识形态偏见，西方媒体往往戴着有色眼镜观察解读中国，恶意攻击中国的政治制度、曲解夸大中国的社会问题，散布渲染各种版本的"中国威胁论""中国傲慢论""中国崩溃论"等负面涉华论调，国际媒体中的中国国家形象非常复杂甚至负面，严重脱离我国的现实倾向，在一定程度上扭曲了我国国家形象。

虽然中国综合国力的不断增强，国际地位大幅度提升，但我国并没有将发展优势成功转化为话语优势。当前国际传播领域依然由西方主导，国际舆论格局依然处于西强我弱的态势，中国形象很大程度上取决于"他塑"而非"自塑"。许多正常的文化交流活动和项目，都被反华势力和西方媒体所抹黑，刻意包装为政治宣传工具，导致旨在促进文化交流、增进相互理解的正常交往被严重扭曲和弱化。

近年来，随着对华战略竞争加剧，美国发动对华意识形态攻势，通过精心包装的语言频繁发起话语攻击，把中国政治体制妖魔化、价值观差异阵营化，把经济竞争政治化、科技竞争安全化。美国以意识形态对抗为基调来审视中美关系，并把意识形态作为标准和导向，融入技术、贸易、卫生、安全、人权等议题，不择手段地对中国进行污名和抹黑，企图全面遏制中国发展。从美国对华舆论战的内在机理来看，核心话语和话语框架是构成美国舆论话语竞争的言语表征和底层逻辑。美国涉华舆论可以分为中国威胁论、中国责任论、中国崩溃论和黄祸论四种核心话语，主要依赖不同意识形态引领下的自由主义话语框架、保守主义话语框架、进步主义话语框架来完成合法化建构。① 美国挑起话语竞争的深层原因,是政府在资本逻辑、理念合法性逻辑、冷战逻辑以及霸权逻辑的推动下,全面否定中国发展成就的合法性,并为美国资本主义的政治乱象进行辩护。② 从新一轮"中国威胁论"来看,美国对华战略充满了毫不掩饰的敌意,所指涉的威胁议题内容更加广泛,试图影响政策走向的意味更加强烈。它充分体现了美国的霸权逻辑的最新发展,同时源于美国塑造"共同敌人"的现实需要,特别是美国国内右翼民粹主义思潮成为重要推动因素。③

从当前趋势来看,西方对中国充满了消极想象与刻板成见,对我国的误解和敌视将长期存在,要改变他们对中国偏见的传播和设置议程,具有一定的复杂性、艰巨性。2022 年 5 月,美国国务卿布林肯发表对华政策演讲,公开渲染中国威胁,抹黑中国内外政策,充分暴露了其对华政策的欺骗性、虚伪性和危害性。④ 有鉴于此,我国必须要加强我国国际传播能力建设,为我国改革发展稳定营造有利外部舆论环境。

新形势下,中国同世界的联系日益紧密,国际社会对中国的关注前所未有,必须不断增强国际传播能力建设,讲好中国故事,传播好中国声音,阐释好中国特色。《数字化 2021:全球数字化报告》数据显示,截至 2021 年1 月,全球互联网用户达到 46.6 亿,占世界总人口 59.5%;而社交媒体用户数量高达 42.0 亿,占世界总人口的 53.6%。⑤ 当前中国新媒体在提升国际话语权作用上虽有所增强,但依然同时面临权力结构制约、西方话语和技术联

---

① 汤景泰、史金铭:《核心话语与话语框架:论美国涉华舆论的话语建构》,《政治学研究》2022 年第 2 期。

② 李帅:《战略竞争背景下美国对华话语策略分析》,《世界社会主义研究》2022 年第 4 期。

③ 张永红:《美国新一轮所谓"中国威胁论":特点、根源与应对》,《学术前沿》2022 年 2 月上。

④ 外交部:《美国对华认知中的谬误和事实真相》,载外交部网站,https://www.mfa.gov.cn/wjbxw_new/202206/t20220619_10706065.shtml,2022 年 6 月 19 日。

⑤ "Digital 2021: Global Overview Report", https://datareportal.com/reports/digital-2021-global-overview-report.

盟、传播"噪声"和自身能力不足等问题。[①] 为此，我国必须加强顶层设计和研究布局，不断优化多主体、立体化、全方位的大外宣格局，有效开展国际舆论引导和舆论斗争，着力"提高国际传播影响力、中华文化感召力、中国形象亲和力、中国话语说服力、国际舆论引导力。"[②]

　　具体来说，在传播目标上，要把解决世界共同问题的伟大实践讲清楚，更好展现真实、立体、全面的中国。在传播主体上，要有效整合政府、媒体、企业、个人与社会组织等多层次主体共同参与，充分发挥媒体智库、学术组织、社会团体、普通民众等非政府因素在国际传播中的地位和作用。在传播内容上，加强话语体系建设和叙事体系设计，增强对外话语的创造力、感召力、公信力，提升叙事体系的多元性、层次性、互动性，提高国家文化软实力和国际话语权。在传播策略上，要把握大势、区分对象、精准施策、注重效果，密切跟踪国际社会对华关注议题和焦点、角度和深度的变化，用贴近不同区域、不同国家、不同群体的方式，不断创新中国话语的全球化、区域化、分众化表达，让更多国外受众听得懂、听得进、听得明白，坚决回击西方涉华的各类不实报道和蓄意污蔑，引发理性思考，增强情感共鸣，提升国际传播的亲和力和实效性。

---

① 邢丽菊、赵婧：《新媒体与中国国家形象的国际传播》，《现代国际关系》2021 年第 11 期。
② 《习近平主持中共中央政治局第三十次集体学习并讲话》，载中华人民共和国中央人民政府网，http://www.gov.cn/xinwen/2021-06/01/content_5614684.htm。

# 结　论

　　党的十八大以来，党中央科学把握我国发展的阶变化与特征，把逐步实现全体人民共同富裕作为更加重要的政策议程，坚决打赢了脱贫攻坚战，全面建成小康社会，这为促进共同富裕奠定了坚实基础，创造了良好条件。现在，我国开启全面建设社会主义现代化国家新征程，进入了扎实推动共同富裕的新阶段。站在新的历史起点，迈向新的历史征程，我们要正确认识科学认识共同富裕的理论意涵，汲取党的百年奋斗历史经验，总体把握实现共同富裕的战略目标，不断优化迈向共同富裕的实践途径，在高质量发展中实现共同富裕战略目标。

　　坚持走共同富裕之路，是坚守社会主义根本方向的重要体现。中国特色社会主义新时代是全国各族人民团结奋斗、不断创造美好生活、逐步实现全体人民共同富裕的时代。我国在实现全面建成小康社会目标之后，需要不断积聚力量，以量的渐进积累实现质的突破，逐步实现共同富裕。为此，要从共建与共享、物质与精神、一般与特殊、本土与全球的关系出发，深刻认识共同富裕战略目标的渐进性、阶段性、整体性、系统性、协同性。

　　具体来说，第一，在推进阶段上，稳步实现全体人民共同富裕。共同富裕的战略目标要与我国经济发展水平相适应，要与我国现代化建设进程相协调。根据党中央的决策部署，"十四五"时期"全体人民共同富裕迈出坚实步伐”，2035 年远景目标要求“人的全面发展、全体人民共同富裕取得更为明显的实质性进展”，到 21 世纪中叶“全体人民共同富裕基本实现”，这充分估计到共同富裕的长期性、艰巨性、复杂性。第二，在参与群体上，实现全民参与建设基础上的共享。民众的内生动力得到充分释放，构建起兼顾效率公平的收入分配格局，基本公共服务实现均等化。第三，在目标内容上，实现物质富裕基础上的全面发展。经济发展的质量和效益进一步提升，人民群众的精神生活丰富多彩，社会生活环境舒心安心放心，实现人与自然的和谐共生。第四，在普惠程度上，实现普遍富裕基础上的差别富裕。居民收入差距和消费差距缩小到合理空间，保障社会流动的制度环境不断完善，形成新型工农城乡关系，形成合理的国土空间布局并互相支撑。第五，在国际担当上，为世界共同繁荣作出更大贡献。为世界贫富差距问题的解决提供中国智慧，为发展中国家的现代化建设提供中国样本，为人类命运共同体的构建贡献中国力量。

共同富裕的战略目标包括了物质富足、精神富有、社会和谐、生态优美、治理高效、服务普惠等多个方面，涵盖了发展的主体、客体、动力、空间、环境等多个要素，是一项涉及各类群体、不同地区、各个领域、多个行业的系统工程。实现共同富裕的战略目标，要始终坚守社会主义根本要求，要不断完善新时代实现共同富裕的实践路径，推进有效市场与有为政府的双向互动，保持阶段性特征与方向性目标的内在统一，加强适度差距发展与均衡发展的相互协调，注重社会个体与社会总体的利益一致，促使经济效率与社会公平统筹兼顾，致力于物质富裕和精神富裕的同步提升，实现中国发展与世界进步走向深度融合与相互依存。

扎实推动共同富裕，必须根据新的发展目标和基本要求，以丰富深刻的系统思维，必须将共同富裕纳入我国“五位一体”总体布局和“四个全面”战略布局之中统筹安排和整体推进。

第一，不断提高发展质量，完善收入分配制度，夯实新时代实现共同富裕的经济基础。第二，以人民为中心的发展思想，发挥制度优势，优化政策措施，强化自我革命，加强新时代实现共同富裕的政治保障。第三，通过立法、执法、司法、护法等制度安排，把共同富裕的公平正义纳入法治轨道，完善新时代实现共同富裕的法治条件。第四，深度培育和践行社会主义核心价值观，构建价值共识，塑造国人的理想信念，培育良性心态，丰富新时代实现共同富裕的精神内涵。第五，以更加包容方式实现基本公共服务均等化，关注不同群体的权益和重视低收入群体增能，优化新时代实现共同富裕的社会政策依托。第六，通过共同富裕的认同教育凝聚共识，推动财富共享观教育和社会正义观教育，坚持新时代实现共同富裕的教育指向。第七，立足人才强基，激活创新要素，注重科技赋能，坚持科技创富，强化新时代实现共同富裕的科技支撑。第八，必须坚持统筹国内国际两个大局，持续推进更高水平的对外开放，积极参与引领全球治理体系改革，塑造新时代实现共同富裕的国际环境。

一直以来，共同富裕是人们对于美好生活的向往。即使在原始社会，生产力相对比较落后，可是人们依然从生产关系层面深思着朴素的"共同富裕观念"，甚至还依托已有物质生产水平提出不少有见地的思想。但是从"禅让制"到"家天下"的转变，私有制成为历史发展的必然。这固然是历史进步和发展的规律，可是也在生产关系层面开始出现以贫富差距为表征的贫富不均问题。当然，适度的贫富不均是正常现象，但是以私有制为基础的贫富不均显然不符合人类历史发展规律。而且资本主义这个建立在私有制基础上的剥削社会，少数人的富裕与多数人的富裕呈现一种对立形态，使得人们对于未来美好社会的向往失去希望。历史唯物主义认为，必须打破资本主义生产关系对于生产力的束缚，破除私有制钳制共同富裕的状况，从而为人们追求美好生活奠定制度支撑，并且为我们描述了未来社会每个人全面而自由发展的美好场景。社会主义制度的建立是人类历史的巨大进步，它为我们追求共同富裕提供了制度前提。不可否认，社会主义制度建立固然不能自行解决共同富裕问题，甚至囿于认识局限我们还会"走弯路"。但是中国特色社会主义大大解放了生产力，将共同富裕视为自身的应然追求。从"共同富裕"到"物质和精神都富裕"的观念转变，说明了我们对于共同富裕有了更为深刻的探索，也在实践上昭示着美好的未来。反观西方资本主义社会，贫富差距日益拉大，人人在生产关系上相互矛盾，这种以私有制为基础的社会没有意愿也不可能实现共同富裕。今天，我们站在第二个"一百年"奋斗目标的关键时期，我们不仅有实现共同富裕的物质基础，而且比历史上任何时期都更接近这个愿景。共同富裕是每一个中华儿女的共同心愿，是我们团结奋斗的共同力量。

总之，实现共同富裕是一个长期的历史过程。新时代扎实推进共同富裕，必须要夯实中国特色社会主义的制度保障，健全共同富裕的政策体系，在高质量发展进程中实现全民共富、全面富裕、共建共富、逐渐共富，充分彰显中国式现代化的特征和优势，为实现中华民族伟大复兴和建设社会主义现代化强国奠定坚实基础。

# 参考文献

## 一、经典著作

《马克思恩格斯选集》第 4 卷，人民出版社 1995 年版。

《马克思恩格斯选集》第 2 卷，人民出版社 2012 年版。

《马克思恩格斯选集》第 1 卷，人民出版社 2012 年版。

《马克思恩格斯全集》第 21 卷，人民出版社 2003 年版。

《马克思恩格斯全集》第 25 卷，人民出版社 2001 年版。

《马克思恩格斯全集》第 31 卷，人民出版社 1998 年版。

《马克思恩格斯全集》第 46 卷（下册），人民出版社 1980 年版。

《马克思恩格斯文集》第 1 卷，人民出版社 2009 年版。

《马克思恩格斯文集》第 2 卷，人民出版社 2009 年版。

《马克思恩格斯文集》第 3 卷，人民出版社 2009 年版。

《马克思恩格斯文集》第 5 卷，人民出版社 2009 年版。

《资本论》第 1 卷，人民出版社 2004 年版。

《列宁选集》第 3 卷，人民出版社 1995 年版。

《毛泽东选集》第 5 卷，人民出版社 1977 年版。

《毛泽东文集》第 6 卷，人民出版社 1999 年版。

《毛泽东文集》第 7 卷，人民出版社 1999 年版。

《邓小平年谱（1975—1997）》，中央文献出版社 2004 年版。

《邓小平文选》第 2 卷，人民出版社 1994 年版。

《邓小平文选》第 3 卷，人民出版社 1993 年版。

《胡锦涛文选》第 2 卷，人民出版社 2016 年版。

《胡锦涛文选》第 3 卷，人民出版社 2016 年版。

《江泽民文选》第 1 卷，人民出版社 2006 年版。

《江泽民文选》第 2 卷，人民出版社 2006 年版。

《江泽民文选》第 3 卷，人民出版社 2006 年版。

《习近平谈治国理政》第 1 卷，外文出版社 2018 年版。

《习近平谈治国理政》第 2 卷，外文出版社 2017 年版。

《习近平谈治国理政》第 3 卷，外文出版社 2020 年版。

《习近平总书记系列重要讲话读本》，学习出版社、人民出版社 2016 年版。

《习近平扶贫论述摘编》，中央文献出版社 2018 年版。

《习近平关于科技创新论述摘编》，中央文献出版社 2016 年版。

《习近平关于社会主义社会建设论述摘编》，中央文献出版社 2017 年版。

《习近平关于社会主义生态文明建设论述摘编》，中央文献出版社 2017 年版。

《建国以来重要文献选编》第 7 卷，中央文献出版社 1993 年版。

《十九大以来重要文献选编》（上），中央文献出版社 2019 年版。

《十九大以来重要文献选编》（中），中央文献出版社 2021 年版。

《十八大以来重要文献选编》（上），中央文献出版社 2014 年版。

《十八大以来重要文献选编》（中），中央文献出版社 2016 年版。

《十八大以来重要文献选编》（下），中央文献出版社 2018 年版。

《十六大以来重要文献选编》（上），中央文献出版社 2011 年版。

《十二大以来重要文献选编》，人民出版社 1986 年版。

中共中央文献研究室：《邓小平年谱（一九七五——一九九七）》（下），中央文献出版社 2004 年版。

习近平：《紧紧围绕坚持和发展中国特色社会主义学习宣传贯彻党的十八大精神——在十八届中共中央政治局第一次集体学习时的讲话》，人民出版社 2012 年版。

习近平：《论坚持推动构建人类命运共同体》，中央文献出版社 2018 年版。

习近平：《论把握新发展阶段、贯彻新发展理念、构建新发展格局》，中央文献出版社 2021 年版。

习近平：《决胜全面建成小康社会  夺取新时代中国特色社会主义伟大胜利——在中国共产党第十九次全国代表大会上的报告》，人民出版社 2017 年版。

习近平：《高举中国特色社会主义伟大旗帜  为全面建设社会主义现代化国家而团结奋斗——在中国共产党第二十次全国代表大会上的报告》，人民出版社 2022 年版。

习近平：《在党史学习教育动员大会上的讲话》，人民出版社 2021 年版。

习近平：《在党史学习动员大会上的讲话》，人民出版社 2021 年版。

习近平：《在纪念马克思诞辰 200 周年大会上的讲话》，人民出版社 2018 年版。

习近平：《在庆祝中国共产党成立 100 周年大会上的讲话》，人民出版社 2021 年版。

习近平：《在全国劳动模范和先进工作者表彰大会上的讲话》，人民出版社 2020 年版。

习近平：《在中国科学院第二十次院士大会、中国工程院第十五次院士大会、中国科协第十次全国代表大会上的讲话》，人民出版社 2021 年版。

习近平：《共倡开放包容　共促和平发展：在伦敦金融城市长晚宴上的演讲》，人民出版社 2015 年版。

习近平：《决胜全面建成小康社会　夺取新时代中国特色社会主义伟大胜利——在中国共产党第十九次全国代表大会上的报告》，人民出版社 2017 年版。

习近平：《中共中央关于制定国民经济和社会发展第十四个五年规划和二○三五远景目标的建议》，人民出版社 2020 年版。

《中共中央关于党的百年奋斗重大成就和历史经验的决议》，人民出版社 2021 年版。

《中共中央关于全面深化改革若干重大问题的决定》，人民出版社 2013 年版。

## 二、著作类

王桂枝：《共同富裕实现机制研究》，社会科学文献出版社 2018 年版。

厉以宁：《股份制与现代市场经济》，江苏人民出版社 1994 年版。

世界银行增长与发展委员会：《增长报告——可持续增长和包容性发展的战略》，中国金融出版社 2008 年版。

王志刚：《马克思主义空间正义理论的历史逻辑》，中国社会科学出版社 2019 年版。

胡平生、张萌译注：《礼记》，中华书局 2017 年版。

《孙中山全集》第 10 卷，中华书局 2011 年版。

浦兴祖编：《当代中国政治制度》，复旦大学出版社 1999 年版。

陈独秀：《陈独秀文集》（第 1 卷），人民出版社 2013 年版。

中国李大钊研究会编：《李大钊全集》（第 4 卷），人民出版社 2013 年版。

《党的十九届四中全会〈决定〉学习辅导百问》，学习出版社、党建读物出版社 2019 年版。

商务部、国家统计局、国家外汇管理局：《2020 年度中国对外直接投资统计公报》，中国商务出版社 2021 年版。

［印］阿玛蒂亚·森：《以自由看待发展》，任赜等译，中国人民大学出版社 2013 年版。

［德］韩博天：《红天鹅：中国独特的治理和制度创新》，石磊译，中信出版社 2018 年版。

［美］亨廷顿：《文明的冲突和世界秩序的重建》，周琪等译，新华出版社 2009 年版。

［美］约翰·罗尔斯：《正义论》，何怀宏等译，中国社会科学出版社 1988 年版。

［英］托马斯·莫尔：《乌托邦》，戴馏龄译，商务印书馆 2020 年版。

## 三、论文类

周中之：《当代中国慈善伦理规范体系建构研究》，《中州学刊》2017 年第 9 期。

周飞舟：《从汲取型政权到"悬浮型"政权——税费改革对国家与农民关系的影响》，《社会学研究》2006 年第 3 期。

章百家：《改变自己影响世界："20 世纪中国外交基本线索刍议"》，《中国社会科学》2002 年第 1 期。

张宇燕：《战略机遇期：外生与内生》，《世界经济与政治》2014 年第 1 期。

张永红：《美国新一轮所谓"中国威胁论"：特点、根源与应对》，《学术前沿》2022 年 2 月上。

张潇爽:《近期海外关于共同富裕的理论热点述评》,《国外理论动态》2022 第 1 期。

张翔:《"共同富裕"作为宪法社会主义原则的规范内涵》,《法律科学》2021 年第 6 期。

张卫伟,《论人民"获得感"的生成:逻辑规制、现实困境与破解之道》,《社会主义研究》2016 年第 6 期。

张林:《中国农村相对贫困及其治理问题研究进展》,《华南农业大学学报》2021 年第 6 期。

张凤霞:《邓小平对毛泽东共同富裕思想的继承和超越》,《河北大学学报》2005 年第 5 期。

张栋:《城乡最低生活保障制度对贫困脆弱性的改善效应研究——基于PSM-DID 方法的实证分析》,《财贸研究》2020 年第 9 期。

余永跃、王世明:《论邓小平共同富裕思想的理论来源及其发展》,《科学社会主义》2021 年第 6 期。

易重华、席学智:《邓小平共同富裕思想的内涵、地位及其现实指导意义》,《湖北社会科学》2013 年第 12 期。

叶兴庆:《新时代中国乡村振兴战略论纲》,《改革》2018 年第 1 期。

叶兴庆、殷浩栋:《从消除绝对贫困到缓解相对贫困:中国减贫历程与2020 年后的减贫战略》,《改革》2019 年第 12 期。

姚遥:《"全球发展倡议"为因应世界变局擘画蓝图》,《红旗文稿》2022 年第 4 期。

杨伟明、粟麟、王明伟:《数字普惠金融与城乡居民收入——基于经济增长与创业行为的中介效应分析》,《上海财经大学学报》2020 年第 4 期。

杨团:《社会政策研究范式的演化及其启示》,《中国社会科学》2002 年第 4 期。

杨穗等：《新时代中国农村社会政策与收入差距》，《中国农村经济》2021 年第 9 期。

杨静娴：《毛泽东、邓小平、江泽民、胡锦涛的"共同富裕"思想比较研究》，《前沿》2011 年第 14 期。

杨灿明：《构建现代财税金融体制对优化收入分配格局的启示与意义》，《经济学动态》2021 年第 9 期。

严文波、祝黄河：《社会主义共同富裕的理论阐释与实现机制》，《江西财经大学学报》2014 年第 4 期。

许尧、王雪：《新中国 70 年保障贫困人口生活的历程、轨迹与经验》，《西北农林科技大学学报》2019 年第 6 期。

邢丽菊、赵婧：《新媒体与中国国家形象的国际传播》，《现代国际关系》2021 年第 11 期。

辛世俊、王丹：《试论人民精神生活共同富裕的内涵与实践路径》，《社会主义核心价值观研究》2021 年第 6 期。

项久雨、马亚军：《人民精神生活共同富裕的时代内涵、层次结构与实现进路》，《思想理论教育》2022 年第 6 期。

向德平：《包容性发展理念对中国社会政策建构的启示》，《社会科学》2012 年第 1 期。

文军：《个体化社会的来临与包容性社会政策的建构》，《社会科学》2012 年第 1 期。

习近平：《扎实推动共同富裕》，《求是》2021 年第 20 期。

习近平：《促进我国社会保障事业高质量发展、可持续发展》，《求是》2022 年第 8 期。

习近平：《扎实推动共同富裕》，《求是》2021 年第 20 期。

吴惠之：《论邓小平"共同富裕"思想及其现实化》，《学术月刊》1996

年第 7 期。

文军：《个体化社会的来临与包容性社会政策的建构》，《社会科学》
2012 年第 1 期。

韦革：《邓小平"共同富裕"思想浅析》，《华中理工大学学报》1999 年
第 4 期。

王泽应：《共同富裕的伦理内涵及实现路径》，《齐鲁学刊》2015 年第
2 期。

王一鸣：《百年大变局、高质量发展与构建新发展格局》，《管理世界》
2020 年第 12 期。

王灵桂：《实现共同富裕：新发展阶段的崭新目标》，《江淮论坛》2021
年第 4 期。

王宝萍：《毛泽东的共同富裕思想及其特征》，《东岳论坛》2006 年第
5 期。

王爱云：《国外学者对中国消除农村绝对贫困的研究》，《当代中国史研
究》2020 年第 3 期。

汤景泰、史金铭：《核心话语与话语框架：论美国涉华舆论的话语建
构》，《政治学研究》2022 年第 2 期。

孙武安：《共同富裕的内涵、价值及其紧迫性》，《江西社会科学》2013
年第 2 期。

孙全胜：《论马克思"空间正义"的理论形态》，《内蒙古社会科学》
2021 年第 3 期。

孙久文、张皓：《新发展格局下中国区域差距演变与协调发展研究》，
《经济学家》2021 年第 7 期。

石献记、朱德全：《职业教育服务乡村振兴的多重制度逻辑》，《国家教
育行政学院学报》2022 年第 4 期。

任剑涛：《发展结构之变："共同富裕"的宏观论题》，《理论探讨》2022年第3期。

渠敬东等：《从总体支配到技术治理——基于中国30年改革经验的社会学分析》，《中国社会科学》2009年第6期。

邱海平：《马克思主义关于共同富裕的理论及其现实意义》，《思想理论教育导刊》2016年第7期。

邱海平：《共同富裕的科学内涵与实现途径》，《政治经济学评论》2016年第4期。

蒙克：《中国应采取何种社会政策来实现共同富裕——全球视野下社会政策比较制度优势的分析与启示》，《南京大学学报》2022年第1期。

门洪华：《百年变局与中国战略机遇期的塑造》，《同济大学学报》2020年第4期。

马纯红：《毛泽东共同富裕思想的传统文化之维》，《毛泽东研究》2017年第5期。

罗娟、彭伟辉：《共同富裕目标下我国收入分配结构优化路径》，《经济体制改革》2022年第1期。

罗晶、刘振天：《走向共同富裕的教育之维》，《群言》2022年第6期。

栾海清：《人的全面发展、教育公平与共同富裕：逻辑关系和政策支撑》，《学习与探索》2022年第5期。

吕小亮、李正图：《中国共产党推进全民共同富裕思想演进研究》，《消费经济》2021年第4期。

吕开武、吴怀友：《毛泽东共同富裕思想及其当代启示》，《湖南科技大学学报（社会科学版）》2018年第2期。

鲁全：《新时代中国社会保障体系建设的路径——兼论"十四五"时期社会保障改革新要求》，《行政管理改革》2021年第4期。

刘长明、周明珠：《共同富裕思想探源》，《当代经济研究》2020 年第 5 期。

刘乐山：《共享发展与收入差距的合理调节》，《湖湘论坛》2017 年第 5 期。

刘建军：《社区中国：通过社区巩固国家治理之基》，《上海大学学报》2016 年第 6 期。

厉以宁：《关于经济伦理的几个问题》，《哲学研究》1997 年第 6 期。

李迎生：《中国社会政策改革创新的价值基础——社会公平与社会政策》，《社会科学》2019 年第 3 期。

李路路、石磊：《经济增长与幸福感——解析伊斯特林悖论的形成机制》，《社会学研究》2017 年第 3 期。

李景鹏：《关于推进国家治理体系和治理能力现代化——"四个现代化"之后的第五个"现代化"》，《天津社会科学》2014 年第 2 期。

李安义、李英田：《"共同富裕"不仅仅是一个经济概念——再谈"共同富裕"内涵及实现方式》，《理论探讨》1996 年第 6 期。

李帅：《战略竞争背景下美国对华话语策略分析》，《世界社会主义研究》2022 年第 4 期。

黎熙元、陈福平：《公共福利制度与社会网的功能互补——包容性社会政策的基础》，《中山大学学报》2007 年第 6 期。

江涛、苏德：《扎实推动共同富裕的教育之为》，《国家教育行政学院学报》2022 年第 4 期。

江建平：《新时代建设高质量收入分配体系的逻辑与路径》，《湘潭大学学报（哲学社会科学版）》2019 年第 4 期。

霍萱等：《从经济政策范式到社会政策范式：中国农村反贫困历程变迁与动力》，《中国农业大学学报》2019 年第 6 期。

黄瑞玲:《亚文化:概念及其变迁》,《国外理论动态》2013 年第 3 期。

韩云昊、杨国斌:《论邓小平共同富裕思想与现阶段我国贫富差距的控制》,《毛泽东思想研究》2006 年第 3 期。

韩文龙、祝顺莲:《新时代共同富裕的理论发展与实现路径》,《马克思主义与现实》2018 年第 5 期。

关信平:《中国共产党百年社会政策的实践与经验》,《中国社会科学》2022 年第 2 期。

关信平:《现阶段我国走共同富裕道路的社会政策目标及路径》,《西北师大学报》2022 年第 3 期。

顾阳:《基本公共服务均等化绝非平均化》,《经济日报》2021 年 4 月 23 日。

高乔:《"一带一路",风景这边独好》,《党员文摘》2022 年第 1 期。

高凌云、程敏:《统筹推进和加强我国海外利益保护》,《中国发展观察》2021 年第 5 期。

傅才武、高为:《精神生活共同富裕的基本内涵与指标体系》,《山东大学学报(哲学社会科学版)》2022 年第 3 期。

付文军、姚莉:《新时代共同富裕的学理阐释与实践路径》,《内蒙古社会科学》2021 年第 5 期。

方呆等:《论精神生活的主体性特征》,《社会科学辑刊》2008 年第 3 期。

董全瑞:《论邓小平共同富裕思想的内涵、道路和实现机制》,《探索》2014 年第 4 期。

丁元竹:《实现基本公共服务均等化的实践和理论创新》,《人民论坛·学术前言》2022 年第 5 期。

程恩富:《当前共同富裕讨论中须明确的若干主要观点》,《晨刊》2022 第 2 期。

程恩富、张建刚：《坚持公有制经济为主体与促进共同富裕》，《求是学刊》2013 年第 1 期。

陈宗胜、康健：《中国居民收入分配"葫芦型"格局的理论解释——基于城乡二元经济体制和结构的视角》，《经济学动态》2019 年第 1 期。

陈向阳：《开创中国国家安全与外交事业主动塑造的新时代》，《当代中国与世界》2022 年第 3 期。

韩喜平：《怎样把握新时代分配制度？》，《红旗文稿》2020 年第 2 期。

陈金明、柳红霞：《毛泽东与邓小平共同富裕思想之比较》，《社会主义研究》2006 年第 1 期。

曹亚雄、刘雨萌：《新时代视域下的共同富裕及其实现路径》，《理论学刊》2019 年第 4 期。

柏路：《精神生活共同富裕的时代意涵与价值遵循》，《马克思主义研究》2022 年第 2 期。